いじめ防止対策推進法の
重大事態の研究

永田 憲史 著

関西大学出版部

【本書は関西大学研究成果出版補助金規程による刊行】

はしがき

　本書は、いじめ防止対策推進法（平成25年法律第71号）が規定する重大事態の調査（同法28条1項柱書）が抱える課題を指摘し、法改正による解決策を提案するものである。

　同法は、いじめによって重大な被害が生じた場合について、生命心身財産重大事態及び不登校重大事態の2つの類型の重大事態を定めた（同法28条1項1号、2号）。また、同法は、重大事態が発生した場合、①学校の設置者又はその設置する学校による調査（同法28条1項柱書）及び情報提供（同法28条2項）、並びに②学校による発生報告（同法30条1項等）を義務とするほか、地方公共団体の長等による調査結果についての調査（いわゆる再調査）（同法29条2項、30条2項、30条の2、31条2項、32条2項、5項）について規定している。

　重大事態の調査は、民事訴訟をはじめとする法的措置及び加害児童生徒に対する保護処分等とは異なり、その調査結果に基づいて、重大事態への対処及び同種の事態の発生の防止を図っていくことができるから、その意義は大きい。

　もっとも、同法は、重大事態への対処と当該重大事態と同種の事態の発生の防止に資することを調査の目的とするのみであって（同法28条1項柱書）、重大事態の調査手続については、規定していない。また、同法には、施行規則や施行令がなく、これらによることはできない。

　こうした状況の下で、調査手続を詳細に定めており、最も重要な法規範と考えられるのが文部科学省により平成29年（2017年）3月に策定された「いじめの重大事態の調査に関するガイドライン」（以下、「ガイドライン」と記載する）である（策定に至る経緯については、ガイドライン「はじめに」第1項参照）。

　文部科学省の調査（後掲凡例の文科省(c)）によれば、重大事態の発生件

数は、同法制定以降、おおむね増加傾向にあり、平成31年・令和元年度（2019年度）には、全国で700件を超えた。令和2年度（2020年度）には、新型コロナウイルスの流行に伴う一斉休校があったこと等もあってか、500件台に減少したが、令和3年度（2021年度）以降再び増加に転じ、令和4年度（2022年度）には923件に達している（統計数値については、その他のものも含めて第1章第3節参照）。

これらの重大事態の調査を担うのは、学校、教育委員会等の学校の設置者、さらには専門職から構成される第三者調査委員会等である。

いじめ防止対策推進法制定から11年の月日が流れ、ガイドライン策定からでも7年が経過しているが、今なお、いじめ防止対策推進法又はガイドライン等の法規範を無視したり、その規定に違反したりする学校、教育委員会等の学校の設置者及び第三者調査委員会等が後を絶たない。

ガイドラインの無視及び違反の要因は2つあるように思われる。

1つの要因は、山口県の宇部市教育委員会や静岡県の浜松市教育委員会のように、ガイドラインの存在を知らなかったり、その内容の理解が不十分だったりすることにある。

もう1つの要因は、少なからぬ学校及び教育委員会の教職員並びに第三者調査委員会の委員等に遵法意識が著しく欠如していることにある。また、いじめの重大事態の調査を担う第三者調査委員会においては、「第三者」と到底言えない者が「第三者」の委員として調査を担い、いじめ防止対策推進法及びガイドライン等の違反を平然と繰り返し、本来行うべき調査を尽くさず、事態のよりいっそうの複雑化・深刻化をもたらすことも少なくない。このように、教育現場やそれに関わる場面においては、法規範を守る意思すらなく、違法及び違反を常態化させ、自らや身内の不当な利益を追求するという「教育現場に巣食う反社会的な者」（「教育反社」）と言うほかない者が専門職も含めて少なからず存在している。彼らは、違法及び違反の常態化を当然のことであるかのように主張するだけでなく、法規範を曲解したり、被害児童生徒及びその保護者並びに心ある専門職らの法的に

正当な要望又は意見をあたかも異常で過剰な要求であるかのように指弾したりすることを通じて、法規範を骨抜きにし、法規範が想定する適切な手続及び対処がなされることを妨げることに執心し続けている。しかも、本来であれば、違法又は違反に対してそれを是正する責務を負うはずの裁判所は、この間、（過度に広範な）裁量論に依拠するのみならず、法規範を遵守するか否かについてすら裁量を認める「反社会的な裁量論」を採って、「法規範を守らなくても法的責任を負わない」という判断を積み重ね、結果として、「教育反社」の違法及び違反をしばしば助長促進してきた。かくして、多くの被害児童生徒及びその保護者並びにその関係者が本来味わう必要のない無用の苦痛を与えられてきたのである。

　こうした状況が放置されてきた1つの原因は、「いじめと法」の研究者がほとんどおらず、専門的見地からの研究が十分になされてこなかったことにある。いじめ防止対策推進法に関する論稿は必ずしも少なくないが、そのほとんどは、法解釈を行うものでないか、同法をはじめとする法規範を無視するものであって、法解釈とは到底言えないレベルのものに留まっている。

　ガイドラインの無視及び違反をなくし、重大事態の調査手続が適正かつ適式に行われるためには、まずは、調査に関わる全ての者がガイドラインの内容の理解を深めることが必要である。また、教育反社に対しては、その無法にあきらめることなく、その不当性をたゆまず指摘し、ガイドラインの遵守を粘り強く求めるとともに、法的措置等も通じて違法及び違反の状況を是正していくことが必要である。そして、そのために、まずは、ガイドラインはもちろん、いじめ防止対策推進法をはじめとする関連する他の法規範を忠実に丁寧に紹介し、説明することが求められよう。

　このような観点から、筆者は、前記の「条文忠実主義」とでも表現すべき立場から、重大事態の調査手続が適正かつ適式に行われることにより、重大事態への対処が適切になされるとともに、同種の事態の発生の防止が図られることを願って、昨年、『逐条解説「いじめの重大事態の調査に関

するガイドライン」』（以下、「前著」と記載する）を上梓した。

　前著は、ガイドラインの規定を踏まえて、学校、学校の設置者及び第三者委員会を含む調査組織が「ここまではやらなければならない」という内容を具体的に叙述し、調査の本来あるべき「現在」を明確にするものであった。筆者は、前著が重大事態の調査の在り方の現時点での到達点を示すものであったと自負している。ガイドラインが求める調査を実施すれば、重大事態への対処及び同種の事態の発生の防止を図るための取り組みにつなげていくことができ、被害児童生徒及びその保護者はもちろん、加害児童生徒及びその保護者、他の児童生徒及びその保護者、教職員、学校、学校の設置者、そして地域社会にも大きな利益をもたらすことができるはずである。

　とは言え、ガイドラインは違反に対する措置を有していない。一方、いじめ防止対策推進法をはじめとする法律は法規範の違反に対する措置を用意しているものの、適切に活用されているとは言い難い。ガイドラインが示している調査の本来あるべき「現在」にはほとんど問題はない。問題は、少なからぬ学校、学校の設置者及び第三者委員会を含む調査組織がガイドラインを遵守しないことにある。それゆえ、ガイドラインが示している調査の本来あるべき「現在」を実現するための方策が必要となる。

　2023年2月、筆者は、参議院法制局第五部第二課の依頼を受けて、同局の令和4年度「特定立法事項調査研究」において、「いじめ防止対策推進法の課題と解決策について」と題して、主にいじめの重大事態の調査の問題点と法改正による解決策について講演を行い、法制次長らと意見交換をする機会を得た（詳しくは、第2章第4節）。

　この講演及び意見交換を通じて、筆者は、本法をはじめとする法規範の強靭化を図るべく、法規範の解釈上及び実務上の課題並びに法規範の不備を立法上解決する方策を研究者として提案する必要性を改めて痛感した。

　本書は、この講演のレジュメ（後掲凡例の永田 (s)）を土台に書き下ろしたものであり、重大事態の調査の「未来像」を示すことを目的としている。

本書が提案する法改正を行うことにより、より充実した調査を実施し、その調査結果を踏まえて重大事態への対処及び同種の事態の発生の防止を図るための取り組みをより適切に行い、被害児童生徒をはじめとする関係者全てに対してより大きな利益をもたらすことが可能となる。

　本書は、関西大学の2024年度研究成果出版補助金による図書出版として刊行された。申請に当たっては、田中謙 関西大学法学部教授と石川賢治弁護士（吉原稔法律事務所）から推薦の辞を賜った。日頃から様々な御助言を賜ってきたこととあわせて、お二人に厚く御礼申し上げる。

　貝田光 四日市市立中部西小学校教頭からは、教育現場の最前線で培ってこられた御経験に基づく様々な専門的知見を御教示賜ってきた。厚く御礼申し上げる。

　関西大学の先生方には、研究、教育及び学内行政のあらゆる面で様々な御配慮を賜るとともに、多くのことを学ばせていただいている。関西大学法学部においては、令和３年度（2021年度）より日本で初めてとなる「いじめと法」の授業の開設をお認めいただき、担当させていただいている。また、とりわけ研究及び出版を取り巻く環境が劇的に悪化する中、論稿を存分に公表し、研究書を上梓できる恵まれた研究環境にあることに感謝したい。

　三菱信託山室記念奨学財団（現・三菱 UFJ 信託奨学財団）には、大学２回生より大学院修士課程修了に至るまで５年間奨学金を給付していただいた。父が早世し、経済的に恵まれない家庭で育ち、勉学をしたくとも金銭面で様々な制約を受けてきた私にとって、同奨学金は、まさに干天の慈雨であり、勉学や研究を続ける貴重な命綱であった。ただただ深謝の意を表したい。

　そして、妻と子どもたちにはいつも支えてもらってきた。

　本書を刊行することができたのは、これら全ての方々のおかげにほかならない。この場を借りて、謹んで謝意を表する。

　末筆ながら、関西大学出版部出版課には、『死刑選択基準の研究』、『刑罰のはなし──死刑・懲役・罰金──』、『財産的刑事制裁の研究──主に

罰金刑と被害弁償命令に焦点を当てて──』、『逐条解説「いじめの重大事態の調査に関するガイドライン」』に引き続き、本書の出版においても大変お世話になった。前著に引き続いて本書の編集を担当していただいた岡本芳知さんには、特にお世話になった。厚く御礼を申し上げる。

2024年4月

永田　憲史

目　次

はしがき ……………………………………………………………… i

目　　次 ……………………………………………………………… vii

凡　　例 ……………………………………………………………… ix

第1章　重大事態に関する法規範 ……………………………… 1
第1節　本法の制定並びに基本方針及び指針等の策定 ……………… 1
第2節　重大事態に関する本法の規定及びその意義 ………………… 3
第3節　重大事態に関する統計 ………………………………………… 6
第4節　ガイドラインの策定 …………………………………………… 11

第2章　重大事態を取り巻く状況 …………………………… 17
第1節　法規範の違反に対する措置が用意されていないこと ……… 17
第2節　「教育反社」の存在及びその動き …………………………… 26
第3節　「反社会的な裁量論」の展開 ………………………………… 27
第4節　参議院法制局「特定立法事項調査研究」の講演依頼 ……… 49

第3章　課題及び解決策 ……………………………………… 55
第1節　重大事態発生の判断 …………………………………………… 55
第2節　調査組織の公平性・中立性 …………………………………… 64
第3節　調査組織の専門性 ……………………………………………… 72
第4節　調査手続 ………………………………………………………… 79
第5節　調査に要する期間 ……………………………………………… 85
第6節　調査権限 ………………………………………………………… 90
第7節　経過報告 ………………………………………………………… 92
第8節　情報提供義務 …………………………………………………… 102
第9節　調査結果を踏まえた対応 ……………………………………… 127

第10節　再調査 ··· 136

第4章　家庭裁判所における手続創設の提案 ·············· 141
第1節　本法が求める学校及び学校の設置者の役割の多重性 ········· 141
第2節　判断・調査の役割を担うのにふさわしい機関 ·············· 144
第3節　家庭裁判所における手続の提案 ······················· 150

参考資料 ··· 165
いじめ防止対策推進法 ··································· 167
いじめの防止等のための基本的な方針（抄）··············· 179
いじめの重大事態の調査に関するガイドライン ·············· 191

凡　例

1　法令、判例及び文献の対象

　本書で扱う法令及び指針等は、令和6年（2024年）4月1日現在のものである。

　判例及び文献は、令和5年（2023年）12月31日までに入手できたものを参照した。

2　条文の記載

　条文は法典の原文通りとし、数字のみアラビア数字に改めた。

3　ウェブページの閲覧

　ウェブページは、2023年12月31日に閲覧した。

4　略語及び略記法

　次に掲げるもののほか、一般に用いられているところによる。

　法令等、指針等、通知・事務連絡及び引用文献の出典は、以下のとおりである。

（1）法令等

本法	いじめ防止対策推進法（平成25年法律第71号）
大阪市特別職非常勤職員報酬条例	特別職の非常勤の職員の報酬及び費用弁償に関する条例（昭和31年大阪市条例第33号）
大阪市特別職非常勤職員報酬条例施行規則	特別職の非常勤の職員の報酬及び費用弁償に関する条例施行規則（平成20年大阪市規則第71号）
家事手続法	家事事件手続法（平成23年法律第52号）
教育機会確保法	義務教育の段階における普通教育に相当する教育の機会の確保等に関する法律（平成28年法律第105号）

行政機関個人情報保護法	行政機関の保有する個人情報の保護に関する法律（平成15年法律第58号）
構造改革特区法	構造改革特別区域法（平成14年法律第189号）
国賠法	国家賠償法（昭和22年法律第125号）
国立大法	国立大学法人法（平成15年法律第112号）
個人情報保護法	個人情報の保護に関する法律（平成15年法律第57号）
裁判所法	裁判所法（昭和22年法律第59号）
私学法	私立学校法（昭和24年法律第270号）
私学法改正法	私立学校法の一部を改正する法律（平成26年法律第15号）
市町村立学校職員法	市町村立学校職員給与負担法（昭和23年法律第135号）
児童買春・児童ポルノ規制法	児童買春、児童ポルノに係る行為等の規制及び処罰並びに児童の保護等に関する法律（平成11年法律第52号）
児福法	児童福祉法（昭和22年法律第164号）
少年法	少年法（昭和23年法律第168号）
少年鑑別所法	少年鑑別所法（平成26年法律第59号）
少年事件補償法	少年の保護事件に係る補償に関する法律（平成4年法律第84号）
心神喪失者医療観察法	心神喪失等の状態で重大な他害行為を行った者の医療及び観察等に関する法律（平成15年法律第110号）
心神喪失者医療観察法審判規則	心神喪失等の状態で重大な他害行為を行った者の医療及び観察等に関する法律による審判の手続等に関する規則（平成16年最高裁判所規則第13号）
人事訴訟法	人事訴訟法（平成15年法律第109号）
地教行法	地方教育行政の組織及び運営に関する法律（昭和31年法律第162号）
地教行法改正法	地方教育行政の組織及び運営に関する法律の一部を改正する法律（平成26年法律第76号）
地自法	地方自治法（昭和22年法律第67号）
地方独法法	地方独立行政法人法（平成15年法律第118号）
デジタル社会形成関係法律整備法	デジタル社会の形成を図るための関係法律の整備に関する法律（令和3年法律第37号）

独法個人情報保護法	独立行政法人等の保有する個人情報の保護に関する法律（平成15年法律第59号）
独法情報公開法	独立行政法人等の保有する情報の公開に関する法律（平成13年法律第140号）
ハーグ条約実施法	国際的な子の奪取の民事上の側面に関する条約の実施に関する法律（平成25年法律第48号）
民調法	民事調停法（昭和26年法律第222号）
労基法	労働基準法（昭和22年法律第49号）

（2）指針等

大阪市基本方針	大阪市・大阪市教育委員会策定「大阪市いじめ対策基本方針～子どもの尊厳を守るために～」（2015年3月、2021年4月改正）〈https://www.city.osaka.lg.jp/kyoiku/page/0000515458.html〉
ガイドライン	文部科学省策定「いじめの重大事態の調査に関するガイドライン」（2017年3月）
基本方針	文部科学大臣策定「いじめの防止等のための基本的な方針」（2013年10月11日、最終改定2017年3月14日）
教育機会確保基本方針	文部科学省策定「義務教育の段階における普通教育に相当する教育の機会の確保等に関する基本指針」（2017年3月31日）
生徒指導提要	文部科学省策定「生徒指導提要」（2022年12月）＊2010年4月に策定されたものの改訂版
背景調査の指針	文部科学省策定「子供の自殺が起きたときの背景調査の指針（改訂版）」（2014年7月）
不登校重大事態調査指針	文部科学省初等中等教育局「不登校重大事態に係る調査の指針」（2016年3月）

(3) 通知・事務連絡

通知(a)	「学校法人堀越学園に対する解散命令について（通知）」（学校法人堀越学園理事長宛て平成25年3月28日付け24文科高第1074号文部科学大臣通知）〈https://www.mext.go.jp/a_menu/koutou/shinkou/07021403/1332589.htm〉
通知(b)	「私立学校法の一部を改正する法律の施行について（通知）」（各都道府県知事及び文部科学大臣所轄各学校法人理事長宛て平成26年4月2日付け26文科高第21号文部科学事務次官通知）〈https://www.mext.go.jp/a_menu/koutou/shinkou/07021403/001/001/1346473.htm〉
通知(c)	「『いじめの防止等のための基本的な方針』の改定及び『いじめの重大事態の調査に関するガイドライン』の策定について（通知）」（各都道府県教育委員会教育長等宛て平成29年3月16日付け28文科初第1648号文部科学省初等中等教育局長、生涯学習政策局長、高等教育局長通知）〈https://www.mext.go.jp/a_menu/shotou/seitoshidou/1400142.htm〉
通知(d)	「いじめ防止対策の推進に関する調査結果に基づく勧告を踏まえた対応について（通知）」（各都道府県教育委員会担当課長等宛て平成30年3月26日付け29初児生第42号文部科学省初等中等教育局児童生徒課長通知）〈https://www.mext.go.jp/a_menu/shotou/seitoshidou/1409382.htm〉
通知(e)	「いじめ問題への的確な対応に向けた警察との連携等の徹底について（通知）」（各都道府県教育委員会教育長等宛て令和5年2月7日付け4文科初第2121号文部科学省初等中等教育局長通知）〈https://www.mext.go.jp/content/20230207-mxt_jidou02-00001302904-001.pdf〉
通知(f)	「いじめ防止対策推進法等に基づくいじめ重大事態への適切な対応等の徹底について（通知）」（附属学校を置く各国立大学法人学長宛て令和5年7月7日付け5初児生第5号文部科学省初等中等教育局児童生徒課長、総合政策局教育人材政策課長通知）〈https://www.mext.go.jp/a_menu/shotou/seitoshidou/1400142_00004.htm〉＊「いじめ防止対策推進法等に基づく重大事態調査の基本的な対応チェックリスト（国立学校）」を含む

事務連絡(a)	「いじめ防止対策推進法等に基づくいじめに関する対応について」（各都道府県教育委員会指導事務主管課等宛て令和3年9月21日付け文部科学省初等中等教育局児童生徒課事務連絡）〈https://www.mext.go.jp/b_menu/hakusho/nc/mext_00037.html〉
事務連絡(b)	「『いじめ重大事態調査の基本的な対応チェックリスト』の配布について」（各都道府県教育委員会指導事務主管課等宛て令和5年7月7日付け文部科学省初等中等教育局児童生徒課事務連絡）〈https://www.mext.go.jp/a_menu/shotou/seitoshidou/1400142_00005.htm〉 ＊「いじめ防止対策推進法等に基づく重大事態調査の基本的な対応チェックリスト（公立学校）」及び「いじめ防止対策推進法等に基づく重大事態調査の基本的な対応チェックリスト（私立・公立附属・株立学校）」を含む

（4）判例及び裁判例並びに判例集

高判	高等裁判所判決
地判	地方裁判所判決
裁判所ウェブサイト	裁判所ウェブサイト掲載〈https://www.courts.go.jp/index.html〉
判時	判例時報
判自	判例地方自治
判タ	判例タイムズ
LEX/DB	TKC法律情報サービス　LEX/DBインターネット掲載〈https://lex.lawlibrary.jp/〉 ＊判決の特定のために文献番号を記載する。

（5）引用文献
（あ行）

安里	安里アサト『86―エイティシックス―』（KADOKAWA、2017）

旭川市(a)	旭川市いじめ防止等対策委員会「いじめの重大事態に係る調査報告書（令和3年6月4日付諮問に対する答申）（公表版）」（2022）〈https://www.city.asahikawa.hokkaido.jp/kurashi/218/266/270/d076131.html〉
旭川市(b)	旭川市子育て支援部子育て支援課「旭川市いじめ問題再調査委員会」（2022）〈https://www.city.asahikawa.hokkaido.jp/kurashi/218/266/270/d076569.html〉
朝日新聞	朝日新聞令和元年（2019年）7月18日付朝刊
阿部	阿部泰尚『いじめを本気でなくすには』（角川書店、2020）
石坂ほか編著	石坂浩ほか編著『改訂版　実践事例からみるスクールロイヤーの実務』（日本法令、2023）
石田(a)	石田達也講演・原田敬三要約紹介「大津いじめ第三者委員会の立ち上げと第三者委員会の問題点」NPO法人学校安全ネット通信12号（2022）2頁以下〈https://gakouanzen-network.com/wp-content/themes/ws_schoolanzen/img/6_2_anzen_report_n12.pdf〉
石田(b)	石田達也「第三者調査委員会をめぐる諸問題」季刊教育法212号（2022）104頁以下
井上ほか	井上圭吾ほか「座談会──第1部《地方公共団体の第三者委員会》」法の支配206号（2022）6頁以下
宇賀(a)	宇賀克也『個人情報保護法の逐条解説［第6版］──個人情報保護法・行政機関個人情報保護法・独立行政法人等個人情報保護法──』（有斐閣、2018）
宇賀(b)	宇賀克也『新・個人情報保護法の逐条解説』（有斐閣、2021）
右崎ほか編	右崎正博ほか編『新基本法コンメンタール　情報公開法・個人情報保護法・公文書管理法』（日本評論社、2013）
岡村	岡村久道『個人情報保護法の知識〈第5版〉』（日本経済新聞出版、2021）
小川	小川正人「地方教育行政法」姉崎洋一ほか編著『ガイドブック教育法　新訂版』（三省堂、2015）

小野田(a)	小野田正利「特集 いじめ重大事態の『第三者調査委員会』——その現状と今後のあり方——の趣旨と内容構成について」季刊教育法197号（2018）4頁以下
小野田(b)	小野田正利「普通の教師が生きる学校 モンスター・ペアレント論を超えて いじめ法の放置から9年（13）—調査委の聴き取りを拒否される」内外教育7067号（2023）4頁以下
鬼澤	鬼澤秀昌「いじめに関する法的研究の役割と今後の課題 —学校が負う法的責任を中心に—」日本スクール・コンプライアンス学会編『スクール・コンプライアンス研究の現在——日本スクール・コンプライアンス学会創立10周年記念出版』（教育開発研究所、2023）
鬼澤ほか	鬼澤秀昌ほか「鼎談 どうなる！ いじめ防止対策推進法」季刊教育法205号（2020）80頁以下

（か行）

加古川市いじめ問題対策委員会	加古川市いじめ問題対策委員会「加古川市いじめ問題対策委員会調査報告書」（2017）〈https://www.city.kakogawa.lg.jp/soshikikarasagasu/kyouiku/kakuka/kyoikushidobu/syonenaigosenta/ijime/ijimejyuudaijitai.html〉
勝井ほか	勝井映子ほか・小野田正利司会進行「座談会 いじめ重大事態の第三者委員会の姿を問う」季刊教育法197号（2018）6頁以下
加藤慶子	加藤慶子「いじめ防止対策推進法に基づくいじめによる重大事態の調査結果に対する再調査の要否の判断」スクール・コンプライアンス研究4号（2016）66頁以下
加藤秀昭	加藤秀昭「『いじめの重大事態』に関する管理職の対応」日本スクール・コンプライアンス学会編『スクール・コンプライアンス研究の現在——日本スクール・コンプライアンス学会創立10周年記念出版』（教育開発研究所、2023）
加茂川	加茂川幸夫「いじめ重大事態と首長部局の関与」内外教育7088号（2023）19頁
木田	木田宏著・教育行政研究会編著『第五次新訂 逐条解説 地方教育行政の組織及び運営に関する法律』（第一法規、2023）

国会会議録	第183回国会衆議院文部科学委員会議録第7号（2013）
小西	小西洋之『いじめ防止対策推進法の解説と具体策――法律で何が変わり、教育現場は何をしなければならないのか――』（WAVE出版、2014）

（さ行）

坂田（a）	坂田仰『裁判例で学ぶ 学校のリスクマネジメントハンドブック』（時事通信社出版局、2018）
坂田（b）	坂田仰「いじめ重大事態の『第三者調査委員会』の課題――〝制度〟と〝現実〟の狭間――」季刊教育法197号（2018）42頁以下
坂田（c）	坂田仰「いじめ防止対策推進法の施行から6年――見えてきた学校現場への『負荷』日本女子大学教職教育開発センター年報5号（2019）41頁以下
坂田（d）	坂田仰「いじめ防止対策推進法の法的性格」内外教育7089号（2023）19頁
坂田編	坂田仰編『補訂版 いじめ防止対策推進法――全条文と解説』（学事出版、2018）
坂田編集代表	坂田仰編集代表『学校のいじめ対策と弁護士の実務――予防・初期対応から第三者委員会まで』（青林書院、2022）
佐藤	佐藤香代「いじめ防止対策推進法の『いじめ』と不法行為となる『いじめ』」週刊教育資料1702号（2023）35頁
渋井（a）	渋井哲也「いじめ対応で虚偽文書作成 大阪市の小学校校長が書類送検されていた――虚偽公文書作成罪と公務員職権濫用罪の疑いで――」文春オンライン（2022）〈https://bunshun.jp/articles/-/52653〉
渋井（b）	渋井哲也「『欠席はいじめが原因』大阪市立小学校の小2女子不登校めぐり、第三者委員会の報告書が認める」文春オンライン（2022）〈https://bunshun.jp/articles/-/58124〉
島﨑	島﨑政男『学校管理職・教育委員会のためのいじめを重大化させないQ&A100』（エイデル研究所、2022）

島崎ほか	島崎政男ほか「［対談］　いじめ重大事態調査の困難さと、保護者間の対立の深刻化」季刊教育法215号（2022）50頁以下
週刊教育資料（a）	週刊教育資料編集部「特別資料　いじめの未然防止、早期発見、対応、重大事態について（論点ペーパー）」週刊教育資料1403号（2016）12頁以下
週刊教育資料（b）	週刊教育資料編集部「いじめの重大事態調査、何が課題か？」週刊教育資料1648号（2022）10頁以下
週刊教育資料（c）	週刊教育資料編集部「いじめ重大事態で対応チェックリスト」週刊教育資料1711号（2023）6頁以下
神内	神内聡『学校内弁護士──学校現場のための教育紛争対策ガイドブック　第2版』（日本加除出版、2019）
スクール・コンプライアンス学会Web	日本スクール・コンプライアンス学会「定例研究会」〈https://www.school-compliance.org/conference/〉
鈴木	鈴木庸裕「いじめをめぐる調査活動の役割と課題」鈴木庸裕ほか編著『「いじめ防止対策」と子どもの権利──いのちをまもる学校づくりをあきらめない』（かもがわ出版、2020）51頁以下
ストップいじめ！ナビ編	ストップいじめ！ナビ スクールロイヤーチーム編『スクールロイヤーにできること』（日本評論社、2019）
住友（a）	住友剛『新しい学校事故・事件学』（子どもの風出版会、2017）
住友（b）	住友剛「『子ども』を核とした学校コミュニティの再生のために──第三者委員会運営の『実務』を問い直す」生活指導研究37号（2020）19頁以下
住友（c）	住友剛「いじめの重大事態対応を例に『学校の危機対応』を問い直す──『子どもたちの安全・安心の確保』の実現という視点から」中村文夫編著『足元からの　学校の安全保障──無償化・学校環境・学力・インクルーシブ教育』（明石書店、2023）15頁以下
瀬戸	瀬戸則夫「いじめと第三者機関」日本教育法学会年報43号（2014）133頁以下

総務省	総務省「いじめ防止対策の推進に関する調査結果に基づく勧告」（2018）〈https://www.mext.go.jp/component/a_menu/education/detail/__icsFiles/afieldfile/2018/10/02/1409383_002.pdf〉
総務省行政管理局監修	総務省行政管理局監修・社団法人行政システム研究所編『行政機関等個人情報保護法の解説』（ぎょうせい、2005）

（た行）

第二東京弁護士会編	第二東京弁護士会子どもの権利に関する委員会編『どう使うどう活かす いじめ防止対策推進法〔第3版〕』（現代人文社、2022）
高島	高島惇『いじめ事件の弁護士実務──弁護活動で外せないポイントと留意点──』（第一法規、2021）
高橋ほか	高橋滋ほか編著『条解行政情報関連三法──公文書管理法・行政機関情報公開法・行政機関個人情報保護法』（弘文堂、2011）
宝塚市いじめ問題再調査委員会	「宝塚市いじめ問題再調査委員会　調査報告書（概要版）」（2020）〈http://www.city.takarazuka.hyogo.jp/kyoiku/1009362/1030750.html〉
Takizawa(a)	Takizawa, R., et al., Adult Health Outcomes of Childhood Bullying Victimization: Evidence from a Five-Decade Longitudinal British Birth Cohort, *171 (7) American Journal of Psychiatry* 77 (2014)
滝沢(b)	滝沢龍「いじめ問題の深刻な長期的影響」東京大学大学院教育学研究科心理教育相談室年報12号（2017）5頁以下
滝沢(c)	滝沢龍「いじめ問題の生涯にわたる長期的な影響──ストレスの生物・心理・社会的に『隠された傷跡』──」心と社会49巻1号（2018）88頁以下
武内ほか	武内謙治ほか『刑事政策学』（日本評論社、2019）
田宮ほか編	田宮裕ほか『注釈少年法【第4版】』（有斐閣、2017）
堤	堤真紀「学校におけるいじめ問題の現状と課題」調査と情報1039号（2019）1頁以下

凡　例

（な行）

中井(a)	中井久夫『いじめのある世界に生きる君たちへ──いじめられっ子だった精神科医の贈る言葉──』（中央公論新社、2016）
中井(b)	中井久夫『中井久夫集6　1996-1998 いじめの政治学』（みすず書房、2018）
永田(a)	永田憲史「いじめの重大事態の判断に関する考察──いじめ防止対策推進法の強靭化を目指して──」関西大学法学論集70巻2＝3号（2020）195頁以下
永田(b)	永田憲史「いじめの重大事態の調査組織設置に関する考察──公平性及び中立性並びに専門性を確保した調査組織を目指して──」関西大学法学論集70巻4号（2020）167頁以下
永田(c)	永田憲史「いじめの重大事態の調査に係る被害児童生徒及び保護者に対する情報提供と個人情報保護条例についての考察──いじめ防止対策推進法28条2項の遵守を目指して──」ノモス47号（2020）65頁以下
Nagata(d)	Nagata, K., "Japan's Act on the Promotion of Measures to Prevent Bullying: Handling Serious Cases of Bullying" *42 Kansai University Review of Law and Politics* 1-26 (2020)
永田(e)	永田憲史「いじめの重大事態の調査のための説明事項の説明に関する考察──『いじめの重大事態の調査に関するガイドライン』の遵守を目指して──」関西大学法学論集70巻5号（2021）181頁以下
永田(f)	永田憲史「公立学校の教員の非違行為の重大性の判断に当たって、いじめ防止対策推進法及び地方いじめ防止基本方針等を判断資料とした事例（最判令2年7月6日裁判所ウェブサイト登載）」関西大学法学論集70巻5号（2021）338頁以下

永田(g)	永田憲史「スクールカウンセラー・スクールソーシャルワーカー・スクールロイヤーに関する諸問題——いじめへの対処の観点から——」日本司法福祉学会2020年度オンライン研究集会〔自由研究報告〕(e-ポスター)(2021) ＊報告タイトルは司法福祉学研究21号（2022）122頁にて紹介 ＊報告内容は関西大学学術リポジトリにて閲覧可能〈http://doi.org/10.32286/00025936〉
永田(h)	永田憲史「文部科学省策定『いじめの重大事態の調査に関するガイドライン』の逐条解説（1）」関西大学法学論集70巻6号（2021）146頁以下
永田(i)	永田憲史「文部科学省策定『いじめの重大事態の調査に関するガイドライン』の逐条解説（2）」関西大学法学論集71巻2号（2021）52頁以下
永田(j)	永田憲史「文部科学省策定『いじめの重大事態の調査に関するガイドライン』の逐条解説（3）」関西大学法学論集71巻3号（2021）94頁以下
永田(k)	永田憲史「文部科学省策定『いじめの重大事態の調査に関するガイドライン』の逐条解説（4）」関西大学法学論集71巻4号（2021）91頁以下
永田(l)	永田憲史「文部科学省策定『いじめの重大事態の調査に関するガイドライン』の逐条解説（5）」関西大学法学論集71巻5号（2022）32頁以下
永田(m)	永田憲史「文部科学省策定『いじめの重大事態の調査に関するガイドライン』の逐条解説（6）」関西大学法学論集71巻6号（2022）42頁以下
永田(n)	永田憲史「文部科学省策定『いじめの重大事態の調査に関するガイドライン』の逐条解説（7）」関西大学法学論集72巻1号（2022）63頁以下
永田(o)	永田憲史「文部科学省策定『いじめの重大事態の調査に関するガイドライン』の逐条解説（8）」関西大学法学論集72巻2号（2022）105頁以下
永田(p)	永田憲史「文部科学省策定『いじめの重大事態の調査に関するガイドライン』の逐条解説（9）」関西大学法学論集72巻3号（2022）1頁以下

永田(q)	永田憲史「文部科学省策定『いじめの重大事態の調査に関するガイドライン』の逐条解説（10）」関西大学法学論集72巻4号（2022）73頁以下
永田(r)	永田憲史「文部科学省策定『いじめの重大事態の調査に関するガイドライン』の逐条解説（11・完）」関西大学法学論集72巻5号（2023）110頁以下
永田(s)	永田憲史「いじめ防止対策推進法の課題と解決策について」参議院法制局令和4年度「特定立法事項調査研究」講演（オンラインにて実施）（2023） ＊講演のレジュメは関西大学学術リポジトリにて閲覧可能〈http://doi.org/10.32286/00027828〉
永田(t)	永田憲史「いじめ防止対策推進法の10年と浮かび上がってきた課題」日本子どもを守る会編『子ども白書2023』（かもがわ出版、2023）146頁以下
永田(u)	永田憲史『逐条解説「いじめの重大事態の調査に関するガイドライン」』（関西大学出版部、2023）
中村	中村豊「重大事態を防ぐために学ぶ（2）『いじめ防止対策協議会』の議事要旨〜いじめ重大事態の調査に係る課題〜」月刊生徒指導51巻5号（2021）52頁以下
西日本新聞	西日本新聞令和3年6月17日付朝刊（熊本県版）
日弁連	日本弁護士連合会「いじめの重大事態の調査に係る第三者委員会委員等の推薦依頼ガイドライン」（2018）〈https://www.nichibenren.or.jp/library/ja/opinion/report/data/2018/opinion_180920_2.pdf〉

（は行）

橋本	橋本洋祐「大阪市におけるいじめ調査第三者委員会について」法の支配206号（2022）51頁以下
藤川	藤川大祐『「いじめに対応できる学校」づくり──法令だけではわからない子どもを守る実務ノウハウ』（ぎょうせい、2021）
文春	文春オンライン特集班『娘の遺体は凍っていた──旭川女子中学生イジメ凍死事件』（文藝春秋、2021）

ベック	ジュディス・S・ベック著・伊藤絵美ほか訳『認知行動療法実践ガイド：基礎から応用まで 第2版──ジュディス・ベックの認知行動療法テキスト──』（星和書店、2015）
細川ほか	細川潔ほか著『弁護士によるネットいじめ対応マニュアル──学校トラブルを中心に』（エイデル研究所、2021）

（ま行）

毎日新聞	毎日新聞令和2年（2020年）2月8日付朝刊
桝屋	桝屋二郎「精神医学的観点から見た『いじめと自殺』」鈴木庸裕ほか編著『「いじめ防止対策」と子どもの権利──いのちをまもる学校づくりをあきらめない』（かもがわ出版、2020）15頁以下
桝屋ほか	桝屋二郎ほか「いじめ加害児童・生徒への心理・社会的支援」精神医学63巻2号（2021）229頁以下
松坂	松坂浩史『逐条解説 私立学校法 三訂版』（学校経理研究会、2020）
南日本新聞(a)	南日本新聞令和3年5月26日付
南日本新聞(b)	南日本新聞令和3年6月12日付
文科省(a)	文部科学省高等教育局私学部参事官付「学校法人堀越学園（群馬県）の法令違反の状況について」（2012）〈https://www.mext.go.jp/a_menu/koutou/shinkou/07021403/1332590.htm〉
文科省(b)	文部科学省初等中等教育局児童生徒課「令和4年度 児童生徒の問題行動・不登校等生徒指導上の諸課題に関する調査結果について」（2023）〈https://www.mext.go.jp/a_menu/shotou/seitoshidou/1302902.htm〉
文科省(c)	文部科学省初等中等教育局児童生徒課「児童生徒の問題行動等生徒指導上の諸問題に関する調査結果」（2015年度以前）及び「児童生徒の問題行動・不登校等生徒指導上の諸課題に関する調査結果」（2016年度以降）〈https://www.mext.go.jp/a_menu/shotou/seitoshidou/1302902.htm〉

文科省 Web(a)	文部科学省初等中等教育局児童生徒課生徒指導室「いじめ防止対策協議会（平成30年度）（第2回）の開催について」（2018）〈https://www.mext.go.jp/b_menu/shingi/chousa/shotou/141/kaisai/1410357.htm〉
文科省 Web(b)	文部科学省初等中等教育局児童生徒課生徒指導室「いじめ防止対策協議会（平成30年度）（第3回）の開催について」（2019）〈https://www.mext.go.jp/b_menu/shingi/chousa/shotou/141/kaisai/1413209.htm〉
文科省 Web(c)	文部科学省初等中等教育局児童生徒課生徒指導室「いじめ防止対策協議会（平成30年度）（第4回）の開催について」（2019）〈https://www.mext.go.jp/b_menu/shingi/chousa/shotou/141/kaisai/1414544.htm〉
文科省 Web(d)	文部科学省初等中等教育局児童生徒課「いじめ防止対策協議会（令和元年度）（第1回）の開催について」（2019）〈https://www.mext.go.jp/b_menu/shingi/chousa/shotou/152/kaisai/1420916.htm〉
文科省 Web(e)	文部科学省初等中等教育局児童生徒課「いじめ防止対策協議会（令和元年度）（第2回）の開催について」（2019）〈https://www.mext.go.jp/b_menu/shingi/chousa/shotou/152/kaisai/1421858.htm〉
文科省 Web(f)	文部科学省初等中等教育局児童生徒課「いじめ防止対策協議会（令和元年度）（第3回）の開催について」（2020）〈https://www.mext.go.jp/b_menu/shingi/chousa/shotou/152/kaisai/1421858_00001.htm〉
文科省 Web(g)	文部科学省初等中等教育局児童生徒課生徒指導室「いじめ防止対策協議会（令和3年度）（第1回）の開催について」（2021）〈https://www.mext.go.jp/b_menu/shingi/chousa/shotou/174/kaisai/1422183_00017.htm〉
文科省 Web(h)	文部科学省初等中等教育局児童生徒課生徒指導室「いじめ防止対策協議会（令和3年度）（第2回）の開催について」（2021）〈https://www.mext.go.jp/b_menu/shingi/chousa/shotou/174/kaisai/1422183_00001.htm〉

文科省 Web(i)	文部科学省初等中等教育局児童生徒課生徒指導室「いじめ防止対策協議会（令和3年度）（第3回）の開催について」（2022）〈https://www.mext.go.jp/b_menu/shingi/chousa/shotou/174/kaisai/1422183_00002.htm〉
文科省 Web(j)	文部科学省初等中等教育局児童生徒課生徒指導室「いじめ防止対策協議会（令和3年度）（第4回）の開催について」（2022）〈https://www.mext.go.jp/b_menu/shingi/chousa/shotou/174/kaisai/1422183_00004.htm〉
文科省 Web(k)	文部科学省初等中等教育局児童生徒課生徒指導室「いじめ防止対策協議会（令和3年度）（第5回）の開催について」（2022）〈https://www.mext.go.jp/b_menu/shingi/chousa/shotou/174/kaisai/1422183_00005.htm〉
文科省 Web(l)	文部科学省初等中等教育局児童生徒課生徒指導室「いじめ防止対策協議会（令和4年度）（第1回）の開催について」（2022）〈https://www.mext.go.jp/b_menu/shingi/chousa/shotou/180/kaisai/1422183_00006.htm〉
文科省 Web(m)	文部科学省初等中等教育局児童生徒課生徒指導室「いじめ防止対策協議会（令和4年度）（第2回）の開催について」（2022）〈https://www.mext.go.jp/b_menu/shingi/chousa/shotou/180/kaisai/1422183_00004.htm〉
文科省 Web(n)	文部科学省初等中等教育局児童生徒課生徒指導室「いじめ防止対策協議会（令和4年度）（第3回）の開催について」（2022）〈https://www.mext.go.jp/b_menu/shingi/chousa/shotou/180/kaisai/1422183_00005.htm〉
文科省 Web(o)	文部科学省初等中等教育局児童生徒課生徒指導室「いじめ防止対策協議会（令和4年度）（第4回）の開催について」（2023）〈https://www.mext.go.jp/b_menu/shingi/chousa/shotou/180/kaisai/1422183_00007.htm〉

文科省 Web(p)	文部科学省初等中等教育局児童生徒課生徒指導室「いじめ防止対策協議会（令和4年度）（第5回）の開催について」（2023）〈https://www.mext.go.jp/b_menu/shingi/chousa/shotou/180/kaisai/1422183_00009.htm〉
文科省 Web(q)	文部科学省初等中等教育局児童生徒課生徒指導室「いじめ防止対策協議会（令和5年度）（第3回）の開催について」（2023）〈https://www.mext.go.jp/b_menu/shingi/chousa/shotou/187/kaisai/1422183_00002.htm〉

（や行）

山岸	山岸利次「第三者委員会によるいじめ調査のあり方について——矢巾町いじめ調査の経験を踏まえて」季刊教育法197号（2018）48頁以下
横山	横山巌「第三者委員会のあるべき姿を求めて——被害児童生徒・保護者への寄り添い——」季刊教育法197号（2018）24頁以下

（わ行）

和久田	和久田学『学校を変えるいじめの科学』（日本評論社、2019）
渡部	渡部吉泰「大津市立中学校いじめ自死事件に関する第三者委員会の活動内容と今後の第三者委員会の課題とあり方」犯罪と非行176号（2013）101頁以下

（アルファベット）

Andrews(a)	Andrews, D. A. et al., Classification for Effective Rehabilitation: Rediscovering Psychology, *17(1) Criminal Justice and Behavior* 19–52 (1990)
Andrews(b)	Andrews, D. A. et al., The Risk-need-responsivity (RNR) Model: Does Adding the Good Lives Model Contribute to Effective Crime Prevention?, *38 (7) Criminal Justice and Behavior* 735–755 (2011)

(5) 略語

N立学校	学校設置非営利法人（構造改革特区法13条2項に規定する学校設置非営利法人 .[本法32条5項]）が設置する学校
加害児童生徒等	加害児童生徒及びその保護者
株立学校	学校設置会社（構造改革特区法12条2項に規定する学校設置会社［本法32条1項]）が設置する学校
公立学校	地方公共団体が設置する学校
公立大学附属学校	公立大学法人（地方独法法68条第1項に規定する公立大学法人［本法30条の2]）が設置する公立大学に附属して設置される学校
国立大学附属学校	国立大学法人（国立大法2条1項に規定する国立大学法人［本法29条1項]）が設置する国立大学に附属して設置される学校
再調査	調査結果についての調査（本法29条2項、30条2項、30条の2、31条2項、32条2項、5項）
私立学校	学校法人（私学法3条に規定する学校法人［本法31条1項]）が設置する学校
第三者委員会	第三者調査委員会
被害児童生徒等	被害児童生徒及びその保護者

5 ガイドライン及び基本方針の該当箇所の特定方法

　基本方針は、条数が付記されておらず、規定のどの部分を指し示す際に困難を伴う。そこで、本書では、重大事態について規定している第2の4（1）については片括弧内の丸数字ごとに、第2の4（2）については片括弧ごとに、それぞれの原文の段落ごとに「第□段落」と付記し、該当箇所を特定しやすくすることとした。

　ガイドラインは、「はじめに」と「第1」〜「第10」の部分により構成されている。ガイドラインにも、条数が付記されておらず、規定のどの部分かを指し示す際に困難を伴う。そこで、本書では、「はじめに」と「第1」〜「第10」それぞれの原文に付されている「〇」ごとに「第□項」と付記し、こちらも該当箇所を特定しやすくすることとした。

本書は、永田(s)のレジュメをもとにした書き下ろしである。

第1章　重大事態に関する法規範

第1節　本法の制定並びに基本方針及び指針等の策定

　本法は、平成23年（2011年）10月に滋賀県大津市内のマンションから中学2年生が飛び降りて自殺した事件[1]をきっかけとして法律案が作成され[2]、平成25年（2013年）6月21日に可決成立した後、同年6月28日に公布され、同年9月28日に施行された。

　本法は、「いじめ」について、「児童等に対して、当該児童等が在籍する学校に在籍している等当該児童等と一定の人的関係にある他の児童等が行う心理的又は物理的な影響を与える行為（インターネットを通じて行われるものを含む。）であって、当該行為の対象となった児童等が心身の苦痛を感じているもの」と定義し（本法2条1項）、被害児童生徒の心身の苦痛を基準にいじめの有無を判断することを明確にした。

　また、本法は、発生したいじめに対して、①いじめに対する措置（本法23条以下）と②重大事態の調査（本法28条以下）という2つの効果的な手段を用意した点で画期的なものであった[3]。

　本法は、令和5年（2023年）にその施行から10年を迎えた[4]。

　本法には、施行規則及び施行令がない。一方、この間、本法に基づいて、以下のように、国、地方公共団体及び学校のいじめ防止基本方針がそれぞれ策定され、いじめへの対応が詳細に定められてきた。

---

1)　大津地判平31年2月19日裁判所ウェブサイト、大阪高判令2年2月27日裁判所ウェブサイト。
2)　小西4-5頁、坂田編2頁［黒川雅子］、第二東京弁護士会編7頁。
3)　永田(t)146頁。
4)　本法施行後10年間の状況及びその間に浮かび上がってきた課題について簡潔にまとめたものとして、永田(t)。

国のいじめ防止基本方針
本法11条に基づいて、文部科学大臣が平成25年（2013年）10月11日に策定。平成29年（2017年）3月14日に改定。

地方いじめ防止基本方針
本法12条に基づいて、ほとんどの[5] 地方公共団体が策定。

学校いじめ防止基本方針
本法13条に基づいて、全ての学校が策定。

また、上記の各基本方針以外にも、以下のように、各種の指針等が策定又は改訂され、重大事態の調査手続が定められた。

背景調査の指針
文部科学省が平成23年（2011年）3月に策定。平成26年（2014年）7月に改訂。

不登校重大事態調査指針
文部科学省初等中等教育局が平成28年（2016年）3月に策定。

ガイドライン[6]
文部科学省が平成29年（2018年）3月に策定。

---

5) 本法11条及び13条が国及び学校のいじめ防止基本方針について、それぞれ「定めるものとする」としてその策定を義務としているのに対して、本法12条は、地方いじめ防止基本方針について、「定めるよう努めるものとする」としてその策定を努力義務に留めている。

そのため、文科省(b)51頁によれば（以下、統計数値について同じ）、令和4年度には、都道府県はその全てが、市町村（政令指定都市を含む。以下同じ）は1719（98.3％）が地方いじめ防止基本方針を策定する一方で、令和4年度においても、未だ策定していない市町村が29（1.7％）存在する。策定状況は都道府県ごとに地域差があり、34の道府県は全ての市町村が策定済みであるのに対し、13の都府県には未策定の市町村が残っている。特に長野県では未策定の市町村が7市町村（9.1％）と未策定の市町村が少なからず残っている県もある。

また、未策定の市町村のほとんどは、「策定に向けて検討中」又は「策定するかどうか検討中」と回答しているが、福岡県の1つの地方公共団体のみが「策定しない」と回答しており、全ての地方公共団体の策定は現在のところ期待できない状況にある。なお、令和5年（2023年）11月8日、福岡県教育委員会義務教育課に対して、この地方公共団体の名称について情報提供を依頼したところ、拒絶されたため、特定に至らなかった。

このほか、生徒指導提要が以下のように改訂され、いじめへの対応がより具体的に定められた。

生徒指導提要

文部科学省が平成22年（2010年）4月に策定。
令和4年（2022年）12月に改訂。

第2節　重大事態に関する本法の規定及びその意義

本法は、重大事態について規定し（本法28条以下）、以下のように、2つの類型を定めている（本法28条1項）。

本法28条1項

学校の設置者又はその設置する学校は、次に掲げる場合には、その事態（以下「重大事態」という。）に対処し、及び当該重大事態と同種の事態の発生の防止に資するため、速やかに、当該学校の設置者又はその設置する学校の下に組織を設け、質問票の使用その他の適切な方法により当該重大事態に係る事実関係を明確にするための調査を行うものとする。
　一　いじめにより当該学校に在籍する児童等の生命、心身又は財産に重大な被害が生じた疑いがあると認めるとき。
　二　いじめにより当該学校に在籍する児童等が相当の期間学校を欠席することを余儀なくされている疑いがあると認めるとき。

第一は、「いじめにより当該学校に在籍する児童等の生命、心身又は財産に重大な被害が生じた疑いがあると認めるとき」（本法28条1項1号）である。以下、ガイドラインに倣って、この類型を「生命心身財産重大事態」と呼ぶこととする。

第二は、「いじめにより当該学校に在籍する児童等が相当の期間学校を欠席することを余儀なくされている疑いがあると認めるとき」（本法28条1項2号）である。以下、ガイドラインに倣って、この類型を「不登校重大事態」と呼ぶこととする。

重大事態が発生した場合、学校の設置者又はその設置する学校は、重大事態に対処し、及び当該重大事態と同種の事態の発生の防止に資するため、

6）　逐条解説として、永田(u)。

速やかに、当該学校の設置者又はその設置する学校の下に組織を設け、質問票の使用その他の適切な方法により当該重大事態に係る事実関係を明確にするための調査を行うものとされている（本法28条1項柱書）。

また、学校の設置者又はその設置する学校は、調査を行ったときは、当該調査に係るいじめを受けた児童等及びその保護者に対し、当該調査に係る重大事態の事実関係等その他の必要な情報を適切に提供するものと規定されている（本法28条2項）。

学校は、その学校の種別に応じて、重大事態が発生した旨を地方公共団体の長等に報告しなければならない（本法29条1項、30条1項、30条の2、31条1項、32条1項、5項）（学校の種別と発生報告先及び関与する機関については、表1）。

かかる報告を受けた地方公共団体の長等は、当該報告に係る重大事態へ

表1　重大事態の発生報告先及び関与する機関

学校の種別	発生報告先及び関与する機関
国立大学附属学校	文部科学大臣（本法29条1項） ＊当該国立大学法人[7]の学長を通じて報告する
公立学校	当該地方公共団体の長（本法30条1項） ＊当該地方公共団体の教育委員会を通じて報告する
公立大学附属学校	当該公立大学法人を設立する地方公共団体の長（本法30条の2） ＊当該公立大学法人[8]の学長を通じて報告する
私立学校	当該学校を所轄する都道府県知事（本法31条1項）
株立学校	認定地方公共団体の長[9]（本法32条1項） ＊当該学校設置会社の代表取締役を通じて報告する
N立学校	認定地方公共団体の長（本法32条1項、5項） ＊当該学校非営利法人の代表執行役を通じて報告する

---

7) 国立大法2条1項に規定する国立大学法人を言う（本法29条1項）。
8) 地方独法法68条第1項に規定する公立大学法人を言う（本法30条の2）。
9) 構造改革特区法12条1項による認定を受けた地方公共団体の長を言う（本法32条1項）。

4

第 1 章　重大事態に関する法規範

の対処又は当該重大事態と同種の事態の発生の防止のため必要があると認
めるときは、附属機関を設けて調査を行う等の方法により、再調査を行う
ことができる（本法29条2項、30条2項、30条の2、31条2項、32条2項、
5項）。

　重大事態が発生した場合、重大事態への対処及び同種の事態の発生の防
止を図る必要が生じる。例えば、重大事態への対処として、自殺事案以外
の重大事態においては、被害児童生徒の意思を踏まえて、被害児童生徒が
学校及び教室に復帰し、安全安心な学校生活を送ることができるようにす
るための調整を行うことが必要となることが多い（第3章第1節参照）。

　しかし、現行法上、民事訴訟においては、学校復帰及び教室復帰に関す
る調整等を請求の趣旨として求めることはできない。加害児童生徒が犯罪
又は非行として検挙されたとしても、同様である。それゆえ、民事訴訟も、
加害児童生徒の検挙も、損害の回復や加害児童生徒への保護処分が科され
る点で意義があるものの、自殺事案以外の重大事態において、被害児童生
徒が安全安心な学校生活を送るという観点からは、必ずしも解決に資さな
い（第3章第1節参照）[10]。

　それゆえ、重大事態に対して、調査を実施し、その調査結果に基づいて、
学校及び学校の設置者が上記の調整を行うことをはじめとして、重大事態
への対処及び同種の事態の発生の防止を図っていく意義は大きい。

---

[10]　加茂川19頁は、重大ないじめ事案に関する争訟は、司法手続に委ねるべきと
　　する。しかし、学校及び学校の設置者は、その責務として、調査結果を踏まえて
　　重大事態への対処及び同種の事態の発生の防止を図らなければならない（第4章
　　第1節参照）。

第3節　重大事態に関する統計

　文部科学省初等中等教育局児童生徒課の調査[11]によれば、重大事態の発生件数[12]は、図1－3－1の通りであり、本法制定以来、おおむね増加傾向にある。令和2年度（2020年度）には、新型コロナウイルスの流行に伴う一斉休校があったことなどもあってか、大きく減少したが、令和3年度（2021年度）以降再び増加に転じ、令和4年度（2022年度）には923件に達している。

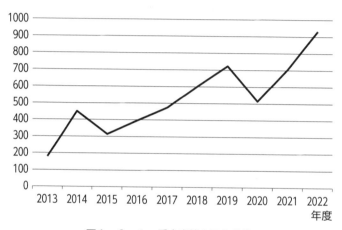

図1－3－1　重大事態の発生件数

　重大事態の発生件数に占める生命心身財産重大事態と不登校重大事態の内訳は、図1－3－2の通りである。

　年度によって生命心身財産重大事態と不登校重大事態が占める割合は異なっているが、本法施行後一貫して不登校重大事態が過半数を占めている。令和4年度には、生命心身財産重大事態が448件、不登校重大事態が617件であった。

---

11)　文科省(c)。図1－3－1〜図1－3－5は、文科省(c)をもとに筆者が作成した。いずれも、2023年8月30日に公表された過年度の数値の修正を反映させたものである。

12)　統計上、「発生件数」との表現が用いられているが、学校の設置者等が重大事態と認めた件数であり、「認知件数」を意味すると理解する必要がある。

なお、前記調査においては、1件の重大事態が生命心身財産重大事態と不登校重大事態の双方に該当する場合、それぞれの重大事態に計上されているため、生命心身財産重大事態と不登校重大事態を合わせた件数は発生件数と一致しない。

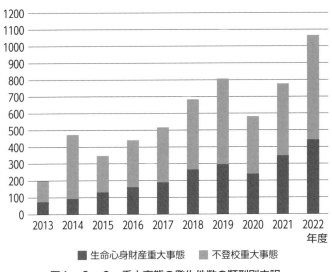

図1−3−2　重大事態の発生件数の類型別内訳

重大事態の調査主体に占める学校と学校の設置者の内訳は、**図1−3−3**の通りである。

年度によって学校と学校の設置者が占める割合は異なっているが、本法施行後一貫して学校が多数を占めている。令和4年度（2022年度）には、学校が722件、学校の設置者が181件、検討中が20件であった。

図1-3-3　重大事態の調査主体

　重大事態の調査に当たる第三者委員会設置件数については、平成30年度（2018年度）以降、公表されることとなったものの、生命心身財産重大事態と不登校重大事態のそれぞれにおいて、「うち、調査を行うための組織が第三者のみで構成されている件数」が示されており、全体の「うち、調査を行うための組織が第三者のみで構成されている件数」は明らかにされていない。しかも、前述の通り、前記調査においては、1件の重大事態が生命心身財産重大事態と不登校重大事態の双方に該当する場合、それぞれの重大事態に重複して計上されているため、第三者委員会設置件数についても、重複して計上されることとなる。

　そのため、第三者委員会設置件数については、前記調査から正確な件数を把握できず、最小の場合（生命心身財産重大事態における第三者委員会設置件数と不登校重大事態における第三者委員会設置件数に重複が最も多い場合）の件数と最大の場合（生命心身財産重大事態における第三者委員会設置件数と不登校重大事態における第三者委員会設置件数に重複が最も少ない場合）の件数を把握できるに過ぎない。この最小の件数と最大の件数の幅を色で塗ったものが図1-3-4である。

　ここで、第三者委員会とは、第三者のみで構成する調査組織（ガイドライン第4第2項[13]）を言う。

---

13)　規定の詳細な解説として、永田(u)149頁以下。

第1章 重大事態に関する法規範

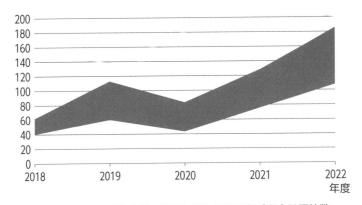

図1−3−4 重大事態の調査に当たる第三者委員会設置件数

　第三者委員会設置件数は、重大事態の発生件数と同様におおむね増加傾向にある。令和4年度には、最小でも109件、最大で187件に達している。もっとも、同年度の発生件数に対する割合は、最小の場合に12％、最大の場合でも20％に過ぎない。

　重大事態の再調査実施件数は、**図1−3−5**の通りであり、おおむね増加傾向にある。令和3年度（2021年度）には32件、令和4年度（2022年度）には30件であった。もっとも、これまでの総実施件数は、106件であって、令和4年度までの総発生件数5,265件に対してわずか2.0％に過ぎず[14]、再調査が実施されるのは、ごくわずかな割合に留まっている。

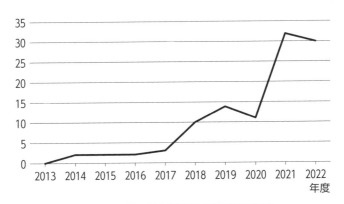

図1−3−5 重大事態の再調査実施件数

9

このように、重大事態の発生件数が増加傾向にある中、調査主体は依然として学校が8割程度を占めている。学校が調査主体となる場合、そのほとんどは第三者委員会が設置されず、学校の教職員が中心となって調査を行っている。学校の設置者が調査主体となる場合には、第三者委員会が設置されることも少なくないが、学校の設置者が調査主体となるのは2割程度であることもあって、発生件数全体から見ると、第三者委員会が設置されるのは多くても2割程度に留まっている。

　学校を主体とする調査組織は、学校の設置者によって設置される第三者委員会に比べて、①公平性・中立性の問題、②専門性の問題、③負担の問題がより深刻に立ち現れる[15]。すなわち、①当該いじめ事案に直接関係する教員が委員とならず、さらに第三者が加わったとしても、学校が主体となる以上、公平性・中立性に関する疑念が常に付き纏う。また、②調査に当たる委員の専門性が必ずしも高くなく、適式な手続による適正な事実認定や被害児童生徒等及び加害児童生徒等への対応に問題を生ずることも少なくない。さらに、③学校の規模等によっては、学校にとって調査が過大な負担となって学校の教育活動に支障が生じる可能性が否定できない。

　基本方針第2の4（1）i）③第3段落は、「従前の経緯や事案の特性、いじめられた児童生徒又は保護者の訴えなどを踏まえ、学校主体の調査では、重大事態への対処及び同種の事態の発生の防止に必ずしも十分な結果を得られないと学校の設置者が判断する場合や、学校の教育活動に支障が生じるおそれがあるような場合には、学校の設置者において調査を実施する。」とする。しかしながら、上記の問題は、第3章で詳しく論じるように、学校の設置者が主体となって調査を実施すれば、さらに言えば、第三者委員会を設置して調査を実施すれば、直ちに解決するというわけではない。

---

14)　重大事態の調査に2年程度を要する事案が少なくないことを踏まえて、令和2年度までの総発生件数3,636件に対する令和4年度までの再調査総実施件数の割合を算出しても、2.9%に過ぎない。

15)　永田(u)153-154頁。

第1章　重大事態に関する法規範

第4節　ガイドラインの策定

　本法は、重大事態への対処及び当該重大事態と同種の事態の発生の防止
に資することを調査の目的とするのみであって（本法28条1項柱書）、重大
事態の調査手続については、規定していない。また、前述のように、本法
には、施行規則や施行令がなく、これらによることはできない。

　本法施行直後から具体的な調査手続を定めていたのは、本法11条に基
づいて文部科学大臣によって策定された基本方針であった。

　しかし、重大事態が発生しているにもかかわらず、学校及び学校の設置
者が本法及び基本方針に基づいた対応を行っていない実態が見受けられた。
このことは、以下のように、平成30年（2018年）に勧告がなされた総務
省の行政監査においても指摘され、同年に文部科学省初等中等教育局児童
生徒課長が通知(d)において各都道府県教育委員会担当課長等に対して本
法及び基本方針に基づいた対応を執るよう求めていたことからも窺われる。

総務省[16]

　法に基づく措置を確実に講ずること、国の基本方針等に基づき適切な対応をとるこ
とが重大事態への的確な対応の基本である。しかし、教委及び学校において、重大
事態が発生しているにもかかわらず、法に基づく措置が確実に講じられていない実
態や国の基本方針等に基づき適切に対応されていない実態がみられ、児童生徒に深
刻な被害を与えたり、保護者等に大きな不信を与えたりするなどの事態の更なる悪
化につながるおそれがある。

【所見】

　したがって、文部科学省は、いじめの重大事態への的確な対応を図る観点から、
教委及び学校に対し、重大事態の発生報告など法に基づく措置を確実に講ずるとと
もに、国の基本方針等に基づき適切な対応をとることについて周知徹底する必要が
ある。

---

16)　総務省70頁。

11

通知(d)

2. 重大事態の発生報告など法等に基づく措置の徹底……

　法第28条第1項に基づく重大事態の調査等については、「いじめの防止等のための基本的な方針」の改定及び「いじめの重大事態の調査に関するガイドライン」の策定について（通知）」（平成29年3月16日付け28文科初第1648号文部科学省初等中等教育局長、生涯学習政策局長、高等教育局長通知）において、「重大事態の調査に関するガイドライン」を示し適切な対応を促してきたところである。

　しかしながら、今般の総務省調査の結果においては、重大事態が発生しているにもかかわらず、法に基づく措置が確実に講じられていない実態やいじめの防止等のための基本的な方針（以下「基本方針」という。）等に基づき適切に対応されていない実態がみられるとの指摘がされている。

　重大事態については、法に基づき、1　学校から教育委員会への発生報告（法第30条第1項）、2　教育委員会から地方公共団体の長への発生報告（法第30条第1項）、3　教育委員会から地方公共団体の長への調査結果の報告（法第30条第2項）、4　教育委員会又は学校からいじめを受けた児童生徒及びその保護者への調査結果の情報提供（法第28条第2項）を行うことが義務付けられていることから、これらを確実に講じること。

　また、5　教育委員会から教育委員会会議への発生報告、6　調査報告書の作成、7　教育委員会から教育委員会会議への調査結果の報告等については、法において義務付けられているものではないが、基本方針等に基づき適切な対応をとること。

　こうした状況の下で、現在、調査手続を詳細に定めており、最も重要な法規範と考えられるのが平成29年（2017年）に文部科学省によって策定されたガイドラインである[17]。

　ガイドラインは、「はじめに」において、以下のように、策定の経緯及び理由について説明している。すなわち、①法、基本方針及び調査の指針に基づく対応を行わないなどの不適切な対応があり、児童生徒に深刻な被害を与えたり、保護者等に対して大きな不信を与えたりした事案が発生しており（ガイドライン「はじめに」第2項[18]）、②「重大事態の被害者及びその保護者の意向が全く反映されないまま調査が進められたり、調査結果が適切に被害者及びその保護者に提供されないケースがある。」などといった現状・課題が指摘されたことから（ガイドライン「はじめに」第3項[19]）、③

---

17)　永田(u)i頁。
18)　既定の詳細な解説として、永田(u)47頁以下。

第1章　重大事態に関する法規範

上記の現状・課題に対して、「法、基本方針等に則った適切な調査の実施に資するため」、ガイドラインが策定された（ガイドライン「はじめに」第4項[20]）。

ガイドライン「はじめに」

○　平成25年9月28日、いじめ防止対策推進法（平成25年法律第71号。以下「法」という。）が施行され、法第28条第1項においていじめの「重大事態」に係る調査について規定された。これにより、学校の設置者又は学校は、重大事態に対処し、及び当該重大事態と同種の事態の発生の防止に資するため、速やかに、当該学校の設置者又は学校の下に組織を設け、質問票の使用その他の適切な方法により当該重大事態に係る事実関係を明確にするための調査を行うものとされた。同規定の施行を受け、文部科学大臣が法第11条第1項に基づき「いじめの防止等のための基本的な方針」（平成25年10月11日文部科学大臣決定。以下「基本方針」という。）を定め、「重大事態への対処」に関し、学校の設置者又は学校による調査の方法や留意事項等を示した。更に、基本方針の策定を受け、いじめが背景にあると疑われる自殺が起きた場合の重大事態の調査について、「子供の自殺が起きたときの背景調査の指針」が改訂されるとともに（平成26年7月）、法第28条第1項第2号の不登校重大事態の場合の調査についても、「不登校重大事態に係る調査の指針」（平成28年3月）が策定された。

○　しかしながら、基本方針やこれらの調査の指針が策定された後も、学校の設置者又は学校において、いじめの重大事態が発生しているにもかかわらず、法、基本方針及び調査の指針に基づく対応を行わないなどの不適切な対応があり、児童生徒に深刻な被害を与えたり、保護者等に対して大きな不信を与えたりした事案が発生している。

○　法附則第2条第1項は、「いじめの防止等のための対策については、この法律の施行後三年を目途として、この法律の施行状況等を勘案し、検討が加えられ、必要があると認められるときは、その結果に基づいて必要な措置が講ぜられるものとする。」としている。同項の規定を踏まえ、文部科学省が設置した「いじめ防止対策協議会」において法の施行状況について検証を行った結果、平成28年11月2日、同協議会より「いじめ防止対策推進法の施行状況に関する議論のとりまとめ」（以下「議論のとりまとめ」という。）が提言された。議論のとりまとめの「重大事態への対応」に係る項目において、「重大事態の被害者及びその保護者の意向が全く反映されないまま調査が進められたり、調査結果が適切に被害者及びその保護者に提供されないケースがある。」などといった現状・課題が指摘され、併せて、このような現状・課題に対して、「重大事態の調査の進め方についてガイドラインを作成する。」という対応の方向性が提言されたところである。

---

19)　既定の詳細な解説として、永田(u)50頁以下。
20)　既定の詳細な解説として、永田(u)57頁以下。

○ 以上を踏まえ、文部科学省として、法第28条第1項のいじめの重大事態への対応について、学校の設置者及び学校における法、基本方針等に則った適切な調査の実施に資するため、「いじめの重大事態の調査に関するガイドライン」を以下のとおり策定する。

　ガイドライン策定と足並みを揃えて平成29年に改訂された基本方針は、第2の4（1）第1段落において、以下のように、重大事態の調査に当たって、基本方針及びガイドラインに従って対応することを求めた。

基本方針第2の4（1）第1段落
　いじめの重大事態については、本基本方針及び『いじめの重大事態の調査に関するガイドライン（平成29年3月文部科学省）』により適切に対応する。

　このように、基本方針が、重大事態の調査に当たって、ガイドラインにより対応することを求めていることから、ガイドラインの違反は、本法11条に基づいて策定された基本方針の違反にほかならないこととなる[21]。

　また、ガイドライン策定の際に発出された通知(c)も、以下のように、ガイドラインに従った対応を求めた。

通知(c)
地方公共団体、学校の設置者及び学校におかれましても、……重大事態ガイドラインに沿った重大事態への対処等、必要な措置を講じるよう、速やかに取組を進めていただくことが必要です。

　もっとも、ガイドラインの遵守は十分に図られなかった。こうした中、令和3年（2021年）には、北海道旭川市立中学校の生徒が凍死した重大事態[22]について、当該学校及び旭川市教育委員会が適切に対応していなかったことが発覚し、大々的に報道された[23]。

---

21)　永田(u)23-24頁。
22)　第三者委員会による調査報告書として、旭川市(a)。但し、当該第三者委員会（委員長　辻本純成弁護士）は、本法2条1項の「いじめ」の定義を採用せず、広辞苑の「いじめ」の定義を採用して、本法の「いじめ」に該当するはずの行為を「いじめ」ではないとする等（同81頁以下）、公平性・中立性、さらには専門性に重大な問題があると言わざるを得ないことに留意する必要がある。なお、令和4年（2022年）12月より再調査が実施されている（旭川市(b)）。
23)　詳しいものとして、文春。

第 I 章　重大事態に関する法規範

　これを受けて発出された事務連絡(a)も、以下のように、ガイドラインに従った対応を再度求めた。

事務連絡(a)
　重大事態の調査にあたっては、いじめの重大事態の調査に関するガイドラインに沿って対応に当たることが求められます。

　しかしながら、それでもなお、ガイドラインの遵守は十分に図られなかった。令和5年（2023年）には、茨城大学教育学部附属小学校、さらには東京学芸大学附属大泉小学校において重大事態が発生していたにもかかわらず、当該学校及び大学がいずれも適切に対応していなかったことが発覚し、「地域のモデル校となるべき」[24]国立大学附属学校においても重大事態への適切な対応がなされていない実態が明らかとなった。

　これを受けて発出された通知(f)も、以下のように、本法、基本方針及びガイドラインに従った対応を再度求めた。

通知(f)
　附属学校を置く各国立大学法人学長におかれては、附属学校に関係する全ての教職員及び附属学校の全教職員一人一人に対して、改めて、法が定めるいじめの定義、いじめを軽視することなく、早い段階から複数の教職員で的確に関わり組織的に対応すること及びいじめ重大事態における法や国の基本方針、国のガイドラインに基づいた対応などいじめ問題の基本的な対応について周知徹底を図るとともに、附属学校のいじめ対策組織や学内の管理体制が形骸化していないか定期的に確認を行い、必要に応じて改善を図るなど学内のガバナンス体制について点検・見直しを行っていただくようお願いいたします。〔下線は原文通り〕

　さらに、通知(f)は、本法、基本方針及びガイドライン等の遵守を図るため、「いじめ防止対策推進法等に基づく重大事態調査の基本的な対応チェックリスト（国立学校）」を配布した[25]。また、通知(f)と同日に発出された事務連絡(b)は、「いじめ防止対策推進法等に基づく重大事態調査の基本的な対応チェックリスト（公立学校）」及び「いじめ防止対策推進法等に基づく重大事態調査の基本的な対応チェックリスト（私立・公立附属・株

---

24)　通知(f)。
25)　紹介したものとして、週刊教育資料(c)6頁。

15

立学校)」を配布した[26]。

　以上のように、文部科学省は、ガイドラインの遵守を繰り返し求めてきた。

　そして、ガイドラインの「はじめに」においてその策定に至る経緯について説明されていることからも明らかであるように、基本方針やガイドラインは、これまでの調査において問題となった事例を踏まえ、対応の問題点を抽出し[27]、被害児童生徒等のみならず、加害児童生徒等をはじめとする当該いじめ事案の関係者全ての利益を不当に害しないように策定されたものである[28]。

　それゆえ、重大事態への対処及び当該重大事態と同種の事態の発生の防止に資するためにも（法28条1項柱書）、学校の設置者等は、調査手続における最低基準として基本方針及びガイドラインを遵守しなければならない[29]。

　このことを踏まえて、本書においても、調査手続を詳細に定める最も重要な法規範としてガイドラインを位置付け、論述することとする。

---

26)　週刊教育資料(c)7頁は、「いじめ防止対策推進法等に基づく重大事態調査の基本的な対応チェックリスト（公立学校）を掲載している。
27)　ストップいじめ！ナビ スクールロイヤーチーム編169頁。
28)　永田(u)23、27頁。
29)　永田(u)27頁。坂田編集代表382頁［久保貴史ほか］も同旨。藤川74頁は、学校がガイドラインに沿って対応していれば、法的義務を果たしたと言えるとする。

第2章 重大事態を取り巻く状況

第1節　法規範の違反に対する措置が用意されていないこと

1　本法の規定

　第1章で詳述したように、基本方針及びガイドラインは、解釈及び運用上の準則としての役割を果たすことにより、本法を補完してきた。学校の設置者等は、調査手続における最低基準として基本方針及びガイドラインを遵守しなければならないのである。

　しかしながら、本法、基本方針及びガイドライン等の法規範を取り巻く状況を見ると、これらに違反する学校、また、教育委員会等の学校の設置者、さらには第三者委員会が後を絶たない（第1章第4節参照）[1]。

　驚くべきことに、基本方針第2の4（1）ｉ）④第2段落[2]及びガイドライン第4第1項[3]に違反して当該いじめの事案の関係者と直接の人間関係又は特別の利害関係を有しない者（第三者）を加えずに重大事態の調査組織を設置して調査したことが、現役の教職員によって、コンプライアンス（法令遵守）を冠する学会刊行の書籍に実践報告として掲載される例も登場

---

1)　永田(u) ii 頁。

2)　「この組織の構成については、弁護士や精神科医、学識経験者、心理や福祉の専門家であるスクールカウンセラー・スクールソーシャルワーカー等の専門的知識及び経験を有する者であって、当該いじめ事案の関係者と直接の人間関係又は特別の利害関係を有しない者（第三者）について、職能団体や大学、学会からの推薦等により参加を図ることにより、当該調査の公平性・中立性を確保するよう努めることが求められる。」

3)　「調査組織については、公平性・中立性が確保された組織が客観的な事実認定を行うことができるよう構成すること。このため、弁護士、精神科医、学識経験者、心理・福祉の専門家等の専門的知識及び経験を有するものであって、当該いじめの事案の関係者と直接の人間関係又は特別の利害関係を有しない者（第三者）について、職能団体や大学、学会からの推薦等により参加を図るよう努めるものとする。」

17

している[4]（調査組織の公平性・中立性については、第3章第2節参照）。

　また、「犯罪に相当する事案を含むいじめ対応における警察との連携の徹底」を図るため、「警察に相談又は通報すべきいじめの事例」[5]を具体的に挙げて本法23条6項を遵守するよう求める通知(e)に対して、「現金を盗むいじめは窃盗罪に当たるから警察に通報すべきだ、と言われて、すぐ納得できる教員は少ないだろう」[6]と反発する見解さえ示されている。

> **本法23条6項**
>
> 　学校は、いじめが犯罪行為として取り扱われるべきものであると認めるときは所轄警察署と連携してこれに対処するものとし、当該学校に在籍する児童等の生命、身体又は財産に重大な被害が生じるおそれがあるときは直ちに所轄警察署に通報し、適切に、援助を求めなければならない。

---

4)　埼玉県立高等学校における重大事態において、埼玉県教育委員会の指示を仰いだ上で第三者を加えない調査組織で調査を行うこととなったと言う（加藤秀昭284頁）。一方で、同288頁は、「学校がいじめ、特にいじめの重大事態の発生を認知すれば、法及びガイドラインに基づく対応が必要となる。法とガイドラインには様々なことが事細かく規定されており、十分理解をしたうえで対応しないと、法令に違反しているのではないかと批判を受けることになりかねない。文部科学省からも、度々、教育委員会や学校宛に、法の理解を求める通知が届いている。いじめの認知件数が多い現在の状況では、法に則った対応が不可欠であり、それがいじめに対するスクール・コンプライアンスであるといえよう。」とする。

　　当該論文は、日本スクール・コンプライアンス学会の第121回定例研究会（教育紛争検討会）（令和5年［2023年］5月7日開催）における「いじめ重大事態への対応について」と題してなされた報告がもとになっていると思われる（スクール・コンプライアンス学会Web）。

　　ガイドラインに基づく対応が必要であるとしつつ、基本方針及びガイドラインに違反した事実を書籍で公表することは理解に苦しむと言わざるを得ない。また、当該論文の記載が事実であるとすれば、埼玉県教育委員会も基本方針及びガイドラインの違反を容認、さらには指示していたこととなり、法令遵守の観点から深刻な事象であると言えよう。

5)　通知(e)15-19頁。

6)　加茂川19頁。当該行為が窃盗罪（刑法235条）に当たることは明確であり、社会通念からしても当然のことであるから、警察への通報に納得する教員は少なくないように思われる。

第2章　重大事態を取り巻く状況

通知(e)[7]

犯罪行為（触法行為を含む。）として取り扱われるべきいじめなど学校だけでは対応しきれない場合もあります。これまで、ややもすれば、こうした事案も生徒指導の範囲内と捉えて学校で対応し、警察に相談・通報することをためらっているとの指摘もされてきました。しかし、児童生徒の命や安全を守ることを最優先に、こうした考え方を改め、犯罪行為として取り扱われるべきいじめなどは、直ちに警察に相談・通報を行い、適切な援助を求めなければなりません。

……

　特に、①学校の内外で発生した児童生徒の生命、心身若しくは財産に重大な被害が生じている、又はその疑いのあるいじめ事案（以下、「重大ないじめ事案」という。）や②被害児童生徒又は保護者の加害側に対する処罰感情が強いなどいじめが犯罪行為として取り扱われるべきと認められる事案等に対して、警察においては、教育上の配慮等の観点から、一義的には教育現場における対応を尊重しつつ、いじめを受けた児童生徒や保護者の意向、学校における対応状況等を踏まえながら、必要な対応をとることとしていることも踏まえ、学校は、いじめが児童生徒の生命や心身に重大な危険を生じされるおそれがあることを十分に認識し、いじめ防止対策推進法（以下、「法」という。）第23条第6項に基づき、直ちに警察に相談・通報を行い、適切に、援助を求めなければならないこと。

　なお、学校のみで対応するか判断に迷う場合であっても、被害児童生徒や保護者の安心感につながる場合もあることから、警察（学校・警察連絡員等）に相談・通報すること。その際、警察に相談・通報を行った事案については、学校の設置者にも共有すること。
近年、児童ポルノ関連を含めインターネット上のいじめが増加しており、なかでも、匿名性が高く、拡散しやすい等の性質を有している児童ポルノ関連のいじめ事案に関しては、一刻を争う事態も生じることから、被害の拡大を防ぐため、学校は、直ちに警察に相談・通報を行い、連携して対応すること。

　学校は、警察に相談・通報すべきかどうかの判断に当たっては、別添資料1に示す「警察に相談又は通報すべきいじめの事例」も参考とすること。ただし、犯罪行為に該当しなくとも、現に重大な被害が生じている、又は重大な被害に発展するおそれがある場合は警察において注意・説諭も期待できることから、別添資料1に例示されない事例についても、学校が、警察へ積極的に相談・通報を行うこと。

　重大ないじめ事案やいじめが犯罪行為として取り扱われるべきと認められる事案において学校が警察に相談・通報を行うことは法令上求められており、こうした事案について警察への相談・通報を行ったことは、学校として適切な対応を行っているとして評価されるものであること。〔下線は原文通り〕

---

7)　通知(e)2-3頁。

ところが、本法は、以下のように、33条において、重大事態への対処の場面に限って、文部科学大臣又は都道府県教育委員会が必要な指導[8]、助言[9]又は援助[10]を行うことができることを規定しているのみであって、その他の場面では、これらの法規範の違反に対する措置を用意していない。

本法33条

地方自治法（昭和22年法律第67号）第245条の4第1項の規定によるほか、文部科学大臣は都道府県又は市町村に対し、都道府県の教育委員会は市町村に対し、重大事態への対処に関する都道府県又は市町村の事務の適正な処理を図るため、必要な指導、助言又は援助を行うことができる。

　しかも、仮に重大事態への対処の場面において文部科学大臣又は都道府県教育委員会により指導等がなされたとしても、これらの指導等は、法的拘束力がない非権力的関与であることから[11]、その実効性は十分とは言えない。実際に、市町村教育委員会が文部科学省及び都道府県教育委員会による指導等に従わない悪質な事例も発生している[12]。本法には、都道府県教育委員会又は市町村教育委員会が指導等に従わない場合の方策は用意されていないから、こうした悪質な事例において、本法は何ら対応できない。

　このように、本法には、本法、基本方針及びガイドライン等の法規範の

---

8)　指導とは、一般に、将来においてすべきこと又はすべきでないことを指し示し、相手方を一定方向に導くことを言う（木田406頁）。

9)　助言とは、一般に、ある行為をなすべきこと又はある行為をなすについて必要な事項を進言することを言う（木田406頁）。

10)　援助とは、一般に、特定事業の促進を図るために助力することを言う（木田406頁）。本法33条と類似する地教行法48条1項の「援助」には、国が地方公共団体の教育条件の整備のために行う財政的支援等は含まれないと解されているから（同頁）、本法33条の「援助」にも、国が地方公共団体による重大事態への対処のために行う財政的支援等は含まれないと解される。

11)　木田406頁。

12)　埼玉県の川口市教育委員会のように、埼玉県教育委員会から及び同県教育委員会を通じて文部科学大臣から平成28年（2016年）10月24日から平成30年（2018年）2月6日までだけでも55回もの指導を受けながら、これを拒絶し続けた極めて悪質な事例もある（朝日新聞21面）。また、都道府県教育委員会から指導を受けても、これに反発してその記録すら残さず、指導に従わない市町村教育委員会も現れている。

第2章　重大事態を取り巻く状況

違反に対する法的拘束力を伴う措置を用意していないという重大な不備が存在するのである。

2　地教行法及び地自法に基づく是正の要求及び指示等

地教行法は、上記の本法33条と同様に、文部科学大臣又は都道府県教育委員会が必要な指導、助言又は援助を行うことができることを規定している（同法48条1項）。

また、地自法は、各大臣又は都道府県知事その他の都道府県の執行機関が適切と認める技術的な助言若しくは勧告又は必要な資料の提出を求めることができると定める（地自法245条の4第1項）。

これらに留まらず、地教行法及び地自法は、文部科学大臣による是正の要求（地教行法49条、地自法245条の5第1項、第4項。都道府県教育委員会を通じたもの[13]として、地自法245条の5第2項）、さらには、同大臣による是正の指示[14]（地教行法50条）を用意している。これらは、公立学校におけるいじめへの対応に適用可能である。例えば、是正の指示については、いじめ等による自殺等に関して教育委員会の懈怠（けたい）等があった場合に、その被害の拡大を防止するために緊急の必要があるとき等に行うことが考えられる[15]。

是正の要求を受けた場合、措置内容を決定するのはあくまで要求を受けた地方公共団体の教育委員会であって文部科学大臣の示す内容通りに措置する義務までは課されていないものの、当該地方公共団体が違反の是正又は改善のための必要な措置を講じなければならないとされているから（地

---

13)　文部科学大臣の指示を受けて都道府県教育委員会が行う指導等は都道府県教育委員会の法定受託事務（第一号法定受託事務［地自法2条9項1号］）となる（木田405頁）。

14)　地自法245条の7は、法定受託事務をその対象として是正の指示ができることを定めるところ、いじめへの対応が法定受託事務となる場面は、注（13）の場面等に限定され、同条の要件を満たさないから、同条に基づいて是正の指示がなされることは考え難い。

15)　木田413頁。

21

自法245条の５第５項)[16]、措置内容に対して強い影響を受ける[17]。また、是正の指示を受けた場合、指示を受けた教育委員会は、文部科学大臣の指示の内容通りに措置を行わなければならない[18]。

このように、是正の要求及び指示には法的拘束力がある[19]。従って、重大事態への対処の場面において、文部科学大臣による是正の要求又は指示がなさされば、通常、教育委員会によって違反の是正又は改善のための必要な措置が講じられることとなろう。

もっとも、文部科学大臣による是正の要求及び指示は、管見の限り、重大事態への対処の場面において行われたことはなく、抜かれることのない「伝家の宝刀」となってしまっている。

それゆえ、地自法及び地教行法は、本法、基本方針及びガイドライン等の法規範の違反に対する法的拘束力を伴う措置を用意していないという本法の重大な不備を埋め合わせるものとはなっていない。

3　私学法に基づく措置命令

私学法は、「学校法人が法令の規定、法令の規定に基づく所轄庁の処分若しくは寄附行為に違反し、又はその運営が著しく適正を欠くと認めるとき」、都道府県知事等の所轄庁（同法４条）が私立学校審議会（同法９条以下）等の意見を聴く等の手続（同法60条２項以下）を履践した上で、当該学校法人に対し、期限を定めて、違反の停止、運営の改善その他必要な措置をとるべきことを命ずること（措置命令）ができる（同法60条）。

もっとも、措置命令は、平成26年（2014年）に制定された私学法改正

---

16)　木田409-410頁。要求を受けた教育委員会が当該要求に不服がある場合、国地方係争処理委員会に対して審査の申出（地自法250条の13第１項）をすることができる（木田410頁）。

17)　木田409-410頁。

18)　木田413頁。指示を受けた教育委員会が当該指示に不服がある場合、国地方係争処理委員会に対して審査の申出（地自法250条の13第１項）をすることができる（同413頁）。

19)　木田413頁は、是正の指示について、強い法的拘束力を有する関与であるとする。

第2章　重大事態を取り巻く状況

法により規定されたものであるところ、同法施行の際の通知（b）によれば、措置命令を行うことができる場面について、①学校の運営に必要な資産の不足により、教育研究活動へ支障が生じている場合、②理事会において必要な意思決定ができず、教育研究活動への支障や学校法人の財産に重大な損害が生じている場合が想定されているにすぎない[20]。これは、同法制定以前には、法令違反等の状態にある学校法人に対する所轄庁の監督規定として解散命令（私学法62条1項）が規定されているのみであって、①又は②のような状態に立ち至った学校法人に対して、行政指導を重ねていくことによる以外に問題の解決が図れず、在校生の保護及び私学の自主性の尊重という観点から課題があるとの認識のもとに措置命令が新設されたためである[21]。

　しかし、本法の規定に違反すれば、「法令の規定……に違反」に該当することとなる。また、基本方針又はガイドライン等に違反すれば、「その運営が著しく適正を欠くと認める」に該当しうる。

　それゆえ、措置命令は、私立学校におけるいじめへの対応に適用可能で

---

20)　通知（b）3頁。①の場合の具体例として、「学校法人の所有する土地・建物が競売により売却され、必要な校地・校舎の一部が保有されていない」及び「教職員の賃金未払いが生じ、必要な教職員数が不足している」が挙げられている。②の場合の具体例として、「理事の地位をめぐる訴訟により、必要な予算の編成や事業計画の策定がなされず、教育研究活動に支障が生じている」及び「理事が、第三者の利益を図る目的で学校法人の財産を不当に流用し、学校法人の財産に重大な損害を与えている」が挙げられている（同3頁）。また、措置命令の具体例として、「私立学校法第25条に定める学校法人として必要な資産を有していない場合に、改善計画を作成して、必要な財産を備えるよう命ずること」、「理事が未充足である場合に、速やかに理事を選任するよう命ずること」及び「財政状況の悪化により教育活動の継続が困難となり、解散も避けられない法人が、なお学生の募集を行おうとする場合に、新入生の募集の停止を命ずること」が挙げられている（同3-4頁）。

21)　松坂584-585頁。私学法改正法制定前の平成25年（2013年）には、私学法25条、28条、35条、40条、47条、労基法24条に違反して（文科省(a)）、著しく重大な問題を抱え、今後の改善の見通しが立たない状況にあったことから（同584頁）、創造学園大学等を運営していた群馬県の学校法人堀越学園に対して、文部科学大臣が解散命令を行った（通知(a)）。

23

あると解される。

　措置命令にも法的拘束力がある。従って、重大事態への対処の場面において、所轄庁による措置命令が発せられれば、通常、学校法人によって違反の停止、運営の改善その他必要な措置が講じられることとなろう[22]。

　しかしながら、所轄庁による措置命令も、管見の限り、重大事態への対処の場面において発せられたことはなく、抜かれることのない「伝家の宝刀」となってしまっている。

　それゆえ、私学法も、本法、基本方針及びガイドライン等の法規範の違反に対する法的拘束力を伴う措置を用意していないという本法の重大な不備を埋め合わせるものとはなっていない。

4　総合教育会議

　総合教育会議は、地方公共団体の長及び教育委員会によって構成されるものであって（地教行法1条の4第2項）、地方公共団体の長が大綱の策定に関する協議及び①教育を行うための諸条件の整備その他の地域の実情に応じた教育、学術及び文化の振興を図るため重点的に講ずべき施策、②児童、生徒等の生命又は身体に現に被害が生じ、又はまさに被害が生ずるおそれがあると見込まれる場合等の緊急の場合に講ずべき措置についての協議並びにこれらに関する構成員の事務の調整を行うために設置されなければならないものである（同法1条の4第1項）。

　総合教育会議は、地教行法改正法により地教行法が改正されて新設されたものであり、この改正は、平成23年（2011年）から平成24年（2012年）にかけて、いじめ事件や体罰問題等に対する教育委員会の不適切な対応が次々と発覚したことが契機となった[23]。もともと、地教行法は、地方公共団体が処理する教育に関する事務のほとんどについて管理執行する権

---

22)　但し、措置命令違反に対する罰則は規定されていないから、当該学校法人の理事が措置命令に従わない場合、さらに別の措置命令を行うことにより是正を期するほかない（松坂588頁）。

23)　小川66頁。

限を教育委員会に認めており（同法21条。22、23条参照）、生徒指導に含まれるいじめへの対応も教育委員会が管理執行する権限を有するところ（同法21条5号）、前記②のような場合であっても、地方公共団体の長と教育委員会が協議及び調整を行う場が法的には存在しなかったことから、それらの場を設けたものである。

地方公共団体の長は、重大事態に関して教育委員会が法規範に違反して適切に対応しない場合、総合教育会議を招集し（同法1条の4第3項）、前記②に当たるものとして、その協議において、法規範を遵守して適切に対応するよう教育委員会に対して働き掛けることができる。このような働き掛けは、前記の法改正の目的に適うものである。

もっとも、総合教育会議が重大事態に関する教育委員会の法規範の違反について招集され、協議において地方公共団体の長から働き掛けがなされた事例はほとんどない。また、仮に働き掛けがなされても、かかる働き掛けに法的拘束力はなく、実効性は担保されていない。

それゆえ、総合教育会議も、本法、基本方針及びガイドライン等の法規範の違反に対する法的拘束力を伴う措置を用意していないという本法の重大な不備を埋め合わせるものとはなっていない。

5 小括

以上のように、本法、地教行法、地自法及び私学法には、本法、基本方針及びガイドライン等の法規範の違反に対して活用可能な是正のための方策が用意されている。

しかし、これまで見てきたように、法的拘束力がない方策は実効性に欠ける。一方、法的拘束力がある方策は実務上用いられておらず、是正のために役立っていない。

そのため、これらの方策は、必ずしも本法、基本方針及びガイドライン等の法規範の違反に対する法的拘束力を伴う措置を用意していないという本法の重大な不備を埋め合わせるものとはなっていない。

第2節 「教育反社」の存在及びその動き

　このような本法の重大な不備は、遵法意識が欠如する学校及び教育委員会の教職員並びに第三者調査委員会の委員等に付けこまれてきた[24]。

　残念なことに、学校及び教育委員会の教職員並びに第三者調査委員会の委員等には、遵法意識が著しく欠如している者が少なからず存在する。筆者は大阪府及び大阪市の教職員の研修を担い、児童買春・児童ポルノ規制法、少年非行、ストーカー犯罪、道路交通犯罪及び薬物犯罪等について講じてきたが、「教育現場には法律なんか関係ない！」、「法律を守る必要はない」等とアンケートに回答するなど、法規範の遵守を真っ向から堂々と否定する教職員が少なからずいた[25]。

　また、いじめの重大事態の調査を担う第三者委員会は、文字通り、公平中立な「第三者」によって構成される必要がある。ここで、「第三者」は、「当該いじめ事案の関係者と直接の人間関係又は特別の利害関係を有しない者」（基本方針第2の4（1）ｉ）④第2段落。基本方針第2の4（1）ｉ）⑤イ）（自殺の背景調査における留意事項）第2段落第5項及びガイドライン第4第1項もほぼ同一の定義である[26]）でなければならない。しかし、「第三者[27]」と到底言えない元教職員、弁護士、心理職、福祉職等が「第三者」の委員として調査を担い、前述の法規範の違反を平然と繰り返し、本来行う

24）　永田(u)ⅱ頁。

25）　永田(u)ⅱ頁。多くの教職員は熱心に受講しており、筆者の講義を評価してくれたが、講義の最初から最後までスマートフォンを操作して講義を聴く意思が全くない者、40分遅刻した挙句に他の受講者の前を横切って最前列に座って講義を聴く意思もなくスマートフォンを操作し続ける者、さらには講義の最初から私語がやめられない者等受講態度が著しく悪い者もおり、その割合は大学の講義等に比べて格段に高かった。

26）　基本方針第2の4（1）ｉ）⑤イ）（自殺の背景調査における留意事項）第2段落第5項は、調査結果についての調査（再調査）についての同第2の4（2）ｉ）第3段落と同様に、「当該いじめ事案の関係者と直接の人間関係又は特別の利害関係を有する者ではない者」と定義する。また、ガイドライン第4第1項は、第三者について、「当該いじめの事案の関係者と直接の人間関係又は特別の利害関係を有しない者」と定義する（下線部はいずれも筆者による）。

27）　「第三者」該当性について詳しくは、永田(u)125-145頁。

第2章　重大事態を取り巻く状況

べき調査を尽くさず、事態のよりいっそうの複雑化・深刻化をもたらすことも少なくない[28]（調査組織の公平性・中立性の課題及び解決策については、第3章第2節で論じる）。

　このように、教育現場やそれに関わる場面においては、法規範を守る意思すらなく、違法及び違反を常態化させ、自らや身内の不当な利益を追求するという「教育現場に巣食う反社会的な者」（「教育反社」）と言うほかない者が専門職も含めて少なからず存在している[29]。彼らは、違法及び違反の常態化を当然のことであるかのように主張するだけでなく、法規範を曲解したり、被害児童生徒等を含む児童生徒及び保護者並びに心ある専門職らの法的に正当な要望及び意見をあたかも異常で過剰な要求であるかのように指弾したりすることを通じて、法規範を骨抜きにし、法規範が想定する適切な手続及び対処がなされることを妨げることに執心し続けている[30]。

　違反に対する法的拘束力を伴う措置を用意していないという本法の重大な不備を修正することは、もはや一刻の猶予もない状況となっているのである。

第3節　「反社会的な裁量論」の展開
1　学校及び学校の設置者に過度に広範な裁量を認める裁判例

　この間、裁判所は、安全配慮義務違反及び調査義務違反の判断において、

---

28)　永田(u) ii 頁。

29)　永田(u) ii - iii 頁。

30)　永田(u) iii 頁。法規範を守る意思すらなかったことが露見した例として、大阪市立小学校の校長による有印虚偽公文書作成等（刑法156条）及び同行使（同158条1項）の事案がある。当該校長は、被害児童に関するケース会議が開催されていないにもかかわらず、その開催を捏造して、同会議で情報共有を行ったとする虚偽内容の公文書を発出するとともに、被害児童について学校医から何らの指示がなかったにもかかわらず、「校医より『一度、小児科でお子さまの成長についての相談をするように』との指示がありましたので、お知らせいたします。お子さまの身長とその年齢の基準値との比較及び前年からの身長の伸びを考慮して判断されました。」との虚偽内容の公文書（「内科健康診断結果のお知らせ」）を作成し、これを被害児童及びその保護者に交付して行使した（渋井(a) 2頁、渋井(b) 3頁）。

27

一部の例外[31]を除いて、学校及び学校の設置者に（過度に）広範な裁量を認め、損害賠償請求が認容されるハードルを高く設定してきた[32]。かくして、損害賠償請求訴訟は、被害児童生徒等にとって、「絶死の戦場」[33]と化す一方、「教育反社」による違法及び違反を助長促進する場となってきたのである[34]。

学校に過度に広範な裁量を認めた典型的な裁判例として、以下の判決がある。

東京地判令3年12月27日公刊物未登載［LEX/DB 文献番号25602942］)[35]

　いじめ対策法や基本的方針、調査ガイドライン（併せて、以下「いじめ対策法等」という。）は、教育現場におけるいじめの防止等に関する知見として共通の認識になっている事柄をまとめるなどしたものである限りにおいて、いじめへの対応として適切な措置が講じられたかどうかを判断するに当たり、一定の基準となるべきものである。

　とはいえ、いじめ対策法等は、個々の場面において具体的にいかなる措置を講ずべきかを必ずしも一義的に定めるものではないから、教員の教育的見地を踏まえた合理的な裁量を直ちに否定するものではなく、いじめへの対応に係る教員の行為が国家賠償法1条1項の適用上違法となるかどうかを判断するに当たっては、いじめ対策法等の定めるところやその趣旨を踏まえて、当該行為が教員の裁量の範囲を逸脱あるいは濫用し、明らかに不十分・不合理な対応であると認められるかどうかが検討されるべきである。

この判決は、本法、基本方針及びガイドラインについて、「いじめへの対応として適切な措置が講じられたかどうかを判断するに当たり、一定の基準となるべきものである」としつつ、「個々の場面において具体的にい

---

31)　例えば、安全配慮義務違反について東京高裁令3年6月3日裁判所ウェブサイト、調査義務違反について前橋地判平26年3月14日判時2226号49頁（法制定前の平成22年［2010年］に発生した自殺事案）。

32)　永田(u)52-53頁。

33)　この表現は、安里152頁が初出であるように思われる。物量に勝る強大な敵に対して、不条理な差別により虐げられてきた者たちが十分な補給も装備もなく戦場に赴かざるを得ない状況で累々たる屍を重ねる様子が似通っていることから、この表現を用いた。

34)　永田(u)iii頁。

35)　簡潔に紹介したものとして、佐藤35頁。

かなる措置を講ずべきかを必ずしも一義的に定めるものではない」とする。ここでは、「必ずしも」とされていて、「具体的にいかなる措置を講ずべきか」が一義的に定められている場面と一義的に定められているとは言えない場面が混在していることが示されている。

　もっとも、この判決は、訴訟上争点となっているそれぞれの場面について、「具体的にいかなる措置を講ずべきか」が一義的に定められているか又は一義的に定められているとは言えないかを検討することなく、「いじめへの対応に係る教員の行為が国家賠償法１条１項の適用上違法となるかどうかを判断するに当たっては、いじめ対策法等の定めるところやその趣旨を踏まえて、当該行為が教員の裁量の範囲を逸脱あるいは濫用し、明らかに不十分・不合理な対応であると認められるかどうかが検討されるべきである」と結論付ける。こうした論理は、珍しいものではなく、多くの判決において見受けられるところである。

2　本法、基本方針及びガイドラインが定める講ずべき具体的な措置

　本法、基本方針及びガイドライン等の法規範は、「具体的にいかなる措置を講ずべきか」を一義的に定めていることが多い。

（1）いじめに対する措置

　例えば、本法は、23条以下において、以下のように、いじめに対する措置を具体的に定めている。

> **本法23条、25条、26条**
>
> 第23条　学校の教職員、地方公共団体の職員その他の児童等からの相談に応じる者及び児童等の保護者は、児童等からいじめに係る相談を受けた場合において、いじめの事実があると思われるときは、いじめを受けたと思われる児童等が在籍する学校への通報その他の適切な措置をとるものとする。
> 2　学校は、前項の規定による通報を受けたときその他当該学校に在籍する児童等がいじめを受けていると思われるときは、速やかに、当該児童等に係るいじめの事実の有無の確認を行うための措置を講ずるとともに、その結果を当該学校の設置者に報告するものとする。

3　学校は、前項の規定による事実の確認によりいじめがあったことが確認された
　場合には、いじめをやめさせ、及びその再発を防止するため、当該学校の複数の
　教職員によって、心理、福祉等に関する専門的な知識を有する者の協力を得つつ、
　いじめを受けた児童等又はその保護者に対する支援及びいじめを行った児童等に
　対する指導又はその保護者に対する助言を継続的に行うものとする。
4　学校は、前項の場合において必要があると認めるときは、いじめを行った児童
　等についていじめを受けた児童等が使用する教室以外の場所において学習を行わ
　せる等いじめを受けた児童等その他の児童等が安心して教育を受けられるように
　するために必要な措置を講ずるものとする。
5　学校は、当該学校の教職員が第三項の規定による支援又は指導若しくは助言を
　行うに当たっては、いじめを受けた児童等の保護者といじめを行った児童等の保
　護者との間で争いが起きることのないよう、いじめの事案に係る情報をこれらの
　保護者と共有するための措置その他の必要な措置を講ずるものとする。
6　学校は、いじめが犯罪行為として取り扱われるべきものであると認めるときは
　所轄警察署と連携してこれに対処するものとし、当該学校に在籍する児童等の生
　命、身体又は財産に重大な被害が生じるおそれがあるときは直ちに所轄警察署に
　通報し、適切に、援助を求めなければならない。
第25条　校長及び教員は、当該学校に在籍する児童等がいじめを行っている場合
　であって教育上必要があると認めるときは、学校教育法第11条の規定に基づき、
　適切に、当該児童等に対して懲戒を加えるものとする。
第26条　市町村の教育委員会は、いじめを行った児童等の保護者に対して学校教
　育法第35条第1項（同法第49条において準用する場合を含む。）の規定に基づき
　当該児童等の出席停止を命ずる等、いじめを受けた児童等その他の児童等が安心
　して教育を受けられるようにするために必要な措置を速やかに講ずるものとする。

　このように、本法は、学校への通報（本法23条1項）、いじめの事実の有
無の確認及び学校の設置者への報告（本法23条2項）、被害児童生徒等に対
する支援等（本法23条3項）、加害児童生徒の別室登校等（本法23条4項）、
情報共有措置（本法23条5項）、警察署との連携及び警察署への通報（本法
23条6項）を定めるとともに、加害児童生徒に対する懲戒（本法25条）、加
害児童生徒の保護者に対する加害児童生徒の出席停止の命令（本法26条）
を規定している。

　本法を「理念法」であるとし、本法が一定の行為の禁止や義務を一切規
定していないかのように主張する見解がある[36]。

---

36)　坂田(d)19頁。

確かに、本法は、基本理念を定めているところ（本法3条）、それに留まらず、前記のいじめに対する措置等（本法23条〜27条）以外にも、いじめを禁止し（本法4条）、国、地方公共団体、学校の設置者、学校及び学校の教職員並びに保護者の責務を定め（本法5条〜9条）、国及び地方公共団体が財政上の措置等を講じることを努力義務としている（本法10条）。また、国、地方公共団体及び学校がいじめ防止基本方針を策定することを義務又は努力義務とし（本法11条〜13条）、学校の設置者及び学校がいじめの防止及び早期発見（本法16条）のために必要な措置を講じることを義務としている（本法15条〜16条）。さらに、国及び地方公共団体が関係機関等との連携等を図ることを努力義務とし、いじめの防止等のための対策に従事する人材の確保及び資質の向上のために必要な措置を講じることを義務としている（本法17条〜18条1項）。そして、学校の設置者及び学校が前記人材の確保及び資質の向上のために必要な措置を講じ、インターネットを通じて行われるいじめを防止する等ができるように必要な啓発活動を行うことを義務としている（本法18条2項、19条1項）。加えて、国及び地方公共団体が前記のいじめに関する事案に対処する体制の整備等を行うこと、いじめの防止等のための対策の調査研究等を行うこと及びいじめが児童等の心身に及ぼす影響等の啓発活動を行うことを義務としている（本法19条2項、20条、21条）。このほか、学校が学校いじめ対策組織を設置することを義務としている（本法22条）。また、学校評価におけるいじめの防止等のための対策を取り扱う際に適正に評価をすることを義務としている（法34条）。

このように、本法は、一定の行為の禁止及び多数の義務を規定しているから、「理念法」であるとの理解は、明らかに誤っている。

そして、基本方針は、前記のいじめに対する措置等の規定をさらに具体化すべく、以下のように、いじめに対する措置を詳細に定めている。やや長くなるが、具体的に定められていることが広範囲に及ぶことを示すために関連部分を全て引用することとしたい。

基本方針第2の3（4）ⅲ）いじめに対する措置

　法第23条第1項は、「学校の教職員、地方公共団体の職員その他の児童等からの相談に応じる者及び保護者は、児童等からいじめに係る相談を受けた場合において、いじめの事実があると思われるときは、いじめを受けたと思われる児童等が在籍する学校への通報その他の適切な措置をとるものとする。」としており、学校の教職員がいじめを発見し、又は相談を受けた場合には、速やかに、学校いじめ対策組織に対し当該いじめに係る情報を報告し、学校の組織的な対応につなげなければならない。すなわち、学校の特定の教職員が、いじめに係る情報を抱え込み、学校いじめ対策組織に報告を行わないことは、同項の規定に違反し得る。

　また、各教職員は、学校の定めた方針等に沿って、いじめに係る情報を適切に記録しておく必要がある。

　学校いじめ対策組織において情報共有を行った後は、事実関係の確認の上、組織的に対応方針を決定し、被害児童生徒を徹底して守り通す。

　加害児童生徒に対しては、当該児童生徒の人格の成長を旨として、教育的配慮の下、毅然とした態度で指導する。これらの対応について、教職員全員の共通理解、保護者の協力、関係機関・専門機関との連携の下で取り組む。

　いじめは、単に謝罪をもって安易に解消とすることはできない。いじめが「解消している」状態とは、少なくとも次の2つの要件が満たされている必要がある。ただし、これらの要件が満たされている場合であっても、必要に応じ、他の事情も勘案して判断するものとする。

① 　いじめに係る行為が止んでいること

　被害者に対する心理的又は物理的な影響を与える行為（インターネットを通じて行われるものを含む。）が止んでいる状態が相当の期間継続していること。この相当の期間とは、少なくとも3か月を目安とする。ただし、いじめの被害の重大性等からさらに長期の期間が必要であると判断される場合は、この目安にかかわらず、学校の設置者又は学校いじめ対策組織の判断により、より長期の期間を設定するものとする。学校の教職員は、相当の期間が経過するまでは、被害・加害児童生徒の様子を含め状況を注視し、期間が経過した段階で判断を行う。行為が止んでいない場合は、改めて、相当の期間を設定して状況を注視する。

② 　被害児童生徒が心身の苦痛を感じていないこと

　いじめに係る行為が止んでいるかどうかを判断する時点において、被害児童生徒がいじめの行為により心身の苦痛を感じていないと認められること。被害児童生徒本人及びその保護者に対し、心身の苦痛を感じていないかどうかを面談等により確認する。

　学校は、いじめが解消に至っていない段階では、被害児童生徒を徹底的に守り通し、その安全・安心を確保する責任を有する。学校いじめ対策組織においては、いじめが解消に至るまで被害児童生徒の支援を継続するため、支援内容、情報共有、教職員の役割分担を含む対処プランを策定し、確実に実行する。

第2章　重大事態を取り巻く状況

　上記のいじめが「解消している」状態とは、あくまで、一つの段階に過ぎず、「解消している」状態に至った場合でも、いじめが再発する可能性が十分にあり得ることを踏まえ、学校の教職員は、当該いじめの被害児童生徒及び加害児童生徒については、日常的に注意深く観察する必要がある。

基本方針別添2　学校における「いじめの防止」「早期発見」「いじめに対する措置」のポイント（3）いじめに対する措置

① 　基本的な考え方

　発見・通報を受けた場合には、特定の教職員で抱え込まず、速やかに組織的に対応する。被害児童生徒を守り通すとともに、教育的配慮の下、毅然とした態度で加害児童生徒を指導する。その際、謝罪や責任を形式的に問うことに主眼を置くのではなく、社会性の向上等、児童生徒の人格の成長に主眼を置いた指導を行うことが大切である。

　教職員全員の共通理解の下、保護者の協力を得て、関係機関・専門機関と連携し、対応に当たる。

② 　いじめの発見・通報を受けたときの対応

　遊びや悪ふざけなど、いじめと疑われる行為を発見した場合、その場でその行為を止める。児童生徒や保護者から「いじめではないか」との相談や訴えがあった場合には、真摯に傾聴する。ささいな兆候であっても、いじめの疑いがある行為には、早い段階から的確に関わりを持つことが必要である。その際、いじめられた児童生徒やいじめを知らせてきた児童生徒の安全を確保する。

　発見・通報を受けた教職員は、一人で抱え込まず、学校いじめ対策組織に直ちに情報を共有する。その後は、当該組織が中心となり、速やかに関係児童生徒から事情を聴き取るなどして、いじめの事実の有無の確認を行う。事実確認の結果は、校長が責任を持って学校の設置者に報告するとともに被害・加害児童生徒の保護者に連絡する。

　児童生徒から学校の教職員にいじめ（疑いを含む）に係る情報の報告・相談があった時に、学校が当該事案に対して速やかに具体的な行動をとらなければ、児童生徒は「報告・相談しても何もしてくれない」と思い、今後、いじめに係る情報の報告・相談を行わなくなる可能性がある。このため、いじめに係る情報が教職員に寄せられた時は、教職員は、他の業務に優先して、かつ、即日、当該情報を速やかに学校いじめ対策組織に報告し、学校の組織的な対応につなげる必要がある。

　学校や学校の設置者が、いじめる児童生徒に対して必要な教育上の指導を行っているにもかかわらず、その指導により十分な効果を上げることが困難な場合において、いじめが犯罪行為として取り扱われるべきものと認めるときは、いじめられている児童生徒を徹底して守り通すという観点から、学校はためらうことなく所轄警察署と相談して対処する。

　なお、児童生徒の生命、身体又は財産に重大な被害が生じるおそれがあるときは、直ちに所轄警察署に通報し、適切に援助を求める。

33

③ いじめられた児童生徒又はその保護者への支援

　いじめられた児童生徒から、事実関係の聴取を行う。その際、いじめられている児童生徒にも責任があるという考え方はあってはならず、「あなたが悪いのではない」ことをはっきりと伝えるなど、自尊感情を高めるよう留意する。また、児童生徒の個人情報の取扱い等、プライバシーには十分に留意して以後の対応を行っていく。

　家庭訪問等により、その日のうちに迅速に保護者に事実関係を伝える。いじめられた児童生徒や保護者に対し、徹底して守り通すことや秘密を守ることを伝え、できる限り不安を除去するとともに、事態の状況に応じて、複数の教職員の協力の下、当該児童生徒の見守りを行うなど、いじめられた児童生徒の安全を確保する。

　あわせて、いじめられた児童生徒にとって信頼できる人（親しい友人や教職員家族地域の人等）と連携し、いじめられた児童生徒に寄り添い支える体制をつくる。いじめられた児童生徒が安心して学習その他の活動に取り組むことができるよう、必要に応じていじめた児童生徒を別室において指導することとしたり、状況に応じて出席停止制度を活用したりして、いじめられた児童生徒が落ち着いて教育を受けられる環境の確保を図る。状況に応じて、心理や福祉等の専門家、教員経験者・警察官経験者など外部専門家の協力を得る。さらに、必要に応じ、被害児童生徒の心的外傷後ストレス障害（PTSD）等のいじめによる後遺症へのケアを行う。

　いじめが解消したと思われる場合（本文第2の3（4）ⅲ［P30］参照）でも、継続して十分な注意を払い、折りに触れ必要な支援を行うことが大切である。また、事実確認のための聴き取りやアンケート等により判明した情報を適切に提供する。

④ いじめた児童生徒への指導又はその保護者への助言

　いじめたとされる児童生徒からも事実関係の聴取を行い、いじめがあったことが確認された場合、学校は複数の教職員が連携し、必要に応じて心理や福祉等の専門家、教員・警察官経験者など外部専門家の協力を得て、組織的に、いじめをやめさせ、その再発を防止する措置をとる。

　また、事実関係を聴取したら、迅速に保護者に連絡し、事実に対する保護者の理解や納得を得た上、学校と保護者が連携して以後の対応を適切に行えるよう保護者の協力を求めるとともに、保護者に対する継続的な助言を行う。

　いじめた児童生徒への指導に当たっては、いじめは人格を傷つけ、生命、身体又は財産を脅かす行為であることを理解させ、自らの行為の責任を自覚させる。なお、いじめた児童生徒が抱える問題など、いじめの背景にも目を向け、当該児童生徒の安心・安全、健全な人格の発達に配慮する。児童生徒の個人情報の取扱い等、プライバシーには十分に留意して以後の対応を行っていく。いじめの状況に応じて心理的な孤立感・疎外感を与えないよう一定の教育的配慮の下、特別の指導計画による指導のほか、さらに出席停止や警察との連携による措置も含め、毅然とした対応をする。教育上必要があると認めるときは、学校教育法第11条の規定に基づき、適切に、児童生徒に対して懲戒を加えることも考えられる。[5]

第2章　重大事態を取り巻く状況

　ただし、いじめには様々な要因があることに鑑み、懲戒を加える際には、主観的な感情に任せて一方的に行うのではなく、教育的配慮に十分に留意し、いじめた児童生徒が自ら行為の悪質性を理解し、健全な人間関係を育むことができるよう成長を促す目的で行う。

注（5）　懲戒とは、学校教育法施行規則に定める退学（公立義務教育諸学校に在籍する学齢児童生徒を除く。）、停学（義務教育諸学校に在籍する学齢児童生徒を除く。）、訓告のほか、児童生徒に肉体的苦痛を与えるものでない限り、通常、懲戒権の範囲内と判断されると考えられる行為として、注意、叱責、居残り、別室指導、起立、宿題、清掃、学校当番の割当て、文書指導などがある

⑤　いじめが起きた集団への働きかけ

　いじめを見ていた児童生徒に対しても、自分の問題として捉えさせる。たとえ、いじめを止めさせることはできなくても、誰かに知らせる勇気を持つよう伝える。また、はやしたてるなど同調していた児童生徒に対しては、それらの行為はいじめに加担する行為であることを理解させる。なお、学級全体で話し合うなどして、いじめは絶対に許されない行為であり、根絶しようという態度を行き渡らせるようにする。

　いじめが解消している状態に至った上で（本文第2の3（4）ⅲ）4）ⅲ）[P30]参照）、児童生徒が真にいじめの問題を乗り越えた状態とは、加害児童生徒による被害児童生徒に対する謝罪だけではなく、被害児童生徒の回復、加害児童生徒が抱えるストレス等の問題の除去、被害児童生徒と加害児童生徒をはじめとする他の児童生徒との関係の修復を経て、双方の当事者や周りの者全員を含む集団が、好ましい集団活動を取り戻し、新たな活動に踏み出すことをもって達成されるものである。全ての児童生徒が、集団の一員として、互いを尊重し、認め合う人間関係を構築できるような集団づくりを進めていくことが望まれる。

⑥　インターネット上のいじめへの対応

　インターネット上の不適切な書き込み等については、被害の拡大を避けるため、直ちに削除する措置をとる。名誉毀損やプライバシー侵害等があった場合、プロバイダは違法な情報発信停止を求めたり、情報を削除したりできるようになっている[6]ので、プロバイダに対して速やかに削除を求めるなど必要な措置を講じる。こうした措置をとるに当たり、必要に応じて法務局又は地方法務局の協力を求める。なお、児童生徒の生命身体又は財産に重大な被害が生じるおそれがあるときは、直ちに所轄警察署に通報し、適切に援助を求める。

〔以下省略〕

注（6）　プロバイダ責任制限法に基づく。削除依頼の手順等については、平成24年3月文部科学省「学校ネットパトロールに関する調査研究協力者会議『学校ネットパトロールに関する取組事例・資料集』」参照

35

（2）重大事態への対処

　また、本法は、28条１項及び２項において、以下のように、学校の設置者又はその設置する学校による対処を具体的に定めている。

> **本法28条１項、２項**
>
> １　学校の設置者又はその設置する学校は、次に掲げる場合には、その事態（以下「重大事態」という。）に対処し、及び当該重大事態と同種の事態の発生の防止に資するため、速やかに、当該学校の設置者又はその設置する学校の下に組　織を設け、質問票の使用その他の適切な方法により当該重大事態に係る事実関係を明確にするための調査を行うものとする。
> 　一　いじめにより当該学校に在籍する児童等の生命、心身又は財産に重大な被害が生じた疑いがあると認めるとき。
> 　二　いじめにより当該学校に在籍する児童等が相当の期間学校を欠席することを余儀なくされている疑いがあると認めるとき。
> ２　学校の設置者又はその設置する学校は、前項の規定による調査を行ったときは、当該調査に係るいじめを受けた児童等及びその保護者に対し、当該調査に係る重大事態の事実関係等その他の必要な情報を適切に提供するものとする。

　このように、本法は、重大事態について定め（本法28条１項１号、２号）、学校の設置者又はその設置する学校の調査義務（本法28条１項）及び情報提供義務（本法28条２項）を規定している。

　そして、基本方針及びガイドラインは、これらの規定をさらに具体化すべく、調査手続について詳細に定めている。本書では、その規定を多くの箇所で紹介するため、ここでは、学校の設置者、学校及び調査組織が履践しないことからしばしば問題となっている被害児童生徒等及び加害児童生徒等に対する調査開始前の説明事項の説明（ガイドライン第５第６項[37]、第７項[38]）についてのみ紹介することとしよう。

37）　既定の詳細な解説として、永田(u)188頁以下。
38）　既定の詳細な解説として、永田(u)220頁以下。

第2章　重大事態を取り巻く状況

ガイドライン第5第6項、第7項

（説明事項）
○　調査実施前に、被害児童生徒・保護者に対して以下の①～⑥の事項について説明すること。説明を行う主体は、学校の設置者及び学校が行う場合と、第三者調査委員会等の調査組織が行う場合が考えられるが、状況に応じて適切に主体を判断すること。
①調査の目的・目標
　　重大事態の調査は、民事・刑事上の責任追及やその他の争訟等への対応を直接の目的とするものではなく、学校の設置者及び学校が事実に向き合うことで、事案の全容解明、当該事態への対処や、同種の事態の発生防止を図るものであることを説明すること。
②調査主体（組織の構成、人選）
　　被害児童生徒・保護者に対して、調査組織の構成について説明すること。調査組織の人選については、職能団体からの推薦を受けて選出したものであることなど、公平性・中立性が担保されていることを説明すること。必要に応じて、職能団体からも、専門性と公平・中立性が担保された人物であることの推薦理由を提出してもらうこと。
　　説明を行う中で、被害児童生徒・保護者から構成員の職種や職能団体について要望があり、構成員の中立性・公平性・専門性の確保の観点から、必要と認められる場合は、学校の設置者及び学校は調整を行う。
③調査時期・期間（スケジュール、定期報告）
　　被害児童生徒・保護者に対して、調査を開始する時期や調査結果が出るまでにどのくらいの期間が必要となるのかについて、目途を示すこと。
　　調査の進捗状況について、定期的に及び適時のタイミングで経過報告を行うことについて、予め被害児童生徒・保護者に対して説明すること。
④調査事項（いじめの事実関係、学校の設置者及び学校の対応等）・調査対象（聴き取り等をする児童生徒・教職員の範囲）
　　予め、重大事態の調査において、どのような事項（いじめの事実関係、学校の設置者及び学校の対応等）を、どのような対象（聴き取り等をする児童生徒・教職員の範囲）に調査するのかについて、被害児童生徒・保護者に対して説明すること。その際、被害児童生徒・保護者が調査を求める事項等を詳しく聞き取ること。重大事態の調査において、調査事項等に漏れがあった場合、地方公共団体の長等による再調査を実施しなければならない場合があることに留意する必要がある。
　　なお、第三者調査委員会が調査事項や調査対象を主体的に決定する場合は、その方向性が明らかとなった段階で、適切に説明を行うこと。
⑤調査方法（アンケート調査の様式、聴き取りの方法、手順）
　　重大事態の調査において使用するアンケート調査の様式、聴き取りの方法、手順を、被害児童生徒・保護者に対して説明すること。説明した際、被害児童

37

生徒・保護者から調査方法について要望があった場合は、可能な限り、調査の方法に反映すること。

⑥調査結果の提供（被害者側、加害者側に対する提供等）

・　調査結果（調査の過程において把握した情報を含む。以下同じ。）の提供について、被害児童生徒・保護者に対して、どのような内容を提供するのか、予め説明を行うこと。

・　被害児童生徒・保護者に対し、予め、個別の情報の提供については、各地方公共団体の個人情報保護条例等に従って行うことを説明しておくこと。

・　被害児童生徒・保護者に対して、アンケート調査等の結果、調査票の原本の扱いについて、予め、情報提供の方法を説明すること。アンケートで得られた情報の提供は、個人名や筆跡等の個人が識別できる情報を保護する（例えば、個人名は伏せ、筆跡はタイピングし直すなど）等の配慮の上で行う方法を採ること、又は一定の条件の下で調査票の原本を情報提供する方法を採ることを、予め説明すること。

・　調査票を含む調査に係る文書の保存について、学校の設置者等の文書管理規則に基づき行うことを触れながら、文書の保存期間を説明すること。

・　加害者に対する調査結果の説明の方法について、可能な限り、予め、被害児童生徒・保護者の同意を得ておくこと。

○　調査を実施するに当たり、上記①〜⑥までの事項について、加害児童生徒及びその保護者に対しても説明を行うこと。その際、加害児童生徒及びその保護者からも、調査に関する意見を適切に聞き取ること。

3　国賠法上の違法の判断基準

（1）判断枠組

　このように、本法、基本方針及びガイドライン等の法規範には、「具体的にいかなる措置を講ずべきか」が一義的に定められている場面が多数存在する。言い換えれば、法規範の違反の有無を判断できる場面が多数存在するのである。

　それゆえ、訴訟上争点となっているそれぞれの場面について、法規範において、「具体的にいかなる措置を講ずべきか」が一義的に定められているか又は一義的に定められているとは言えないかを検討し、一義的に定められている場面において、具体的に執られるべき措置が講じられていなかったのであれば、法規範の違反を認定し、国賠法上の違法を認めなければならない。

一方、「具体的にいかなる措置を講ずべきか」が一義的に定められているとは言えない場面においては、前記判決が示すように、「当該行為が教員の裁量の範囲を逸脱あるいは濫用し、明らかに不十分・不合理な対応であると認められるかどうかが検討されるべきである」。

（2）具体例

ここでは、学校がいじめの事実関係を把握した後の対応として、「家庭訪問等により、その日のうちに迅速に保護者に事実関係を伝える。」（基本方針別添2（学校における「いじめの防止」「早期発見」「いじめに対する措置」のポイント）（3）③第2段落第1文）との規定を例として取り上げる。

この規定は、学校がいじめの事実関係を把握しながら、被害児童生徒の保護者に対してその事実を伝えず、隠蔽した結果、学校と被害児童生徒の保護者の連携がなされないまま、いじめが深刻化することが少なからず発生しているところ、そのような事態に陥ることを防ぐために重要なものである。まさに、前記判決が言う、「教育現場におけるいじめの防止等に関する知見として共通の認識になっている事柄をまとめるなどしたものである」。それゆえに、いじめに係る訴訟においては、学校がいじめの事実関係を把握しながら、被害児童生徒の保護者に対してその事実を伝えず隠蔽したとして、この規定の違反が学校の安全配慮義務違反、すなわち国賠法上の違法をもたらしたと主張されることも少なくない。

この規定によれば、学校が事実関係を把握した後の対応として、「その日のうちに迅速に保護者に事実関係を伝える」ことは一義的に定められていると理解するほかない。学校には、被害児童生徒の保護者に対して把握したいじめの事実関係を伝えないという裁量が認められておらず、かかる事実関係を伝えなければ、基本方針の違反となることは明らかである。それゆえ、学校が被害児童生徒の保護者に対して把握したいじめの事実関係を伝えなかった場合、基本方針が一義的に定めた具体的に執られるべき措置が講じられていなかったのであるから、基本方針に違反し、国賠法上違法となる。

一方、基本方針が「家庭訪問等により」としていることから、被害児童生徒の保護者に対して把握したいじめの事実関係を伝える方法、すなわち法規範の執行の方法については、学校に裁量がある。例示されている家庭訪問のほか、架電することやオンライン会議システムを利用することでもかまわない。それゆえ、当該方法については、基本方針が一義的に定めた具体的に執られるべき措置が存在しないから、「教員の裁量の範囲を逸脱あるいは濫用し、明らかに不十分・不合理な対応であると認められる」場合に限って、国賠法上違法となる。

　このように考えれば、学校によるいじめの隠蔽を防止しつつ、学校は、事案や連絡の時間に応じた適切な方法を用いることができる。

（3）前記東京地裁判決の問題点
①法規範の内容の具体性に応じた判断基準を採っていないこと

　前記東京地裁判決は、訴訟上争点となっているそれぞれの場面について、法規範において、「具体的にいかなる措置を講ずべきか」が一義的に定められているか又は一義的に定められているとは言えないかを検討することなく、その全ての場面について、一義的に定められているとは言えないものとして取り扱って、「当該行為が教員の裁量の範囲を逸脱あるいは濫用し、明らかに不十分・不合理な対応であると認められる」場合に限って国賠法上違法となると判断している。

　このような判断手法は、乱暴で粗雑なものと言わざるを得ない。これまでに引用して紹介したように、法規範において「具体的にいかなる措置を講ずべきか」が一義的に定められていてその違反の有無を判断できる場面が多数存在することは一目瞭然であるから、こうした判断手法を採る裁判所が法規範を（十分に）読んで理解していないのではないかとの疑念を抱かざるを得ない。

　仮に、裁判所が法規範を十分に読んで理解していながら、こうした判断手法を採っているのであれば、訴訟上争点となっているそれぞれの場面について、法規範において、「具体的にいかなる措置を講ずべきか」が一義

的に定められているか又は一義的に定められているとは言えないかを検討して区別した上で、「具体的にいかなる措置を講ずべきか」が一義的に定められているそれぞれの場面においてその措置が講じられていたか、すなわち法規範の違反の有無を認定しなければならないところ、そのことを面倒に思って、その手間を惜しみ、手を抜いていると考えざるを得ない。

②法規範に違反する裁量を認める反社会的な判断であること

しかも、このような判断手法は、法規範の遵守にとって重大な問題を惹起する。

前記判決は、「具体的にいかなる措置を講ずべきか」が一義的に定められている場面であっても、一義的に定められているとは言えないものとして取り扱って、「当該行為が教員の裁量の範囲を逸脱あるいは濫用し、明らかに不十分・不合理な対応であると認められる」場合に限って国賠法上違法となるとする。その結果、一義的に定められた具体的に講ずべき措置が執られておらず、法規範の違反があっても、「当該行為が教員の裁量の範囲を逸脱あるいは濫用し、明らかに不十分・不合理な対応である」とまでは認められないとして、国賠法上違法でないと判断し得ることとなる。むしろ、前記判決に見られる論理は、法規範において一義的に定められた具体的に講ずべき措置が執られず、法規範の違反があっても、国賠法上の違法を否定するための論理であると言ってよいだろう。実際、こうした法規範の違反がいくつも存在するにもかかわらず、国賠法上の違法を否定する裁判例は少なからず見受けられる。

結局のところ、こうした判断は、「学校及び学校の設置者が法規範を守らなくても、法的責任を負わない」として、学校及び学校の設置者に法規範に違反する裁量を認めるということにほかならない[39]。分かりやすく言

---

39) 永田(u)ⅲ、52-53頁。こうした理解に対しては、裁判所が法規範の違反について、不適切だが国賠法上違法ではないと考えているはずであり、法規範の違反を許容しているわけではないのではないかとする反論があるかもしれない。しかし、前記東京地裁判決も含めて、これらの裁判例においては、国賠法上違法か否かのみが判断され、不適切だが国賠法上違法ではないとの判断が示されていない以上、そのように忖度して理解することは妥当でなかろう。

い換えれば、「ルールを守るかどうかは自由であり、違反してもかまわない」という考え方なのである。

　通常、行政裁量が問題となる場面において、認められる裁量の対象は、法規範の執行の方法に限定されている。しかし、いじめ訴訟においては、裁量の対象が法規範の遵守にまで及ぶことが認められているという異常な状況にある。裁判所は、法規範よりも学校及び学校の設置者の裁量を優先し、法の支配を否定しているのである。

　以上の考え方は、せいぜい暴力団や犯罪者、非行少年が採るところであって、遵法意識に欠け、反社会的と言うほかなく、社会通念に照らして到底受け入れられないばかりか、公平中立な第三者であることが求められる裁判所が採るところでないはずなのは自明である。

　しかし、裁判所は、前記判決に代表される判断を積み重ねる中で、学校及び学校の設置者が法規範を「守らなくてもかまわない」というメッセージを打ち出し続けてきたのである。こうした裁判所の振る舞いは、結果として、「教育反社」による違法及び違反を助長促進してきた[40]。

　以下では、裁量の対象に法規範を遵守するか否かも含めて学校及び学校の設置者に法規範に違反する裁量を認めるという前記判決に代表される裁量論を「反社会的な裁量論」と呼ぶこととする。一方、法規範の遵守は当然の前提であるとして、法規範に違反する裁量を認めず、裁量の対象を法規範の執行の方法に限定する裁量論を「遵法的な裁量論」と呼ぶこととする（これら2つの裁量論が前記の基本方針の規定をどのように理解するかについてまとめたものとして、**図2-3-1**）。

---

40)　永田(u)ⅲ頁。

第2章　重大事態を取り巻く状況

裁量の対象は何か？
～基本方針の規定を例に～

例）

基本方針の別添2（学校における「いじめの防止」「早期発見」「いじめに対する措置」のポイント）（3）③第2段落第1文
家庭訪問等により、その日のうちに迅速に保護者に事実関係を伝える。

〈反社会的な裁量論〉
裁量の対象は、法規範を遵守するか否かも含む。
↓↓↓
法規範を遵守するかは学校の裁量である。
↓↓↓
学校は、基本方針の上記の規定に違反してもかまわない。
↓↓↓
学校がいじめを認知しても、保護者に事実関係を伝えず、隠蔽してもよい。
↑↑↑
〔批判〕
遵法意識に欠け、反社会的である。
法の支配を否定するものである。

〈遵法的な裁量論〉
裁量の対象は、法規範の執行の方法に限定される。
法規範の遵守は当然の前提である。
↓↓↓
学校が法規範を遵守することを前提に、
法規範をどのように執行するかは裁量に委ねられている。
↓↓↓
学校が基本方針の上記の規定に違反することは許されない。
↓↓↓
学校がいじめの事実関係の確認を行った場合、
その日のうちに迅速に保護者に事実関係を伝えなければならない。
保護者に事実関係を伝える方法については、学校に裁量があり、
家庭訪問でなくとも、架電することでもかまわない。

図2-3-1　反社会的な裁量論と遵法的な裁量論

4　ガイドラインに違反する裁量を認めることを明示する裁判例の登場

　前記判決をはじめとする裁判例は、学校及び学校の設置者に過度に広範な裁量を認めることにより、学校及び学校の設置者に法規範に違反する裁量を認めることを直截には判示せず、オブラートに包んできた。

　しかし、近時、第三者委員会のガイドライン遵守が問題となった事案において、第三者委員会にガイドラインに違反する裁量を認めることを端的に明示する判決が登場するに至った[41]。

大阪高判令5年6月1日公刊物未登載

　調査ガイドライン（甲25）が、いじめの重大事態の調査が適切になされなかった事例を踏まえ、いじめ防止対策推進法、基本方針等に則った適切な調査に資するために策定されたものであるといっても、個別の記載によって遵守要求の強さには様々な程度があるのであって、このことは、民事紛争について適正な事実認定に資するための民事訴訟法規においても、効力規定と訓示規定の区分がなされているのと同様である。そうすると、本件いじめの事案について、第三者委員会には、調査ガイドラインの遵守の程度を含む調査の手続の運営・進行に係る判断につき、広範な裁量が認められるのであって、調査ガイドラインに従わないことが、直ちに調査の公平性・中立性等を害するものということはできない。

　この判決は、民事訴訟法規を引き合いに出して、ガイドラインもその規定によって、「遵守要求の強さには様々な程度がある」としていることから、ガイドラインについても、民事訴訟法規についても、強弱という程度の差こそあれ、遵守しなければならないと考えていると理解するほかない。また、この判決は、「第三者委員会には、調査ガイドラインの遵守の程度を含む調査の手続の運営・進行に係る判断につき、広範な裁量が認められ

---

41)　大阪高判令5年5月1日公刊物未登載。この事案の第一審である大阪地判令4年11月11日公刊物未登載（LEX/DB文献番号25594212）は、「第三者委員会の調査は、いじめに係る重大事態の事実関係について明確にするための手続であり、被害児童・保護者に対する調査の目的等の事前説明及び調査の経過報告、調査方法等の手続の運営・進行については、手続を主宰する公平性・中立性を有している第三者委員会が、当該いじめの性質や内容、学校の従前の調査の経過、被害児童及び保護者の意向等を踏まえ総合的に判断すべきものであって、その判断には第三者委員会の広範な裁量が認められるものというべきである。」として第三者委員会に広範な裁量を認めていたところ、控訴審である大阪高裁は、さらに踏み込んで、第三者委員会にガイドラインに違反する裁量を認めるに至った。

る」として、ここでもまた、「程度」という遵守を前提とした言葉を用いて、強弱という程度の差こそあれ、遵守しなければならないことを明らかにする。

ところが、この判決は、「調査ガイドラインに従わないことが、直ちに調査の公平性・中立性等を害するものということはできない。」と結論付けたのである。

第三者委員会においては、公平性・中立性を確保するために、基本方針及びガイドラインが委員の推薦を職能団体等から受けるよう求めていることからも窺われるように（基本方針第2の4（1）i ④第2段落、ガイドライン第4第1項。詳しくは、第3章参照）、公平性・中立性がその調査の正当性を根拠付け、調査の死命を決するものとして、極めて重要な欠くことのできないものと理解されている。それゆえ、逆に、調査の公平性・中立性を害さない行為は許容されるものであるということを意味する。

従って、この判決は、「調査ガイドラインに従わないこと」を許容していることとなる。

このように、この判決は、ガイドラインについて、強弱という程度の差こそあれ、遵守しなければならないとしながら、重大事態の調査に当たる第三者委員会がガイドラインに従わないことを許容しており、その論理は破綻していると言うほかない[42]。

とは言え、この判決がその結論において、「ガイドラインに従わないこ

---

42) この判決は、第三者委員会以外の調査組織については国の基本方針及びガイドラインを遵守しなければならないとする一方で、その広範な裁量を理由に、第三者委員会についてはそれらの法規範の適用を除外し、法規範の遵守についての裁量が認められると考えている可能性がある。

しかし、そもそも、いじめの重大事態の調査に当たる第三者委員会の正当性は、その公平性・中立性にある。

そして、これらの法規範の遵守すら行わない第三者委員会が公平性・中立性を確保することは不可能であることから、法令遵守は必要不可欠であり、当然の前提とされる。

さらに言えば、高い専門性を有するはずの委員により構成される第三者委員会であるからこそ、学校及び学校の設置者の教職員により構成される調査組織よりも、これらの法規範のいっそうの遵守が求められることとなる。　↗

と」を許容して、「反社会的な裁量論」を採ったことは明確である。

5 「反社会的な裁量論」の判例違背性

　最高裁は、最判令2年7月6日判時2472号3頁において、地方公務員の非違行為該当性の判断に当たって、本法だけでなく、本法12条に基づ

　　第三者委員会は、学校又は学校の設置者による不適切な対応を指摘し、その改善を求め、再発防止のための方策を提言することが求められるのが通例であるところ、これらの不適切な対応を判断する際、国、地方公共団体及び学校のいじめ防止基本方針及びガイドライン等の法規範をその根拠とするのが通例である。仮に、第三者委員会が自らはこれらの法規範を遵守しない一方で、学校又は学校の設置者がこれらの法規範に違反していることを指摘しても、その指摘に説得力を欠くことからも、これらの法規範の遵守が求められる。

　　従って、第三者委員会について、国の基本方針及びガイドラインの適用を除外して、法規範の遵守についての裁量を認めることは許されず、その必要もない。

　　実際、ガイドライン第5第6項④は、「第三者調査委員会が調査事項や調査対象を主体的に決定する場合は、その方向性が明らかとなった段階で、適切に説明を行うこと。」として、第三者委員会に適用されることを予定している。

　　文部科学省初等中等教育局児童生徒課は、令和5年（2023年）7月5日に筆者が行った照会に対して、基本方針についても、ガイドラインについても、およそ重大事態の調査のために策定されているから、第三者委員会に対して適用が除外されるとは考えておらず、両者とも、第三者委員会であろうがなかろうが、適用されると考えていると回答している。

　　以上から明らかなように、第三者委員会についてのみ、ガイドラインの適用が除外されるとの見解は、文部科学省の通知等においても、同省の審議会等においても、学説においても、提案されたことすらなく、畢竟、大阪高裁の大島眞一裁判長の独自の見解にすぎない。

　　第三者委員会のみがガイドラインを遵守しなくともよいと考えているのであれば、ガイドラインについて、第三者委員会のみ適用を除外しようとするものであり、文部科学省が策定したガイドラインに適用除外規定を創設したのに等しい。本節6において論じるように、裁判所には、国会が制定した法律の範囲内で行政が策定した規範について、違憲でもないのに改廃する権限など有していないはずである。それゆえ、かかる考え方は、内閣の行政権を侵害するものであって、三権分立に反するから、憲法65条に反する。なぜ、大島裁判長がここまでして反社会的な判断を行ったのかは判決文からは明らかではない。

　　なお、この事案で問題となった第三者委員会の委員長は、元裁判官（高等裁判所の部総括判事）であり、その家族が当該重大事態の発生した学校の教職員と同じ所属であった可能性が指摘されており、公平中立な第三者であることに疑念が呈されていた。

いて策定された地方いじめ防止基本方針である兵庫県いじめ防止基本方針及び姫路市いじめ防止基本方針の違反を重大な非違行為であるとしていた。

最判令2年7月6日判時2472号3頁

いじめを受けている生徒の心配や不安、苦痛を取り除くことを最優先として適切かつ迅速に対処するとともに、問題の解決に向けて学校全体で組織的に対応することを求めるいじめ防止対策推進法や兵庫県いじめ防止基本方針等に反する重大な非違行為であるといわざるを得ない。……

被上告人による本件非違行為Iは、いじめの事実を認識した公立学校の教職員の対応として、法令等に明らかに反する上、その職の信用を著しく失墜させるものというべきであるから、厳しい非難は免れない。

　ここで、地方いじめ防止基本方針を遵守する必要がないのであれば、その違反があっても、非違行為と判断されないはずである。その違反が重大な非違行為とされたということは、地方いじめ防止基本方針は遵守する必要があるということにほかならない。

　このことからすれば、判決文中の「法令等」の「等」には、地方いじめ防止基本方針が含まれることは明らかである。

　そして、地方いじめ防止基本方針の策定の根拠は、前記の通り、いじめ防止対策推進法に求められるところ、その点は、国の基本方針（法11条）及び学校いじめ防止基本方針（法13条）も同様であるから、遵守する必要性について地方いじめ防止基本方針と国の基本方針を区別することは考えられない。

　また、判決文によれば、本件で違反が問題とされている地方いじめ防止基本方針の規定は、「いじめを受けている児童生徒を守るとともに、心配や不安を取り除き、解決への希望や自分に対する自信を持たせる。」（兵庫県いじめ防止基本方針）、「いじめの兆候を発見した時は、これを軽視することなく、早期に適切な対応をすることが大切である。いじめを受けている児童生徒の苦痛を取り除くことを最優先に迅速な指導を行い、問題の解決に向けて学年及び学校全体で組織的に対応することが重要である。」（姫路市いじめ防止基本方針）などであって、これらの規定は、地方いじめ防止基本方針が国の基本方針を模範として策定されていることもあって、国の基

本方針第2の3（4）ⅲ）第1、3、4、6段落、別添2（学校における「いじめの防止」「早期発見」「いじめに対する措置」のポイント）（3）①、②第1～4段落、③第2段落、④第1、3段落等とも共通する。

　従って、この判決は、地方いじめ防止基本方針と同様に、国の基本方針も遵守する必要があると考えていると解するほかない。

　そして、第1章で紹介したように、国の基本方針第2の4（1）第1段落は、「いじめの重大事態については、本基本方針及び『いじめの重大事態の調査に関するガイドライン（平成29年3月文部科学省）』により適切に対応する。」としているから、国の基本方針を遵守しなければならないものとする以上、ガイドラインも遵守しなければならないものとされることとなる。

　それゆえ、判決文中の「法令等」の「等」には、地方いじめ防止基本方針のみならず、国の基本方針、さらにはガイドラインも含まれることは明らかである。

　以上からすれば、前記大阪高裁判決のように、「ガイドラインに従わないこと」を許容して「反社会的な裁量論」を採ることは、判例に違背することとなる。

6　「反社会的な裁量論」のさらなる問題性

　「反社会的な裁量論」は、前述のように、法の支配を否定し、遵法意識に欠け、反社会的である上、判例にも違背しており、問題性が大きい。

　しかし、「反社会的な裁量論」の問題はそれだけに留まらない。

　裁判所が「反社会的な裁量論」を採れば、司法府が法規範の事実上の廃止を行ったこととなり、三権分立に反することとなるのである。

　「反社会的な裁量論」が基本方針及びガイドラインの遵守について裁量を認めることは、文部科学大臣が策定した基本方針及び文部科学省が策定したガイドラインを事実上廃止し、効力を失わせたのに等しい。

　しかし、裁判所には、国会が制定した法律に基づく又は法律の範囲内で行政が策定した法規範について、違憲でもないのに改廃する権限など有し

ていないはずである。

　それゆえ、「反社会的な裁量論」が法規範の遵守について裁量を認めることは、国会の立法権及び内閣の行政権を侵害するものであって、三権分立に反するから、憲法41条及び65条に反する。

　このように、「反社会的な裁量論」は、その内容が反社会的な点で問題を有するだけでなく、三権分立に反する点で裁判所が採り得ない考え方なのである。

　前述の通り、本法は、違反に対する法的拘束力を伴う措置を用意していないという重大な不備を有している。そして、現行法は、かかる措置を義務付ける訴訟の形態を用意していない。こうした中で、裁判所が被害児童生徒による学校の設置者に対する損害賠償請求を認容することは、本法、基本方針及びガイドライン等の法規範の違反を直接是正するものではないものの、それらの違反の問題性を公的に明らかにすることにより、違反の是正及び再発防止を促すものとなりうるはずである。

　しかし、これまで説明してきたように、多くの裁判例は、「反社会的な裁量論」を採って、学校及び学校の設置者の裁量に法規範の遵守をも係らしめ、法規範に違反することを許容してきた。これにより、法規範の違反があっても、問題がないものとされ、違反が助長促進され続けるという深刻な状態が継続している。

第4節　参議院法制局「特定立法事項調査研究」の講演依頼

　以上のように、基本方針及びガイドライン等が解釈及び運用上の準則としての役割を果たすことにより、本法が補完されてきたものの、施行後10年を経て、本法には様々な解釈上及び実務上の課題が存在することが明らかとなってきた。

　こうした状況を打開するため、ソフト・ロー（soft law）を法的拘束力のない社会規範と位置付けた上で、法制度の具体的な解釈に関するソフト・ローを形成するとともに、教育現場から本法に基づく実践を共有していく提案がなされている[43]。

しかし、法的拘束力を有する法規範であるハード・ロー（hard law）である本法をはじめとする法規範は、ソフト・ローの形成を俟つまでもなく、具体的であり、その法解釈が争われようもない場面が大半を占めている（本章第2節参照）。にもかかわらず、これらの法規範に違反する学校、また、教育委員会等の学校の設置者、さらには第三者委員会が後を絶たない現状がある（本章第1節参照）。そして、そのことは、総務省の行政監査において指摘されるとともに[44]、文部科学省によって認められてきたところである（第1章第4節参照）[45]。

しかも、法規範の違反に対する措置が用意されていない上（本章第1節参照）、「教育反社」と言うほかない者が専門職も含めて少なからず存在し、それらの者たちは、違法及び違反の常態化を当然のことであるかのように主張するだけでなく、法規範を曲解したり、被害児童生徒等を含む児童生徒及び保護者並びに心ある専門職らの法的に正当な要望及び意見をあたかも異常で過剰な要求であるかのように指弾したりすることを通じて、法規範を骨抜きにし、法規範が想定する適切な手続及び対処がなされることを妨げることに執心し続けている（本章第2節参照）。さらに、裁判所は、「反社会的な裁量論」を採って、損害賠償請求訴訟を被害児童生徒等にとっての「絶死の戦場」とする一方、「教育反社」による違法及び違反を助長促進する場としてきた（本章第3節参照）。

こうした状況を踏まえれば、まずは、ソフト・ローの形成を俟つまでもなく、ハード・ローである本法をはじめとする法規範が定める具体的で明確な内容を学校、学校の設置者及び第三者委員会にいかにして遵守させるかということが喫緊の課題であることは明らかである。また、具体的な解釈に争いがあったり、不明な点があったりする箇所も一部残るところ、これらの箇所については、裁判所が「反社会的な裁量論」を採って「教育反社」の違法及び違反を助長促進することを防ぐため、ソフト・ローに委ね

---

43) 鬼澤217頁。
44) 総務省70頁。
45) 通知(d)。

ることなく、ハード・ローの形式で明確に規定することが必要である。

筆者は、令和5年（2023年）2月に参議院法制局第五部第二課[46]の依頼を受け、同局の令和4年度（2022年度）「特定立法事項調査研究」[47]において、「いじめ防止対策推進法の課題と解決策について」と題して、主にいじめの重大事態の調査の問題点と法改正による解決策について講演を行い[48]、同局の法制次長及び第五部第二課の課長、課長補佐及び係長と意見交換を行った。同局の主たる関心は、実際に改正法案を提出したいとの意向を有する参議院議員の意向もあってか、重大事態への対処（本法28条以下）にあったように思われる。

この講演及び意見交換を通じて、筆者は、本法をはじめとする法規範の強靭化を図るべく、法規範の解釈上及び実務上の課題並びに法規範の不備を立法上解決する方策を研究者として提案する必要性を改めて痛感した。

折しも、文部科学省のいじめ防止対策協議会は、**表2-4-1**のように、平成30年（2018年）以降、いじめの重大事態の調査に関する議論を行っており、令和5年度（2023年度）には、ガイドラインを含む国の指針等の改定に向けた検討に着手している。

【追記】
　本書校正中の令和6年（2024年）6月19日に開催された文部科学省いじめ防止対策協議会において、ガイドラインの改訂素案が示された。
<https://www.mext.go.jp/b_menu/shingi/chousa/shotou/192/siryo/1421368_00012.htm>

---

46)　内閣委員会等のこども家庭に関する法制及び文教科学委員会に関する法制を担当している。
47)　参議院法制局は、今後の立法の検討対象として想定される事項について知見を深めることによって立案能力の向上等を図るため、「特定立法事項調査研究」を実施している。
48)　そのレジュメは、関西大学学術リポジトリに登録され、公開されている（永田（s））。

表2-4-1　文部科学省いじめ防止対策協議会の会議開催日及び重大事態に関連する議事

会議開催日	重大事態に関連する議事
平成30年（2018年）10月29日	いじめの重大事態に係る調査報告書の分析について[49]
平成31年（2019年） 2 月 5 日	いじめの重大事態に係る調査報告書の分析について[50]
平成31年（2019年） 3 月25日	いじめの重大事態に係る調査報告書の分析の在り方について[51]
令和元年（2019年） 9 月13日	いじめの重大事態の調査組織の在り方について[52]
令和元年（2019年）10月21日	いじめの重大事態の調査組織の在り方に関する論点整理及び今後の進め方について[53]
令和 2 年（2020年） 2 月20日	いじめの重大事態の調査組織の在り方に関するヒアリング[54]
令和 3 年（2021年）11月22日	いじめ重大事態調査における円滑かつ適切な運用について[55]
令和 3 年（2021年）12月17日	日本弁護士連合会推薦委員からの重大事態調査に係るヒアリングについて[56]
令和 4 年（2022年） 1 月31日	NPO 法人プロテクトチルドレンえいえん乃えがお代表　森田志歩氏からのヒアリング[57]
令和 4 年（2022年） 2 月21日	いじめ防止対策協議会における今後の論点（案）[58]

49)　詳しくは、文科省 Web(a)。紹介したものとして、中村。
50)　詳しくは、文科省 Web(b)。
51)　詳しくは、文科省 Web(c)。
52)　詳しくは、文科省 Web(d)。
53)　詳しくは、文科省 Web(e)。
54)　詳しくは、文科省 Web(f)。
55)　詳しくは、文科省 Web(g)。
56)　詳しくは、文科省 Web(h)。
57)　詳しくは、文科省 Web(i)。
58)　詳しくは、文科省 Web(j)、週刊教育資料(b)。

第2章　重大事態を取り巻く状況

令和４年（2022年）３月９日	令和３年度いじめ防止対策協議会における議論のまとめ（案）[59]
令和４年（2022年）６月15日	いじめ防止対策協議会の審議まとめ（素案）について[60]
令和４年（2022年）11月28日	いじめ防止対策協議会の今後の進め方について早期に対応すべき検討項目について[61]
令和４年（2022年）12月19日	早期に対応すべき検討項目について[62]
令和５年（2023年）２月３日	早期に対応すべき検討項目についていじめ重大事態調査の今後の対応について[63]
令和５年（2023年）３月23日	医療事故調査制度に係るヒアリングについていじめ重大事態調査の今後の在り方について[64]
令和５年（2023年）12月11日	いじめ重大事態の国への報告を通じた実態把握・分析、ガイドライン改訂等について[65]

　そこで、本書では、前記講演の内容を基礎に、筆者がこれまでの研究[66]において注力してきた重大事態への対処に焦点を絞って、重大事態に関する課題を詳述した上で、法改正による解決策を提案することとしたい。

　なお、今後改正の可能性がある本法、改定又は改訂が見込まれる基本方針及びガイドラインについては、本書刊行時点での規定を示すため、参考資料として巻末に収録した。

---

59)　詳しくは、文科省 Web(k)。
60)　詳しくは、文科省 Web(l)。
61)　詳しくは、文科省 Web(m)。
62)　詳しくは、文科省 Web(n)。
63)　詳しくは、文科省 Web(o)。
64)　詳しくは、文科省 Web(p)。
65)　詳しくは、文科省 Web(q)。
66)　著書として、永田(u)。論文として、永田(a)、永田(b)、永田(c)、Nagata(d)、永田(e)、永田(h)、永田(i)、永田(j)、永田(k)、永田(l)、永田(m)、永田(n)、永田(o)、永田(p)、永田(q)、永田(r)、永田(t)。判例評釈として、永田(f)。学会報告として、永田(g)。

第3章

課題及び解決策

第1節　重大事態発生の判断

1　関連規定及び裁判例

　重大事態発生の判断権者は、本法28条1項柱書より、形式的には、学校又は学校の設置者である。

　もっとも、ガイドラインは、その第2第5項[1]において、以下のように、重大事態の発生に係る被害児童生徒又はその保護者からの申立てにより、重大事態が発生したものとして地方公共団体の長等への報告及び調査等を実施しなければならないと規定している。かかる内容は、基本方針第2の4（1）ⅰ）①第4段落[2]及び生徒指導提要第Ⅱ部第4章4.1.4（2）[3]においても、ほぼ同じ文言により規定されている。ガイドラインも、基本方針も、生徒指導提要も、重大事態の発生に係る被害児童生徒又はその保護者からの申立てが本法28条1項各号の「疑い」を生じさせるととらえているのである。

---

1)　規定の詳細な解説として、永田(u)102頁以下。

2)　「また、児童生徒や保護者から、いじめにより重大な被害が生じたという申立てがあったときは、その時点で学校が「いじめの結果ではない」あるいは「重大事態とはいえない」と考えたとしても、重大事態が発生したものとして報告・調査等に当たる。〈脚注省略〉児童生徒又は保護者からの申立ては、学校が把握していない極めて重要な情報である可能性があることから、調査をしないまま、いじめの重大事態ではないと断言できないことに留意する。」

3)　「なお、児童生徒・保護者から重大事態に至ったという申立てがあったときには、その時点で学校が『いじめの結果ではない』あるいは『重大事態とはいえない』と考えたとしても、重大事態が発生したものとして報告・調査に当たります。」

> ガイドライン第2　重大事態を把握する端緒
>
> ○　被害児童生徒や保護者から、「いじめにより重大な被害が生じた」という申立てがあったとき（人間関係が原因で心身の異常や変化を訴える申立て等の「いじめ」という言葉を使わない場合を含む。）は、その時点で学校が「いじめの結果ではない」あるいは「重大事態とはいえない」と考えたとしても、重大事態が発生したものとして報告・調査等に当たること。児童生徒や保護者からの申立ては、学校が知り得ない極めて重要な情報である可能性があることから、調査をしないまま、いじめの重大事態ではないとは断言できないことに留意する。

　かかるガイドラインの規定に対しては、「『被害者側の主張』が絶対化され、法律が認めている学校、学校の設置者の判断は事実上封印される」[4]、「保護者からの一方的な申立てだけで『重大事態』とみなし、第三者を含む組織を設置して調査する義務を学校の設置者等に負わせるのは不当な拡大解釈」である[5]、申出のみで重大事態と判断することは「法を超える解釈」である[6]等の批判がある。

　しかし、そもそも、保護者からの申立てにより「疑い」が生じるとすることは、拡大解釈とは言えず、単なる文理解釈に過ぎない[7]。仮に、拡大解釈であるとしても、本法は、教育現場がいじめを極めて狭く定義していじめではない等の理由を付けていじめへの対応を怠り、重大な結果を生じさせてきた反省を踏まえ、いじめや重大事態の発生の可能性が少しでもあれば調査を行うという方向性を採用するに至ったのであるから、かかる経緯を踏まえれば、政策的にも不当なものとは言えない[8]。

　これらの規定を踏まえて、裁判例も、学校及び学校の設置者等には、「重大事態を認知すべきときに重大事態を認知しない裁量があるとは解され」ないとしている[9]。

---

4)　坂田(a)158頁。坂田(b)43頁、坂田(c)44頁も同旨。一方、同じ筆者が編集代表を務め、分担執筆をする坂田編集代表361頁［稲村晃伸＝坂田仰］は当該規定を肯定する。
5)　神内131頁。
6)　鬼澤ほか83頁［鬼澤秀昌発言］。
7)　永田(u)82頁。
8)　永田(u)83-84頁。
9)　さいたま地判令3年12月15日裁判所ウェブサイト。

第3章　課題及び解決策

　第2章で詳述したように、安全配慮義務違反の判断において、一部の例外を除いて、学校及び学校の設置者に（過度に）広範な裁量を認める裁判例が積み重ねられる一方で、裁判例が重大事態発生の判断について学校及び学校の設置者に裁量を認めないことは、法の支配の観点からも評価されるべきであろう。

2　違反の実態

　しかし、重大事態が発生したと判断すべき場面であっても、学校も学校の設置者も重大事態が発生していないと判断（実態に即して言えば、強弁）することがしばしばある[10]。

　学校も学校の設置者も重大事態の発生を認めない場合、本法28条1項柱書が求める調査は実施されないこととなる。

　そうなれば、同条項が目的とする重大事態への対処も、同種の事態の発生の防止も図られないこととなってしまう。

　また、ガイドラインは、第1（学校の設置者及び学校の基本的姿勢）の冒頭において、以下のように規定しているところ（同第1第1項）、調査が実施されなければ、被害児童生徒等の「知りたいという切実な思い」にも応

___

[10]　筆者が取材を受け、コメントした事案の一部を紹介する。

　　鹿児島市立中学校の生徒がいじめにより心療内科を受診し、別室登校と欠席を繰り返し、その後に転校した事案は、少なくとも不登校重大事態に当たり、生命心身財産重大事態にも当たりうるところ、同中学校及び鹿児島市教育委員会は、重大事態でないと強弁し、重大事態として取扱うことを拒絶した（南日本新聞(a)23面）。

　　また、別の鹿児島市立中学校の生徒がいじめにより眼底出血、頭頸部外傷及びPTSD（心的外傷後ストレス障害）等と診断され、30日以上欠席し、その後に転校した事案は、生命心身財産重大事態にも不登校重大事態にも当たるところ、同中学校及び鹿児島市教育委員会は、重大事態でないと強弁し、重大事態として取扱うことを拒絶した（南日本新聞(b)23面）。

　　熊本県宇城市立中学校の生徒がいじめにより100日以上欠席し、保護者が重大事態として対応するよう求めた事案は、不登校重大事態に当たるところ、同中学校及び宇城市教育委員会は、重大事態でないと強弁し、重大事態として取扱うことを拒絶した（西日本新聞16面）。

えられないこととなってしまう。

ガイドライン第1　学校の設置者及び学校の基本的姿勢

（基本的姿勢）
○　学校の設置者及び学校は、いじめを受けた児童生徒やその保護者（以下「被害児童生徒・保護者」という。）のいじめの事実関係を明らかにしたい、何があったのかを知りたいという切実な思いを理解し、対応に当たること。

3　現行法上の是正策

　現行法上、このような場面において活用可能な是正のための方策がいくつか用意されている。具体的には、指導等（本法33条、地教行法48条1項）、勧告等（地自法245条の4第1項）、是正の要求（地教行法49条、地自法245条の5第1項、第4項。都道府県教育委員会を通じたものとして、地自法245条の5第2項）、是正の指示（地教行法50条）、措置命令（私学法60条）、総合教育会議（地教行法1条の4）である（詳しくは、第2章参照）。

　これらは、重大事態が発生したと判断すべき場面であるにもかかわらず、学校も学校の設置者も重大事態の発生を認めない場合に活用可能である。

　しかし、第2章において詳述したように、法的拘束力がない方策は実効性に欠ける。一方、法的拘束力がある方策は実務上用いられておらず、是正のために役立っていない。

　そのため、これらの方策は必ずしも学校又は学校の設置者が重大事態の発生を認めて調査を実施することに、さらには、重大事態への対処及び同種の事態の発生の防止につながっていない。

4　民事訴訟等の限界

　重大事態が発生したと判断すべき場面であるにもかかわらず、学校も学校の設置者も重大事態の発生を認めず、上記の方策が用いられないか、用いられても学校も学校の設置者も重大事態の発生を認めない場合、被害児童生徒等が採りうる手段は、限られる。その手段の1つが法的措置である。

(1) 民事調停の申立て

　まず、被害児童生徒又はその保護者が学校の設置者を相手方として民事調停を申立て、重大事態の発生を認めて調査を行うことを認めるよう求めることが考えられる。

　もっとも、当事者間に合意が成立する見込みがない場合には、調停は原則として不成立となるから（民調法14条。同法17条参照）、学校の設置者が重大事態の発生を認めて調査を行うことに合意しなければ、調停は成立しない。重大事態が発生したと判断すべき場面であるにもかかわらず、重大事態の発生を認めない学校の設置者にあっては、合意が得られる可能性は低いと言わざるを得ない。埼玉県教育委員会及び文部科学省から度重なる指導等がなされてもなお重大事態の発生を認めなかった川口市教育委員会[11]のような学校の設置者であれば、なおさらである。

(2) 民事訴訟の提起

　次に、被害児童生徒又はその保護者が学校の設置者を被告として民事訴訟を提起することが考えられる。その際、現行法上、学校の設置者に調査を義務付けるよう求めることはできないから、調査義務違反を請求原因として損害賠償を求めることとなる。

　第2章第3節で紹介した通り、裁判所は、調査義務違反の判断においても、一部の例外を除いて、学校及び学校の設置者に（過度に）広範な裁量を認め、損害賠償請求が認容されるハードルを高く設定してきた。

　しかも、たとえ、調査義務違反があったとして損害賠償請求が認容されても、学校の設置者に調査が義務付けられるわけではない。

　そのため、この方法によっても、学校又は学校の設置者が重大事態の発生を認めて調査を実施することに、さらには、重大事態への対処及び同種の事態の発生の防止が図られるようになるわけではない。

---

11)　第2章注（12）参照。

(3) 学校復帰及び教室復帰に関する調整等の必要性

　また、民事訴訟によっては、学校復帰及び教室復帰に関する調整等ができず、自殺事案以外の重大事態においては、必ずしも解決に資さないことに注意が必要である。

　自殺事案以外の重大事態においては、被害児童生徒の意思を踏まえて、被害児童生徒が学校及び教室に復帰し、安全安心な学校生活を送ることができるようにするための調整を行うことが必要となることが多い。

　被害児童生徒は加害児童生徒と同じ空間で過ごすことができないことが少なくない。このような場合、被害児童生徒と加害児童生徒が同じ学校に在籍しており、両者が同じ学校に通学し続けるのであれば、本法23条4項に基づいて、加害児童生徒の別室登校又は転クラス等により、被害児童生徒が安心して教育を受けられるようにすることが必要である。

　もっとも、ほとんどの場合、加害児童生徒を別室登校又は転クラス等とすれば、そのことのみによって、被害児童生徒が学校に復帰して安全安心な学校生活を送ることができるようになるわけではない。被害児童生徒と加害児童生徒が学校生活の中で同じ空間で過ごすことをできる限り減らすための工夫が必要となる[12]。

　具体的には、被害児童生徒及び加害児童生徒の登下校のルートを別々のものとしたり、別々のものとできないときには登下校の時間帯を分けたりする必要がある。また、被害児童生徒及び加害児童生徒が利用する下足、手洗い場及びトイレ等を分ける必要もある。さらに、運動場、体育館、図書室、理科室等の特別教室への移動のルートを分ける必要もある[13]。

　もちろん、このような工夫をして、被害児童生徒及び加害児童生徒並びに双方の保護者を交えて合意したとしても、学校内で被害児童生徒と加害児童生徒が出会ってしまうこともあるであろうから、その際に加害児童生徒がその場を立ち去る等の対処についても、予め取り決めておく必要もある。

---

12)　永田(u)239頁参照。

13)　永田(u)239-240頁。

被害児童生徒がいじめ被害に再度遭うことを防ぐことはもちろん、登校できなくなるような事態を回避するために、こうした安全安心な学校生活を送ることができるようにするための調整等がなされなければならない。

こうした調整等は、損害賠償を請求することしかできない民事訴訟ではなし得ない。本法は、調査を実施した上で、重大事態への対処としてかかる調整等を行うことを求めているのである。

5 解決策の必要性

重大事態が発生したと判断すべき場面で学校又は学校の設置者が重大事態の発生を認めることは、調査、そして、重大事態への対処及び同種の事態の発生の防止を図るために、必要不可欠な第一歩である。

もっとも、現行法上、重大事態発生の判断が適切になされない場合に執りうる方策は、実効性を欠くか、有効に機能していない。

それゆえ、重大事態発生の判断が適切になされない場合に執りうる方策を用意する必要がある。

6 解決策

以下、本法の改正による解決策を提案したい。

第一に、ガイドライン及び基本方針が規定しているように、重大事態の発生に係る被害児童生徒又はその保護者からの申立てにより、重大事態が発生したものとして取り扱わなければならないことを本法の改正により明文化すべきである。

前述のように、かかる申立てが本法28条1項各号の「疑い」を生じさせることについては異論もあるところ、法改正により、かかる申立てが本法28条1項各号の「疑い」を生じさせることが法律上も明確となって、学校又は学校の設置者等が重大事態発生の判断をより適切に行うことができるようになる。

第二に、重大事態が発生したと判断すべき場面であるにもかかわらず、学校も学校の設置者も重大事態の発生を認めない場合に、被害児童生徒又

はその保護者の申立てによって、学校及び学校の設置者以外の機関が迅速に重大事態発生の判断を行う方途を本法の改正により用意すべきである。

　ここで問題となるのは、以下なる機関が判断を行うのにふさわしいかである。

　まず考えられる選択肢は、地方公共団体の長である[14]。

　しかし、前述の通り、地教行法は、生徒指導に含まれるいじめへの対応について教育委員会が管理執行する権限を有するとしており（同法21条5号）、地方公共団体の長には管理執行の権限がない。それゆえ、現行の地教行法を前提とする限り、地方公共団体の長に重大事態の判断をなさしめることはできない。

　また、地方公共団体の長は、教育委員会と親密であることが多く、適切な判断をなすことが必ずしも期待できず、その点でも不適当である。

　次に考えられる選択肢は、都道府県教育委員会である。

　しかし、市町村立学校における事案について、管理執行する権限を有するのは、当該市町村の教育委員会であり（地教行法21条柱書）、都道府県教育委員会に管理執行する権限はない。それゆえ、ここでもまた、現行の地教行法を前提とする限り、都道府県教育委員会に重大事態の判断をなさしめることはできない。

　次に考えられる選択肢は、文部科学省である。

　しかし、市町村立学校における事案及び都道府県立学校における事案について、管理執行する権限を有するのは、それぞれ当該市町村の教育委員会及び当該都道府県の教育委員会であり（地教行法21条柱書）、文部科学省に管理執行する権限はない。それゆえ、ここでもまた、現行の地教行法を前提とする限り、文部科学省に重大事態の判断をなさしめることはできない。

　これらの理は、上記の各機関であれ、その他の行政機関が第三者機関を設置しても変わりがない。地教行法が行政機関における教育に関する事務についての権限の配分を定めている以上、当該教育委員会以外の他の行政

14）　加茂川19頁は、地教行法等の改正を含めて提案する。

機関が重大事態の判断を行うことは許されない。

　そこで、重大事態発生の判断を行う学校及び学校の設置者以外の機関として、裁判所、具体的には家庭裁判所を提案したい[15]。裁判所であれば、行政機関ではないから、地教行法の制約を受けることがない上、後述する様々な問題もあわせて解決できるためである。詳細については、第4章で示すこととしたい。

15)　永田(a)228頁。

第2節　調査組織の公平性・中立性

1　関連規定

　本法は、同法28条1項の調査や調査組織に求められる性格について、何ら規定していない。

　ガイドラインは、その第4第1項[16]において、以下のように、重大事態の調査組織について、公平性・中立性が確保された組織が客観的な事実認定を行うことができるよう構成することを求めている。また、そのために、同項は、弁護士、精神科医、学識経験者、心理・福祉の専門家等の専門的知識及び経験を有するものであって、当該いじめの事案の関係者と直接の人間関係又は特別の利害関係を有しない者（第三者）について、職能団体や大学、学会からの推薦等により参加を図るよう努めることを求めている。

> ガイドライン第4　調査組織の設置
>
> （調査組織の構成）
> ○　調査組織については、公平性・中立性が確保された組織が客観的な事実認定を行うことができるよう構成すること。このため、弁護士、精神科医、学識経験者、心理・福祉の専門家等の専門的知識及び経験を有するものであって、当該いじめの事案の関係者と直接の人間関係又は特別の利害関係を有しない者（第三者）について、職能団体や大学、学会からの推薦等により参加を図るよう努めるものとする。

　かかる内容は、基本方針第2の4（1）ⅰ）④第2段落[17]、自殺事案に関して、同第2の4（1）ⅰ）⑤イ（自殺の背景調査における留意事項）第2段落第5項[18]においても規定されている。また、基本方針第2の4（1）ⅰ）④第4段落[19]は、調査の公平性・中立性を確保する観点からの配慮に努めるよう求めている。

---

16)　規定の詳細な解説として、永田(u)119頁以下。

17)　「この組織の構成については、弁護士や精神科医、学識経験者、心理や福祉の専門家であるスクールカウンセラー・スクールソーシャルワーカー等の専門的知識及び経験を有する者であって、当該いじめ事案の関係者と直接の人間関係又は特別の利害関係を有しない者（第三者）について、職能団体や大学、学会からの推薦等により参加を図ることにより、当該調査の公平性・中立性を確保するよう努めることが求められる。」

第 3 章　課題及び解決策

このように、ガイドライン及び基本方針において、調査及び調査組織に公平性・中立性が求められているのは、調査及び調査組織に公平性・中立性が窺われないようでは、被害児童生徒等や加害児童生徒等をはじめとする関係者と信頼関係を構築できず、十全な調査をなしえないばかりか、その調査結果にも説得力がなくなってしまいかねないためである[20]。そして、その結果、重大事態への対処も、同種の事態の発生の防止も適切に図ることができなくなってしまう。

それゆえ、第三者、すなわち、直接の人間関係や特別の利害関係の意味や範囲を考えるに当たっては、公平性・中立性を確保することはもちろん、公平性・中立性に対する疑念が生じないようにすること（廉潔性）も求められる[21]。人間は、一夜十起であることを避けられないからである。

2　実務上の問題

調査組織の公平性・中立性は、調査においてしばしば問題とされてきた。

第一に、職能団体等からの推薦によって第三者性が必ず確保されるわけではないため、推薦された者が第三者と言えないことも少なくない。

例えば、Ａ県の政令指定都市でないＢ市の市立中学校で発生した重大事態の調査において、過去にＡ県の公立学校で教員として勤務していた大学教員は、第三者とは言えない。Ａ県の公立学校で勤務する教職員は、Ａ県

---

18)　「○　調査を行う組織については、弁護士や精神科医、学識経験者、心理や福祉の専門家であるスクールカウンセラー・スクールソーシャルワーカー等の専門的知識及び経験を有する者であって、当該いじめ事案の関係者と直接の人間関係又は特別の利害関係を有する者ではない者（第三者）について、職能団体や大学、学会からの推薦等により参加を図ることにより、当該調査の公平性・中立性を確保するよう努める。」

19)　「なお、この場合、調査を行うための組織の構成員に、調査対象となるいじめ事案の関係者と直接の人間関係又は特別の利害関係を有する者がいる場合には、その者を除いた構成員で調査に当たる等、当該調査の公平性・中立性確保の観点からの配慮に努めることが求められる。」

20)　永田(u)121頁。

21)　永田(u)126頁。

教育委員会の所属であり、県費負担教員として、その給与は市町村ではなく、当該市町村が属する都道府県が負担し（市町村立学校職員法１条、２条）、その任免権は、当該市町村が属する都道府県が有している（地教行法37条１項。21条３号参照）。それゆえ、この大学教員は、Ａ県Ｂ市立中学校の教職員と同じＡ県教育委員会の所属であったこととなり、直接の人間関係があると言えるため、第三者とは言えない[22]。

　第二に、常設の第三者委員会の場合、重大事態の発生前、すなわち調査開始前から学校の設置者と契約関係があるから、直接の人間関係及び特別の利害関係があり、第三者とは言えない[23]。近時、設置が増加している常設の第三者委員会には、この点で重大な問題があり、適切ではない。

　第三に、第三者委員会の事務局が学校の設置者に置かれることも公平性・中立性を害する[24]。

　第三者委員会が教育委員会の対応についても調査対象としており、第三者委員会の事務局が教育委員会に置かれていることが多いところ、第三者委員会からその議事内容を教育委員会に伝えることのないよう申し入れていたにもかかわらず、議事内容が事務局から教育委員会に漏れていた事案も発生している[25]。

　また、大分市立中学校において発生した重大事態の再調査（本法30条２項）においては、被害生徒の保護者が作成し、大分市教育委員会が設置した第三者委員会へ提出されていた学校及び同市教育委員会に不利益な証拠（全体の４割）が証拠を保管していた同教育委員会から再調査を実施する調査組織へ引き渡されなかったという事案も発生している[26]。本件について、

22）　永田(u)127-129頁。小西191頁も同旨。
23）　永田(u)161-162頁。週刊教育資料(a)14頁も、この点の問題意識を示していた。
24）　永田(u)155-157頁。
25）　井上ほか21頁［渡邊徹発言］。
26）　調査に関係する約100項目の資料のうち、悪口を含むいじめ及び被害生徒の体調不良等を母親がまとめた時系列表、学校が大分市教育委員会に提出した報告書に悪口のことが記載されていない点等を母親が訂正するよう求めた文書、第三者委員会の母親の聴取記録の一部等約40項目が再調査を実施する調査組織へ渡されていなかった（毎日新聞25面）。

大分市教育委員会は、過失であると主張するが、被害生徒の保護者が故意であったのではないかと疑う[27]のもやむを得ないことであろう。

第四に、調査時に第三者であっても、調査結果の取りまとめ後に当該学校の設置者と契約関係になると、論功行賞のように見えてしまう。例えば、第三者委員会の委員を務めた専門職が調査結果を取りまとめた後に第三者委員会を設置した教育委員会のスクールカウンセラー、スクールソーシャルワーカー又はスクールロイヤーとなる場合である。論功行賞のように見えてしまうことを防ぐために、専門職が当該教育委員会と調査後であっても契約関係にならないようにすることは、当該専門職の仕事の幅を狭めることにつながりかねないという問題も生じさせる。

3 解決策の必要性

調査組織に公平性・中立性がなかったり、それらに疑念が生じたりすることは、被害児童生徒等、さらには加害児童生徒等に「第三者委員会のはずなのに学校・教育委員会側に立っている」等の疑念を抱かせ、不信感を高めることにつながりやすいから、それらの関係者と調査組織の関係が悪化する最大の原因の1つである。

後述のように、ガイドラインは、その第5第6項[28]、第7項[29]において、調査開始前に所定の事項を説明し、被害児童生徒等から要望を、加害児童生徒等から意見を聴くことを求めており、それらを参考に調査事項等を決めることが想定されている。

それゆえ、被害児童生徒等及び加害児童生徒等と調査組織の関係が悪化すると、調査組織は、調査すべき事項を把握できなかったり、証拠を提出してもらえなかったり、聴き取りにも協力してもらえなくなったりすることにより、十全な調査をなし得なくなって、調査不尽に陥りやすい。

この解決策として、被害児童生徒等から推薦された者を調査組織の委員

---

27) 毎日新聞25面。
28) 規定の詳細な解説として、永田(u)188頁以下。
29) 規定の詳細な解説として、永田(u)220頁以下。

として加えるべきとの見解がなお有力である[30]。しかし、被害児童生徒等から推薦された者を調査組織の委員として加えれば、その者については、「被害児童生徒側の人」であるから、公平性・中立性を欠くと言わざるを得ない[31]。それゆえ、被害児童生徒等から推薦された者を調査組織の委員として加えることは、公平性・中立性の観点から許されないと考えるべきである。

それゆえ、調査組織の公平性・中立性を確保する方策を別途用意する必要がある。

4 解決策

以下、本法の改正による解決策を提案したい。

第一に、調査組織の委員には公平性・中立性が必要であること、さらに、公平性・中立性を疑わせるような事情があってはならないこと（廉潔性）を本法の改正により明文化すべきである。ここでは、廉潔性の確保のために、公平性・中立性を疑わせるような事情があってはならないというところまで明文化することが公平性・中立性に関する争いをなくすために必要

---

30)　石坂ほか編著271頁、阿部109頁、石田(a)3頁、石田(b)106頁。鈴木63頁も前提となっているとする。第二東京弁護士会編103頁、井上ほか18頁[橋本洋祐発言]参照。坂田編集代表323頁[川義郎ほか]は、公平性・中立性の観点から、調査組織としてのバランスを失しない範囲、例えば1、2名程度であれば、構成員として追加することも考えられるとする。

31)　永田(u)123-124頁。井上ほか19頁[渡邊徹発言]も、加害児童生徒等との関係で公平性・中立性の問題が生じることを指摘する。高島117-118頁も、公平性・中立性の問題を指摘する。

　　一方、横山27-28頁は、学校の設置者等と被害児童生徒等との間で公平性・中立性に疑義が生じない場合は、職能団体等からの推薦等の手続にこだわることなく、双方の合意により選定することで十分とする。また、細川ほか192頁は、被害児童生徒遺族と学校の設置者が調査組織の構成員の候補者をそれぞれ推薦し、被推薦者を調査組織の構成員として選任する方式を選択肢として挙げ、「遺族側推薦だから」、「設置者側推薦だから」という理由だけで、公平性・中立性が害されるということはないとする。しかし、これらの方式では、加害児童生徒等や他の児童生徒、さらには関係教職員から見て、公平性・中立性が保てない可能性が高く、職能団体等に依頼して推薦を受けるべきである。

である。

第二に、職能団体等からの推薦に当たっては、重大事態が発生した学校の属する都道府県とは無関係の者を推薦してもらうことを本法の改正により明文化すべきである。

大津市立中学校で発生したいじめ自死事案の第三者委員会の委員を務めた尾木直樹名誉教授も、重大事態が発生した学校と同じ都道府県内から委員を選任すると関係者と何らかの繋がりが出てきてしまい、完全に客観的な調査ができないことを指摘し、当該都道府県外のしがらみのない委員を選任する必要性を強調する[32]。

他の都道府県の者を委員に選任すれば、直ちに第三者性が確保されるわけではないものの[33]、同じ都道府県の者を委員に選任するよりも第三者性が確保される可能性が格段に高まり、委員の第三者性に関する争いが生じる可能性は大きく低下するから、有益である[34]。

学校及び教育委員会に有利な委員を揃えることを狙ってか、同一市町村の者で委員を選任しようとすることに固執する市町村の教育委員会さえ少なくないことを考えると、他の都道府県の者を委員に選任する意義は大きい。

この改正が実現した場合、学校又は学校の設置者は、他の都道府県の職能団体又は職能団体の全国団体に推薦を依頼することとなろう。

この解決策に対しては、①委員が他の都道府県から移動しなければならないため、学校の設置者が負担する交通費及び宿泊費が嵩むのではないか[35]、②移動時間が長いために、委員の負担が大きいのではないか、③重大事態が発生した学校及び学校の設置者が交通の便がよくない場所にある場合、委員を推薦してもらいにくいのではないか等の疑問が呈されよう。

まず、①交通費及び宿泊費については、調査組織の公平性・中立性を確保するために必要な費用である。そもそも、重大事態の調査にある程度費

---

32)　文春149-150頁。
33)　勝井ほか8頁［小野田正利発言］も同旨と思われる。
34)　永田(u)143-144頁。
35)　堤9頁は、遠方からの委員の招聘に交通費等の費用が掛かることを指摘していた。

69

用を要することはやむを得ない。むしろ、調査組織の公平性・中立性を確保して十全な調査を行い、重大事態への対処及び同種の事態の発生の防止を適切に図ることができれば、その費用に十分見合うと言えよう。また、第三者でない者が調査に関与したために再調査（法29条2項、30条2項、30条の2、31条2項、32条2項、5項）を実施することとなれば、余計な費用及び時間を要することとなってしまうところ、その費用及び時間を支出せずに済む。さらに、調査組織の公平性・中立性を確保できずに十全な調査を実施することができなかったことによって、重大事態への対処等が適切に図られなければ、被害児童生徒又はその保護者が民事訴訟を提起する可能性が高まるところ[36]、その可能性を低くすることができる。

　とは言え、小規模な地方公共団体にとって、交通費及び宿泊費の負担が過度に重くなることは避けるべきであろう。そのため、これらの費用については国庫負担とすべきである。

　次に、②委員の負担に対しては、オンライン会議システムの活用により、移動の負担を減らすことが検討されるべきである。調査対象者の様子や雰囲気等の全てを把握し難いため、調査対象者からの希望がない限りはその聴き取りをオンライン会議システムで行うことは避けるべきであろうが、委員間の打ち合わせ等については、オンライン会議システムを利用できる場面も一定程度あろう。

---

36)　重大事態が発生した場合、学校又は学校の設置者の不適切な対応によって、被害児童生徒は大きな損害を被っていることが多いから、本来、学校の設置者から被害児童生徒に対して損害賠償がなされるべきである。もっとも、訴訟によらずに学校の設置者から被害児童生徒に対して損害賠償がなされることはまずなく、被害児童生徒等は訴訟によって損害賠償を求めるほかない。しかし、訴訟を提起し、維持することは被害児童生徒等にとって、弁護士費用の面でも、書面の準備のための時間及び労力の面でも、学校の設置者の主張に相対しなければならないという心理の面でも、負担が大きい。しかも、前述の通り、学校の設置者に法的責任が認められるハードルは高く、法的責任が認められたとしてもその賠償額は微々たるものであることが多い。十全な調査によって重大事態への対処が適切に図られた場合、こうした状況があることを踏まえて、負担が大きい一方で実りが小さい訴訟の提起を行わない形で「折り合いを付ける」被害児童生徒等は少なくないように思われる。

また、負担に見合った適切な報酬を用意することが必要不可欠である。平成30年（2018年）に日本弁護士連合会が公表した「いじめの重大事態の調査に係る第三者委員会委員等の推薦依頼ガイドライン」も、適正な報酬と費用弁償を求めている[37]。

委員の報酬は、日当として規定されているのが通例であるところ[38]、1日当たり1万円程度と専門職に対するものとしては極めて低廉であり、奉仕活動の要素が強い[39]。しかも、通常、報告書の作成には、報酬が支払われない[40]。

調査の担い手として適切な能力を有する専門職に協力を得るためには、報告書の作成も含めて1時間当たり少なくとも5万円以上のタイムチャージで報酬を支払うべきである[41]。

そして、③重大事態が発生した学校及び学校の設置者が交通の便がよくない場所にある場合、新幹線及び特急並びに飛行機等を利用してもらうことで移動時間を減らすべきである。交通費及び宿泊費並びに報酬を適切に支払うことで委員の推薦が適切になされるよう努めるべきである。

第三に、第三者委員会の事務局は学校の設置者に置いてはならず、学校の設置者の顧問弁護士以外の法律事務所に委託しなければならないことを本法の改正により明文化すべきである。

---

37) 日弁連9-12頁。

38) 一方、大阪市では、令和3年（2021年）4月の改正により、委員の報酬は時間額9,800円、専門委員の報酬は時間額8,300円とされた（大阪市特別職非常勤職員報酬条例2条2項及び大阪市特別職非常勤職員報酬条例施行規則2条2項4号、5号）。それ以前は、委員の報酬は日額19,500円、専門委員の報酬は日額16,500円とされていた（橋本54頁）。

39) 瀬戸137-138頁。勝井ほか15頁［小野田正利発言］、石坂ほか編著253、272頁も同様の指摘をする。

40) 瀬戸138頁。一方、大阪市では、第三者委員会の会議への出席及び聴き取り調査の実施のみならず、資料の検討及び報告書案の作成等の調査のために必要な業務の全てについて報酬の支給対象としている（橋本54頁、井上ほか29頁［橋本洋祐発言］）。

41) 永田(u)159-160頁。

第3節　調査組織の専門性

1　関連規定

　本法は、同法28条1項の調査や調査組織に求められる専門性について、何ら規定していない。

　ガイドラインは、その第4第1項[42]において、先に紹介したように、弁護士、精神科医、学識経験者、心理・福祉の専門家等の専門的知識及び経験を有するものであって、当該いじめの事案の関係者と直接の人間関係又は特別の利害関係を有しない者（第三者）について、職能団体や大学、学会からの推薦等により参加を図るよう努めることを求めている。

　また、ガイドラインは、その第5第6項②[43]第1段落第2文において、「必要に応じて、職能団体からも、専門性と公平・中立性が担保された人物であることの推薦理由を提出してもらうこと」としている。

　これらの規定を受けて、実務上、弁護士、精神科医、大学教員等の学識経験者、公認心理師や臨床心理士等の心理の専門家、社会福祉士等の福祉の専門家が第三者の委員として選任されることが多い。また、教育現場での事象であることから、教育の専門家も委員として加えられることがあるところ、専門的な調査実施の観点から望ましいと考えられる。

　もっとも、委員は、これらの資格を有していればよいというわけではなく、いじめ事案の事実認定、分析、提言を専門的見地から適正に行う専門的能力を有することが求められる[44]。

　そのためには、いじめに関する法制度や、児童生徒の発達や人間関係に精通した者でなければならず[45]、子どもの権利擁護、被害児童生徒等の心情や立場等についての見識を有する者が委員となる必要がある[46]。その判

---

42)　規定の詳細な解説として、永田(u)119頁以下。

43)　規定の詳細な解説として、永田(u)198頁以下。

44)　永田(u)145-148頁。委員には遵法性も求められる（永田(u)148-149頁）。

45)　このような流れができ上がりつつあることを指摘するものとして、小野田(a)5頁。

46)　小西192頁。渡部117-118頁は、子どもの権利について誠実に考察してきた専門職のみが適格性を有すると指摘する。

断の重要な材料が当該委員の研究業績である[47]。

2　実務上の問題

しかしながら、職能団体等から推薦された者であっても、すなわち一定の資格を有する者であっても、いじめ調査のための専門性があるとは言えない者もしばしば存在する。

第一に、様々な法規範、具体的には、第１章において紹介した基本方針（本法11条）、地方いじめ防止基本方針（同法12条）、学校いじめ防止基本方針（同法13条）、背景調査の指針、不登校重大事態調査指針及びガイドライン等のほか、個人情報保護法等の存在を知らなかったり、十分に理解していなかったりする委員も存在する[48]。

その結果、本法の「いじめ」の定義（同法２条１項）すら理解していないために、その定義に本法にはない独自の要件を付加することにより、いじめを認定しようとしない例も発生している[49]。また、全国的な関心を集めた事案において、本法２条１項の「いじめ」の定義を敢えて採用せず、広辞苑の「いじめ」の定義を採用して、本法の「いじめ」に該当するはずの行為を「いじめ」ではないとあからさまに無理な評価をする例まで現れている[50]。さらに、ガイドライン等の調査手続を理解していないために、被害児童生徒等からガイドライン等に則った手続を履践するよう求められても、これを不当な要求であると誤解して、拒絶する例も少なからず発生している[51]。

第二に、既に知見が十分に蓄積しているにもかかわらず[52]、いじめの構造、被害児童生徒の心理又は被害児童生徒に与える影響について理解していない委員が存在する[53]。

---

47)　石田(a)４頁は、当該委員が研究業績を積み重ねているかをチェックする必要性を指摘する。
48)　永田(u)147頁。
49)　永田(u)147頁。
50)　旭川市(a)81頁以下。
51)　永田(u)147頁。

73

その結果、事実関係の明確化及び事実に対する評価が適切に行われなかったり、重大事態への対処について適切な提案がなされなかったりして、十全な調査がなされない事例が少なからず発生している[54]。

　第三に、加害児童生徒の背景に何らかの「生きづらさ」がありうること[55]又はその「生きづらさ」に対する支援の必要性[56]若しくは方法について理解していない委員が存在する[57]。

　その結果、事案の全体像を把握し損なって事実関係の明確化及び事実に対する評価が適切に行われなかったり、重大事態への対処について適切な提案がなされなかったりして、十全な調査がなされない事例がしばしば発生している[58]。

　加害児童生徒に対する支援の方法については、我が国では、「科学」を標榜する論者にあっても、「指導」を行うという議論に終始している状況であるため[59]、ここで詳しく紹介することとしたい。

　そもそも、加害児童生徒等は、認知の歪みにより、「被害児童生徒に非

---

52)　例えば、いじめの構造、被害児童生徒の心理及び被害児童生徒に与える影響について、精神医学の大家である中井久夫博士の研究がある。（中井(a)、中井(b)）。また、被害児童生徒に与える影響について、滝沢龍博士の研究がある（Takizawa(a)、滝沢(b)、滝沢(c)）。

53)　永田(u)148頁。

54)　永田(u)147頁。

55)　桝屋ほか229頁は、加害児童生徒が深刻ないじめ加害を惹起（じゃっき）する場合、その背景として心理的又は社会的な因子を有することが多いことを指摘する。これらの「生きづらさ」は、具体的には、①加害児童生徒がいじめや犯罪被害、保護者等からの虐待やマルトリートメント（不適切な養育）を受けたこと、②発達や心理等の面に課題を抱えており、社会不適応を起こしていること、③保護者をはじめとする家族の離婚、失業、経済的な苦境等により、家族関係や家庭環境等において、厳しい状況に置かれていること等が考えられる（桝屋ほか234頁）。

56)　和久田38-42、99-108、198-199頁は、いじめ行動のモデルが加害児童生徒の身近に現在又は過去に存在する可能性を指摘し、その支援の必要性を強調する。枡屋136頁は、重大な被害が発生したいじめ事案の加害児童生徒等に心理支援が必要であることが多いとする。

57)　永田(u)147頁。

58)　永田(u)147頁。

59)　例えば、和久田38-41、197-199頁。

があったから、被害児童生徒をいじめたのだ」、「被害児童生徒が登校しないのは、被害児童生徒やその保護者が悪いからだ」等のように責任転嫁をしたり、「被害児童生徒がいじめ被害を訴えているが、もう終わった話であり、いつまでも騒ぐような話ではない」、「被害児童生徒はいじめ被害をもう忘れているだろう」等のように矮 小 化したりして、いじめ行為により被害児童生徒を支配して「支配—被支配」の上下関係を構築したことを正当化することが少なくない。加害児童生徒のみならず、加害児童生徒の保護者がそのような傾向をより強く有しており、学校の設置者等が対応に苦慮することもしばしばあろう。

　このように認知の歪みがあり、それがいじめに結び付いている場合、まず行うべきは、認知行動療法（cognitive behavioral treatment）[60]である。一般に教育現場で想定されている「指導」では、認知の歪みは軽減されない。認知行動療法は、認知の歪みを抱えることが多い犯罪者や非行少年に対する処遇において世界的に広く支持されてきたRNRモデル（risk-need-responsivity model）[61]において、一般的に有効であるとされてきた[62]。認知の歪みを抱えることが多く、加害行為をなした点で犯罪者や非行少年と共通項を有するいじめの加害児童生徒に対しても、一般的に認知行動療法が有効であろう[63]。

　認知行動療法は、スクールカウンセラーでは、適切に行うことが難しいことも多いであろうから、スクールソーシャルワーカーが専門機関との連携を調整する等して、加害児童生徒の適切な治療につなげていく必要がある。具体的には、児童相談所のほか、非行少年に対する専門的な処遇の経験を有する法務教官及び法務技官が配属されていることから、少年鑑別所

60）　その実践についての代表的な書籍として、ベックがある。
61）　Andrews(a)によって1990年に確立され、Andrews(b)等によって発展させられたモデルである。リスク原則（risk principle）、ニード原則（need principle）及び応答性原則（resposivity principle）を中核とする（Andrews (a), at 20, 23-44）。応答性原則は、一般応答性（general responsivity）と特別応答性（special responsivity）からなり、認知行動療法が有効であるとされる（Andrews (b), at 738）。

に設置された法務少年支援センター[64]等の協力を得るべきである[65]。

　認知行動療法を通じて、加害児童生徒の認知の歪みが軽減され、「自分が被害児童生徒をいじめたことは、被害児童生徒を傷付けた許されない行為だったのだ」という気付きを得ることが期待される。

---

62)　近時、その者の持つ強みを活かそうとするストレングスモデル（strength model）と親和的な GL モデル（good lives model）が有力化し、RNR モデルとの対立が激しくなっている。簡潔に紹介したものとして、武内ほか210-211頁。RNR モデルからの反論として、Andrews (b), at 741-751. もっとも、認知行動療法の有効性について否定されているわけではなく、RNR モデルのように処遇を受ける犯罪者や非行少年を処遇の客体と位置付けるか、GL モデルのように処遇における犯罪者や非行少年の主体性を重視するかという点で両者は主に対立している（武内ほか211頁）。

　社会福祉の場面では、ストレングスモデルを採りやすいのに対して、犯罪や非行の場面では、犯罪者や非行少年によって被害が生じていることが多いから、それらの者の問題性を軽減する必要性が大きい。そのため、犯罪者や非行少年の問題性への介入に積極的ではない GL モデルには首肯し難い。

　いじめの場面においても、同様に、加害児童生徒によって被害児童生徒に被害が生じ、加害児童生徒の問題性を軽減する必要性が大きい。それゆえ、GL モデルやストレングスモデルのように加害児童生徒の強みを活かすことに主眼を置くことは許されず、加害児童生徒の問題性を軽減する取り組みが優先されなければならないと考えるべきである。

63)　永田(u)404-406頁。

64)　少年鑑別所法131条に基づき設置されているものである。

65)　永田(u)406頁。ガイドラインが「加害児童生徒」という表現を用いているにもかかわらず、「加害児童生徒」をそのように呼ぶことについてすら強く反発する教員や教育委員会の職員が少なくないことからすれば、加害児童生徒への「指導」に当たって、刑事司法機関の協力を得ることはそれ以上に反発を受ける可能性が大きい。しかし、教育現場は、何ら理論的に根拠のない安っぽい人間理解に基づいて、茶番劇としか言いようがない「謝罪の会」や一方的な叱責をはじめとする効果に乏しかったり、逆に有害であったりする「指導」に満足して、これらを長年にわたって繰り返し、有効な「指導」の方法を確立することができなかった。このような状況にあっては、犯罪者や非行少年に対する処遇の経験を有しており、エヴィデンスに基づいた（evidence-based）方法である認知行動療法を行うことができる刑事司法機関に協力を仰ぐほかないだろう（同406頁）。

第3章　課題及び解決策

3　解決策の必要性

　これまで見てきた通り、調査組織の専門性は、調査組織の公平性・中立性の問題以上に調査に与える影響が深刻であることが少なくない。また、調査組織の委員に専門性がないために、公平性・中立性を明らかに欠く言動をしてしまうこともあろう。

　調査組織に専門性がなかったり、それらに疑念が生じたりすることは、被害児童生徒等、さらには加害児童生徒等に「この人たちできちんとした調査をできるのだろうか」等の疑念を抱かせ、不信感を高めることにつながりやすいから、それらの関係者と調査組織の関係が悪化する大きな原因の１つである。

　調査組織の公平性・中立性に問題がある際と同様に、被害児童生徒等及び加害児童生徒等と調査組織の関係が悪化すると、調査組織は、調査すべき事項を把握できなかったり、証拠を提出してもらえなかったり、聴き取りにも協力してもらえなくなったりすることにより、十全な調査をなし得なくなって、調査不尽に陥りやすい。

　それゆえ、調査組織の専門性を確保する方策を用意する必要がある。

4　解決策

　以下、本法の改正による解決策を提案したい。

　第一に、調査組織の委員には専門性が必要であることを本法の改正により明文化すべきである。

　第二に、調査組織の委員は、各専門分野から複数選任することを本法の改正により明文化すべきである。

　これにより、専門を同じくする委員が複数いることにより、専門的な判断を１名の委員に依存せずに済み、複数人によるチェックが可能となる[66]。

　第三に、試験等を通じていじめ調査のための特別の資格の認定を行い、当該資格を有する者でなければ調査組織の委員となることができないこと

---

66)　山岸49頁。また、同じ専門性を持つ者同士のやり取りが調査組織全体での議論を活発にし、専門を異にする者同士の有機的な検討をも促進させるとされる。

77

を本法の改正により明文化すべきである。

　これにより、調査組織の委員の専門性を確保することが可能となる。

第3章　課題及び解決策

第4節　調査手続

1　関連規定及び裁判例

　本法は、同法28条１項の調査手続について、何ら規定していない。また、本法には、施行規則や施行令がなく、これらによることはできない。

　前述の通り、第三者委員会が基本方針及びガイドラインに違反してもかまわないとする反社会的な判断を行った裁判例があるものの（第２章第３節参照）、調査手続における最低基準として基本方針及びガイドライン等の法規範を遵守しなければならないと考えるべきである。

　調査手続のうち、とりわけ重要であるのは、ガイドラインが第５第６項[67]において規定する説明事項の説明である。ガイドラインは、以下のように、調査実施前に学校、学校の設置者又は調査組織が被害児童生徒等及び加害児童生徒等に対して６つの事項について説明することを求めている。説明が求められるのは、具体的には、①調査の目的・目標、②調査主体（組織の構成、人選）、③調査時期及び期間（スケジュール、定期報告）、④調査事項（いじめの事実関係、学校の設置者及び学校の対応等）及び調査対象者（聴き取り等をする児童生徒・教職員の範囲）、⑤調査方法（アンケート調査の様式、聴き取りの方法、手順）、⑥調査結果の提供（被害者側、加害者側に対する提供等）である。

ガイドライン第5　被害児童生徒・保護者等に対する調査方針の説明等

（説明事項）
○　調査実施前に、被害児童生徒・保護者に対して以下の①～⑥の事項について説明すること。説明を行う主体は、学校の設置者及び学校が行う場合と、第三者調査委員会等の調査組織が行う場合が考えられるが、状況に応じて適切に主体を判断すること。
　①調査の目的・目標
　　　重大事態の調査は、民事・刑事上の責任追及やその他の争訟等への対応を直接の目的とするものではなく、学校の設置者及び学校が事実に向き合うことで、事案の全容解明、当該事態への対処や、同種の事態の発生防止を図るものであることを説明すること。

---

67)　規定の詳細な解説として、永田(u)188頁以下。

②調査主体（組織の構成、人選）

　　被害児童生徒・保護者に対して、調査組織の構成について説明すること。調査組織の人選については、職能団体からの推薦を受けて選出したものであることなど、公平性・中立性が担保されていることを説明すること。必要に応じて、職能団体からも、専門性と公平・中立性が担保された人物であることの推薦理由を提出してもらうこと。

　　説明を行う中で、被害児童生徒・保護者から構成員の職種や職能団体について要望があり、構成員の中立性・公平性・専門性の確保の観点から、必要と認められる場合は、学校の設置者及び学校は調整を行う。

③調査時期・期間（スケジュール、定期報告）

　　被害児童生徒・保護者に対して、調査を開始する時期や調査結果が出るまでにどのくらいの期間が必要となるのかについて、目途を示すこと。

　　調査の進捗状況について、定期的に及び適時のタイミングで経過報告を行うことについて、予め被害児童生徒・保護者に対して説明すること。

④調査事項（いじめの事実関係、学校の設置者及び学校の対応等）・調査対象（聴き取り等をする児童生徒・教職員の範囲）

　　予め、重大事態の調査において、どのような事項（いじめの事実関係、学校の設置者及び学校の対応等）を、どのような対象（聴き取り等をする児童生徒・教職員の範囲）に調査するのかについて、被害児童生徒・保護者に対して説明すること。その際、被害児童生徒・保護者が調査を求める事項等を詳しく聞き取ること。重大事態の調査において、調査事項等に漏れがあった場合、地方公共団体の長等による再調査を実施しなければならない場合があることに留意する必要がある。

　　なお、第三者調査委員会が調査事項や調査対象を主体的に決定する場合は、その方向性が明らかとなった段階で、適切に説明を行うこと。

⑤調査方法（アンケート調査の様式、聴き取りの方法、手順）

　　重大事態の調査において使用するアンケート調査の様式、聴き取りの方法、手順を、被害児童生徒・保護者に対して説明すること。説明した際、被害児童生徒・保護者から調査方法について要望があった場合は、可能な限り、調査の方法に反映すること。

⑥調査結果の提供（被害者側、加害者側に対する提供等）

・　調査結果（調査の過程において把握した情報を含む。以下同じ。）の提供について、被害児童生徒・保護者に対して、どのような内容を提供するのか、予め説明を行うこと。

・　被害児童生徒・保護者に対し、予め、個別の情報の提供については、各地方公共団体の個人情報保護条例等に従って行うことを説明しておくこと。

・　被害児童生徒・保護者に対して、アンケート調査等の結果、調査票の原本の扱いについて、予め、情報提供の方法を説明すること。アンケートで得られた情報の提供は、個人名や筆跡等の個人が識別できる情報を保護する（例

えば、個人名は伏せ、筆跡はタイピングし直すなど）等の配慮の上で行う方法を採ること、又は一定の条件の下で調査票の原本を情報提供する方法を採ることを、予め説明すること。
- ・　調査票を含む調査に係る文書の保存について、学校の設置者等の文書管理規則に基づき行うことを触れながら、文書の保存期間を説明すること。
- ・　加害者に対する調査結果の説明の方法について、可能な限り、予め、被害児童生徒・保護者の同意を得ておくこと。
○　調査を実施するに当たり、上記①～⑥までの事項について、加害児童生徒及びその保護者に対しても説明を行うこと。その際、加害児童生徒及びその保護者からも、調査に関する意見を適切に聞き取ること。

　このように、調査開始前の説明に当たって、学校、学校の設置者又は調査組織は、上記の事項について被害児童生徒等に説明するだけでなく、その内容について被害児童生徒等及び加害児童生徒等とやり取りし、どのように調査を進めるかについて同人らと協議しなければならない[68]。重大事態の調査においては、裁判とは異なって、訴状及び起訴状があるわけではなく、調査組織は、どのような事項を調査すればよいのか調査開始段階で把握できていないから、こうした説明及び協議を通じて、被害児童生徒等及び加害児童生徒等とともに調査を作り上げ、調査を十全なものとしなければならない[69]。

　この意味で、本項の言う「説明」は、被害児童生徒等及び加害児童生徒等との協議を内包しており、説明と協議を一体として指すと理解すべきである[70]。言い換えれば、学校、学校の設置者又は調査組織が調査について一方的に説明のみを行い、その方針を被害児童生徒等及び加害児童生徒等に押し付けることは許されない[71]。被害児童生徒等及び加害児童生徒等の意向を十分に聴き取ることは、調査組織の義務である[72]。

---

68)　永田(u)189-190頁。
69)　永田(u)189頁。
70)　永田(u)189頁。
71)　永田(u)189-190頁。

2 実務上の問題

しかしながら、これらの法規範の存在を知らなかったり、内容を十分に理解していなかったりする過失により、学校若しくは学校の設置者又は調査組織がこれらの法規範に違反する例が多発しており、専門性があるはずの第三者委員会においてもしばしば発生している（過失類型）[73]。この原因は、専門的知識の欠如であると考えられる。

また、これらの法規範の存在を知っていて、内容を十分に理解していたにもかかわらず、（1）学校及び学校の設置者が調査組織を設置したことすら、被害児童生徒等に伝えず、ひた隠しにした例[74]や、（2）「法令ではないから守る必要はない」等として、被害児童生徒等からその遵守を求められても、これを拒絶し、これらの法規範を故意に違反する例も生じている（故意類型）[75]。この原因として、①調査組織の委員が「いじめ被害は大した問題ではない」という矮小化又は「いじめられるほうが悪い」という責任転嫁等の認知の歪みを抱えていたり、「支配―被支配」の歪な人間関係を構築したいと考えていたりして、これらの法規範に故意に違反することによって被害児童生徒等に苦痛を与えようと敢えて違反を行った、②調査組織が被害児童生徒等から指摘を受けて過失により違反をしてしまったことに気付いたものの、誤りを認めれば、自らの面子が潰されてしまうとして敢えて違反したまま調査を強行した、③調査組織の委員が本法の法案に反対した政党[76]の支持者であることから、本法をはじめとする関連する法規範に従う意思がなく、敢えて違反を行った等の可能性が考えられる。

---

72) 永田(u)190頁。横山27頁は、被害児童生徒等から意向を十分に聴き取ることについて、義務とも言えるとする。調査組織による調査のあり方に関して参考になるものとして、平成29年（2017年）12月に公表された加古川市いじめ問題対策委員会及び令和2年（2020年）6月に公表された宝塚市いじめ問題再調査委員会がある。

73) 永田(u)192頁。例えば、山口県宇部市における違反について、永田(e)181-184頁。

74) 埼玉県川口市の例について、永田(a)197頁。

75) 永田(u)30-31頁。例えば、埼玉県川口市における違反について、永田(a)197頁。また、大阪高判令5年6月1日公刊物未登載（第2章第3節参照）。

第3章　課題及び解決策

3　解決策の必要性

　調査組織は、学校及び学校の設置者のいじめへの対応が基本方針、地方いじめ防止基本方針、学校いじめ防止基本方針及びガイドライン等の関係する法規範に違反していなかったか調査し、違反があれば指摘しなければならない立場にある。

　にもかかわらず、調査組織自らが調査手続に違反していれば、故意である場合はもちろん、過失によるものであれ、被害児童生徒等、さらには加害児童生徒等に「ルールを守らない人たちでは、きちんと調査して問題点を指摘できないのではないか」等の疑念を抱かせ、不信感を高めることにつながりやすいから、それらの関係者と調査組織の関係が悪化する大きな原因の1つとなる。

　また、仮に調査組織が学校及び学校の設置者の違反を適切に指摘したとしても、自らが調査手続に違反しているようでは説得力を欠くこととなろう。

　調査組織の公平性・中立性又は専門性に問題がある際と同様に、被害児童生徒等及び加害児童生徒等と調査組織の関係が悪化すると、調査組織は、調査すべき事項を把握できなかったり、証拠を提出してもらえなかったり、聴き取りにも協力してもらえなくなったりすることにより、十全な調査をなし得なくなって、調査不尽に陥りやすい。

　それゆえ、調査手続を遵守させるための方策を用意する必要がある。

---

76)　平成25年（2013年）6月19日の衆議院文部科学委員会、同年6月20日の衆
　　議院本会議及び同年6月21日の参議院本会議において、日本共産党及び社会民
　　主党の議員がいずれも反対した。両党の議員が質疑を行った衆議院文部科学委員
　　会においては、日本共産党の宮本岳志議員及び社会民主党の吉川元議員が①いじ
　　めを禁止し、違法とすること（法4条）、②加害児童生徒への懲戒（法25条）、③
　　加害児童生徒への出席停止の適切な運用（法26条）にいずれも反対した（国会会
　　議録10-16頁の宮本岳志議員発言、吉川元議員発言）。

83

4 解決策

以下、本法の改正による解決策を提案したい。

第一に、調査手続を本法の改正により明文化すべきである。

前述の通り、基本方針及びガイドライン等が規定する調査手続に違反する第三者委員会が後を絶たない中、第三者委員会が基本方針及びガイドラインに違反してもかまわないとする反社会的な判断を行った裁判例（第2章第3節）まで登場したことを踏まえれば、調査手続を法律で規定することは喫緊の要請であるためである。

もっとも、基本方針及びガイドライン等が規定する調査手続は、既に詳細なものとなっており、相当の量があって、これを本法で規定すれば、本法の条文の大半が重大事態の調査手続に関するものとなってしまい、本法全体のバランスを大きく変化させることになるから、本法では規定せず、調査手続のみを規定する別の法律を制定することも考えられよう。

第二に、重大事態の調査を行う学校及び学校の設置者以外の機関として、裁判所、具体的には家庭裁判所を提案したい[77]。裁判所であれば、学校及び学校の設置者並びに第三者委員会に比べて、調査手続を遵守して調査を実施することが期待できるためである。詳細については、第4章で示すこととしたい。

---

77) 永田(b)224-225頁、Nagata(d), at 24-26；永田(e)243頁。

第3章 課題及び解決策

第5節 調査に要する期間

1 関連規定

　本法は、同法28条1項の調査について、その結果を取りまとめるまでに要する期間（調査に要する期間）について、何ら規定していない。

　ガイドライン第5第6項③[78]は、調査開始前の説明事項として、先に紹介した通り、③調査時期・期間（スケジュール、定期報告）を挙げ、「被害児童生徒・保護者に対して、調査を開始する時期や調査結果が出るまでにどのくらいの期間が必要となるのかについて、目途を示すこと。」と規定するものの、基本方針及びガイドライン等の法規範も、調査に要する期間について、何ら制約を設けていない。

2 実務上の問題

(1) 調査に要する時間が長いこと

　調査に要する期間は年単位に及ぶことが少なくない。

ア 第1回の会議開催までに時間を要すること

　第三者委員会の場合、調査組織が第1回の会議を開催するまでに少なくとも数か月を要するのが通例である[79]。

　これは、前述の通り、学校又は学校の設置者は、①職能団体等に対して委員としてふさわしい者の推薦を依頼して推薦を得て、②その推薦に基づいて委員の選任を機関決定し、③選任された委員のスケジュールを踏まえて第1回の会議の日程を決定するのにそれぞれ相応の時間を要するからである。

　推薦された委員の第三者性に問題がある場合、再度、職能団体等から推薦を得る必要があるため、さらに時間を要することとなる。

　加えて、公立学校の場合、第三者委員会は、執行機関たる教育委員会の附属機関（地自法202条の3）とされるのが通例であるところ、推薦依頼の

---

78) 規定の詳細な解説として、永田(u)202頁以下。
79) 永田(u)202頁。

85

前に、当該地方公共団体は、当該附属機関の設置に関する条例を制定するとともに（同法138条の4第3項）、委員の報酬等についての予算の承認を議会で得る必要があり（地教行法22条6号参照）、特に前記の条例が制定されていない場合には、その制定のためにさらに時間を要することとなる。

イ　調査に時間を要すること

　第三者委員会の場合、調査に年単位の時間を要することもしばしばある。

　調査結果を取りまとめるまでにどの程度の期間を要するかは、調査組織の会議の頻度によるところが大きい[80]。第三者委員会の場合、調査組織の委員が他に本業を有していて調査に専従するわけではないから、会議は月1回程度のペースで開催されることが多い。

　また、児童生徒への聴き取りは、夏休み等に実施されることが多く、授業期間中の聴き取りが避けられることも少なくない。

　さらに、調査結果を取りまとめた報告書案の作成には数か月の時間を要するのが通例であり、報告書案の確認及び修正にはさらに時間を要する。中には、何を議論していたのか被害児童生徒等にも何ら説明することなく、報告書案の作成、確認及び修正に2年近くの時間を掛けた例もある[81]。

(2)　調査に要する時間が長いために生じる弊害

　調査に要する時間が長いことは、様々な弊害をもたらしている。

　第一に、加害児童生徒及び目撃者を含むその他の児童生徒からの聴き取りは、同人らが卒業してしまうと、協力が得られない事態が生じやすい。

　そうすると、必要な聴き取りが困難となって、調査不尽に陥りやすい。

　第二に、調査結果の取りまとめがなされるまで、重大事態への対処及び同種の事態の発生の防止を図るための基礎となる事実関係の明確化がなされないことから、これらが図られないのが通例である。

　例えば、ガイドラインは、第7第9項[82]及び第9第1項[83]、第2項[84]に

---

80)　永田(u)203頁。
81)　永田(u)203頁。
82)　規定の詳細な解説として、永田(u)401頁以下。

おいて、被害児童生徒への支援及び加害児童生徒等への指導等を規定しているところ、これらは調査結果を踏まえてなされるため、調査結果の取りまとめがなされるまで、実施されないのが通例である[85]。

　そのため、被害児童生徒は、重大事態への対処がなされないまま、すなわち安全安心な学校生活を送るための支援がなされないまま、長い時間を過ごさなければならない。加害児童生徒は、何らの指導も支援もされないまま放置されることとなる[86]。また、学校及び学校の設置者は、同種の事態の発生の防止を図らないまま、すなわち、さらなる被害が発生する可能性を放置したまま、他の児童生徒に学校生活を送らせることとなる。

ガイドライン第7　調査結果の説明・公表

（加害児童生徒、他の児童生徒等に対する調査結果の情報提供）

○　学校の設置者及び学校は、被害児童生徒・保護者に説明した方針に沿って、加害児童生徒及びその保護者に対していじめの事実関係について説明を行うこと。学校は、調査方法等のプロセスを含め、認定された事実を丁寧に伝え、加害児童生徒が抱えている問題とその心に寄り添いながら、個別に指導していじめの非に気付かせ、被害児童生徒への謝罪の気持ちを醸成させる。

ガイドライン第9　調査結果を踏まえた対応

（被害児童生徒への支援、加害児童生徒に対する指導等）

○　被害児童生徒に対して、事情や心情を聴取し、当該児童生徒の状況に応じた継続的なケアを行い、被害児童生徒が不登校となっている場合は学校生活への復帰に向けた支援や学習支援を行うこと。その際、必要に応じて、スクールカウンセラー・スクールソーシャルワーカー等の専門家を活用すること。

○　調査結果において、いじめが認定されている場合、加害者に対して、個別に指導を行い、いじめの非に気付かせ、被害児童生徒への謝罪の気持ちを醸成させる。加害児童生徒に対する指導等を行う場合は、その保護者に協力を依頼しながら行うこと。また、いじめの行為について、加害者に対する懲戒の検討も適切に行うこと。

---

83)　規定の詳細な解説として、永田（u）440頁以下。

84)　規定の詳細な解説として、永田（u）450頁以下。

85)　石田（b）105頁は、この問題を指摘した上で、いじめ加害行為に関する調査のみ優先的に行い、これが認定された場合には直ちに加害児童生徒に対する教育的指導を開始することを提案する。

86)　永田（u）203頁。

しかも、そうこうしているうちに、被害児童生徒が卒業してしまうと、学校及び学校の設置者が支援を（実効的に）行うことが困難となりやすい。また、加害児童生徒が卒業してしまうと、指導等ができなくなってしまう。

それゆえ、被害児童生徒が支援を受け、加害児童生徒が指導等を受けるという利益の観点からも、可及的速やかな調査結果の取りまとめが求められる。

残念なことに、第三者委員会を含む調査組織の中には、被害児童生徒及び加害児童生徒の卒業まで調査結果の取りまとめを引き延ばして、学校及び学校の設置者がそれらを行わなくて済むように配慮しているのではないかと思われる例も少なからず見受けられる[87]。

3　解決策の必要性

以上のように、調査結果の取りまとめに時間を要すれば要するほど、調査が困難となる。また、さらに被害児童生徒に対する支援及び加害児童生徒に対する指導等といった重大事態への対処がなされないまま時間が経過することとなり、被害児童生徒及び加害児童生徒が卒業すれば、これらの支援及び指導等をなし得なくなる事態も招来しかねない。

このように、調査に要する時間が長くなればなるほど、調査の意義が失われていくこととなる。

それゆえ、迅速な調査を求めるとともに、それを可能とする制度を用意する必要がある。

4　解決策

以下、本法の改正による解決策を提案したい。

第一に、迅速な裁判を受ける権利の規定（憲法37条1項）に倣（なら）って、被害児童生徒及び加害児童生徒が迅速な調査を受ける権利を有することを本

---

87)　被害児童生徒及び加害児童生徒の卒業年度の3月に調査結果が取りまとめられることは決して少なくない。

法の改正により明文化すべきである。

　もっとも、第三者委員会の場合、調査組織の委員が他に木業を有していて調査に専従するわけではないから、委員に対する報酬を適正なものとしたとしても、調査に長い時間を要することは回避し難いように思われる。

　そこで、第二に、少年事件において、厳しい時間的制約（少年法17条3項、4項、9項）の中で事実認定及び処分決定を行ってきた実績のある家庭裁判所が調査を担うことを提案したい。詳細については、第4章で示すこととしたい。

第6節　調査権限

1　関連規定

本法は、同法28条1項の調査を実施する調査機関の権限について、何ら規定していない。

基本方針及びガイドライン等の法規範も、調査権限について、何ら規定していない。

それゆえ、調査組織は、学校及び学校の設置者を含む調査対象者に対して、証人尋問、鑑定、検証、押収及び捜索等の権限を有しないから、任意で協力を求め、その協力が得られた限度で調査を実施しうるに留まる[88]。

2　実務上の問題

前述の通り、調査組織は、証人尋問、鑑定、検証、押収及び捜索等の権限を有しないから、調査対象者に拒否されてしまえば、聴き取り等はできず[89]、証拠も得られない。

実務上、加害児童生徒等から聴き取りを拒絶されてしまうことは少なくない。

また、教職員、特に退職した教職員から聴き取りを拒絶されることもしばしば発生している。

さらに、調査対象者からの聴き取りにおいて、調査対象者に回答義務はないから、質問に対する回答を拒絶されてしまうこともある。

そして、学校及び学校の設置者が記録等の関係証拠を提出しないことはまずないものの、それらの証拠が学校及び学校の設置者が有する全ての証拠であるのか、言い換えれば、学校又は学校の設置者に不利な証拠を隠匿していないかについて適切に確認する手段は存在しない。

---

88)　加茂川19頁も、特別な調査権限がないことを指摘する。

89)　この点を指摘するものとして、島﨑18頁、高島109-111頁、小野田(b)4-5頁。

第3章 課題及び解決策

3　解決策の必要性

　十全な調査のためには、聴き取りが必要な調査対象者から聴き取りを十分に行うとともに、できる限り多くの証拠を収集する必要がある。

　それゆえ、必要な情報を得ることができる制度を用意する必要がある。

4　解決策

　以下、本法の改正による解決策を提案したい。

　第一に、調査を実施する機関に証人尋問、鑑定、通訳、翻訳、検証、押収及び捜索等の権限を本法の改正により明文化すべきである（少年法14条1項、15条1項参照）[90]。

　第二に、調査を実施する機関が関係機関及び専門職に対して必要な援助をさせることができることを本法の改正により明文化すべきである（同法16条1項参照）。

　第三に、調査を実施する機関が公務所、公私の団体、学校、病院その他に対して、必要な協力を求めることができることを本法の改正により明文化すべきである（同法16条2項参照）。これにより、関係機関に対して照会を行って情報を得ることができるようになる。

　学校、学校の設置者及び第三者委員会を含む調査組織に以上の権限を認めることは困難であり、仮にその権限を認めても実効的に行使することも難しいように思われる。

　そこで、これらの権限を裁判所、具体的には家庭裁判所に認めることを提案したい。詳細については、第4章で示すこととしたい。

---

90)　高島111頁は、聴き取りについて法改正を視野に入れるべきとするが、聴き取りに限定する必要はないと考える。

91

第7節　経過報告

1　関連規定

　本法は、同法28条2項が被害児童生徒等に対する学校及び学校の設置者の情報提供義務を定めているものの、同法28条1項の調査について、その実施中の経過報告は明示的に規定していない。

　ガイドラインは、以下のように、その第5第6項③[91]において、調査実施前に、学校の設置者、学校又は調査組織が被害児童生徒・保護者に対して、調査の進捗状況について、定期的に及び適時のタイミングで経過報告を行うことを予め被害児童生徒・保護者に対して説明することを規定している。また、その第6第8項[92]において、学校及び学校の設置者が調査実施中に経過報告を行うことを求めている。

ガイドライン第5　被害児童生徒・保護者等に対する調査方針の説明等

（説明事項）
○　調査実施前に、被害児童生徒・保護者に対して以下の①～⑥の事項について説明すること。説明を行う主体は、学校の設置者及び学校が行う場合と、第三者調査委員会等の調査組織が行う場合が考えられるが、状況に応じて適切に主体を判断すること。
　……
③調査時期・期間（スケジュール、定期報告）
　　被害児童生徒・保護者に対して、調査を開始する時期や調査結果が出るまでにどのくらいの期間が必要となるのかについて、目途を示すこと。
　　調査の進捗状況について、定期的に及び適時のタイミングで経過報告を行うことについて、予め被害児童生徒・保護者に対して説明すること。

ガイドライン第6　調査の実施

（調査実施中の経過報告）
○　学校の設置者及び学校は、調査中であることを理由に、被害児童生徒・保護者に対して説明を拒むようなことがあってはならず、調査の進捗等の経過報告を行う。

　もっとも、基本方針及びガイドライン等は、経過報告の方法及び内容について、何ら規定していない。

---

91)　規定の詳細な解説として、永田(u)202頁以下。
92)　規定の詳細な解説として、永田(u)282頁以下。

また、本法も、関連する法規範も、加害児童生徒等に対する経過報告について全く規定していない。

2 経過報告の法的性質

(1) 情報提供義務（本法28条２項）の派生的内容としての性質

　本法28条２項は、「学校の設置者又はその設置する学校は、前項の規定による調査を行ったときは、当該調査に係るいじめを受けた児童等及びその保護者に対し、当該調査に係る重大事態の事実関係等その他の必要な情報を適切に提供するものとする。」として、被害児童生徒等に対する学校の設置者等の情報提供義務を規定している。

　もっとも、本法28条２項は、「調査を行ったときは……必要な情報を適切に提供するものとする」として、調査結果のとりまとめ後に被害児童生徒等への情報提供を行うよう求めているのみで、調査実施中の経過報告については規定していない。

　被害児童生徒等の「知りたいという切実な思い」は、法的保護に値する。そのため、ガイドラインの第１第１項においては、学校及び学校の設置者は、被害児童生徒等のいじめの事実関係を明らかにしたい、何があったのかを知りたいという切実な思いを理解し、対応に当たることが求められている。

　本法28条２項の情報提供義務は、以下のように、ガイドラインの第７第３項[93] が明示する通り、学校の設置者等の法的義務である。

93）　既定の詳細な解説として、永田(u)339頁以下。

ガイドライン第7　調査結果の説明・公表

（被害児童生徒・保護者に対する情報提供及び説明）
〇　法第28条第2項は「学校の設置者又はその設置する学校は、前項の規定による調査を行ったときは、当該調査に係るいじめを受けた児童等及びその保護者に対し、当該調査に係る重大事態の事実関係等その他の必要な情報を適切に提供するものとする。」と規定しており、被害児童生徒・保護者に対して調査に係る情報提供及び調査結果の説明を適切に行うことは、学校の設置者又は学校の法律上の義務である。被害児童生徒・保護者に対する情報提供及び説明の際は、このことを認識して行うこと。

　また、かかる義務は、学校の設置者等が被害児童生徒等に対する法的な説明責任を負うことを定めたものであるとも言える[94]。これは、①被害児童生徒が当事者としてその尊厳の保持及び回復のためには、当該事案に係る事実関係等を知る必要があり、通常、その保護者等は当該被害児童生徒の尊厳の保持及び回復を他の誰よりも切に願う者であるとともに、当該事案に係る事実関係を切に知りたいと願うものであるから、いずれも、自ら事案の調査を行う前提としての必要性も含めて、これらの情報を十全に知る必要のある立場にあること、②法が求めるいじめ事案への対処及び再発防止の実現が被害児童生徒等への十全な情報提供を基礎とした被害児童生徒等の協力がなければ不可能であることを踏まえたものである[95]。また、平成25年（2013年）6月19日の衆議院文部科学委員会におけるいじめ防止対策推進法案に対する附帯決議四[96]も、被害児童生徒等に対する適切な情報提供を求めていた。

　こうしたことからすれば、法28条2項は、調査実施中の経過報告について妨げるものではなく、むしろ、それを促すものであると考えられる[97]。

　そのため、基本方針は、その第2の4（1）ⅱ①第1段落において[98]、情報の提供に当たって、適時かつ適切な方法で、経過報告があることが望

---

94)　小西201-202頁。
95)　小西202頁。
96)　「いじめを受けた児童等の保護者に対する支援を行うに当たっては、必要に応じていじめ事案に関する適切な情報提供が行われるよう努めること。」
97)　永田(u)283頁。

ましいとしている。また、調査組織は、被害児童生徒等から個別具体的な求めがなくとも、適時に情報提供を行わなければならないとされている[99]。

　本項は、法28条2項の情報提供義務の派生的内容として、調査実施中であっても、調査の進捗等の経過報告を行うことを求めるものであって、創設的な規定であるが[100]、これまでの議論や法規範の方向性に沿ったものである。

(2)　調査義務を構成する要素としての性質

　どのように調査が実施されて進行しているのかについて、適時に情報提供がなされなければ、被害児童生徒等は、先に紹介した調査実施前の説明事項の説明の通りに調査が実施されていることを確認できず、また、調査において「蚊帳の外」に置かれていると大きなストレスを感じ、調査並びに学校の設置者等及び調査組織に対して不信感や疑念を抱くこととなろう。これにより、被害児童生徒等は調査への協力に消極的となりがちとなり、十全な調査は覚束なくなる。そうなれば、本法28条1項柱書が調査の目的とする重大事態への対処及び当該重大事態と同種の事態の発生の防止は達成できなくなってしまう。また、被害児童生徒等と学校及び学校の設置者との認識のずれが、いじめ被害の発生、その把握の段階から、重大事態の発生の段階を経て、調査や再調査の段階、さらに民事訴訟の段階へと「ハ

---

98)　「学校の設置者又は学校は、いじめを受けた児童生徒やその保護者に対して、事実関係等その他の必要な情報を提供する責任を有することを踏まえ、調査により明らかになった事実関係(いじめ行為がいつ、誰から行われ、どのような態様であったか、学校がどのように対応したか)について、いじめを受けた児童生徒やその保護者に対して説明する。この情報の提供に当たっては、適時・適切な方法で、経過報告があることが望ましい。」

99)　小西204頁。

100)　永田(u)284頁。調査における個々のアンケート調査や聴き取り調査等について、その都度、「調査を行ったとき」に当たるとして、本法28条2項がそれらの個別の調査結果の情報をそのたびに提供するよう求めているとし、同条項が調査実施中の経過報告をも定めていると解釈することも考えられるが、文理解釈としてやや難しいように思われる。

の字」型[101] に拡大する要因ともなろう[102]。

逆に、調査中に適切に経過報告がなされれば、調査において得られた内容が不十分であったり、事実と反していたりすることが判明することもあろう。そのような場合、被害児童生徒等はそのことを明らかにする証拠を提出したり、反論を行ったりすることができるから、事実関係の明確化に資することとなる[103]。

それゆえ、適時の経過報告は、十全な調査を実施するために、調査に付随する必要不可欠なものである。

この観点からすれば、調査実施中の経過報告は、情報提供義務の派生的な内容としてのみならず、調査義務を構成する要素としての性質も有すると考えるべきである[104]。

それゆえ、学校の設置者等又は調査組織が適時の情報提供をしないことは、調査義務の履行の側面からも許されない。

これに対して、調査組織、特に第三者委員会が経過報告を行えば中立性が保てなくなるとする主張がある[105]。しかし、第三者委員会が経過報告を行うことによって公平性・中立性が害されることは想定されない。むしろ、前述の通り、調査義務の十全な履行のために有益であり、実施する必要がある。

学校、学校の設置者又は調査組織が被害児童生徒等から経過報告を求められても、適時に適切な経過報告を行わない場合、調査義務違反やハラスメントとして、学校の設置者は被害児童生徒等に対して損害賠償責任を負う可能性がある[106]。

---

101) 住友(a)57-59頁、住友(b)23頁、住友(c)20-23頁。「ハの字図」は、住友(a)58頁、住友(b)27頁、住友(c)22頁に掲載されている。
102) 以上について、永田(u)284-285頁。
103) 永田(u)285頁。
104) 永田(u)285頁。
105) 島﨑ほか51頁［島崎政男発言］。
106) 永田(u)285頁。

第3章 課題及び解決策

3 経過報告の頻度、方法及び内容

(1) 経過報告の頻度

　学校、学校の設置者又は調査組織は、被害児童生徒等の「知りたいという切実な思い」（ガイドラインの第1第1項）に応えるとともに、「蚊帳の外」に置かれているという無用のストレスを被害児童生徒等に対して与えないように、さらには、十全な調査を実施するために、経過報告を行わなければならない。

　それゆえ、調査組織が主体となって、調査の進捗の都度、例えば、調査組織の会議の開催、アンケートの実施又は聴き取りの実施等のたびに被害児童生徒等へ説明を行うべきである[107]。

(2) 経過報告の方法

　説明は、口頭でも文書でもかまわない。

　しかし、調査組織と被害児童生徒等が直接やり取りし、被害児童生徒等から要望を聴取する機会があることが望ましい[108]。それゆえ、被害児童生徒等と対面して説明したり、オンライン会議システム等を利用して説明したりすべきである。望ましい例として、調査組織の会議が終わった直後に、毎回、被害児童生徒等及びその代理人に対して、その会議の内容を伝え、被害児童生徒の保護者及びその代理人と質疑応答等のやり取りを行ったものがある[109]。今日であれば、被害児童生徒等が調査組織の会議の場所に毎回来訪する負担を避けるため、オンライン会議システム等を利用することも可能であろう。

(3) 経過報告の内容

　説明として、「〇月〇日に加害生徒の1人から聴き取りを行った」など

107）　永田(u)286頁。
108）　永田(u)286頁。住友(b)20頁も、調査組織が繰り返し途中経過を説明し、要望を聴取することが必要であるとする。
109）　永田(u)286頁。

のように、具体的な内容を示さない例もしばしば見受けられるが、これで
は、誰からどのような内容を聴き取ったのか明らかではないから、被害児
童生徒等の「知りたいという切実な思い」（ガイドライン第1第1項[110]）に
応えるものとして不十分である。この例であれば、聴き取り対象者の氏名
を具体的に示す必要がある。また、聴き取りの内容についても詳しく説明
する必要がある。さらに、聴き取りに要した時間等についても明らかにす
る必要があろう[111]。

　これに対し、調査において得られた内容を被害児童生徒等に対して伝え
ると、被害児童生徒等が調査結果に不満を抱いて「不毛なトラブル」が生
じ、円滑な調査進行が妨げられるとして、調査で得られた内容を伝える必
要はないとする主張がある[112]。

　しかし、この段階で調査において得られた内容が不十分であったり、事
実と反していたりすることが分かれば、前述の通り、被害児童生徒等はそ
のことを明らかにする証拠を提出したり、反論を行ったりすることができ
るから、必ずしも「不毛なトラブル」が生じるわけではなく、むしろ、調
査を尽くすことにつながるし、再調査（法29条2項、30条2項、30条の2、
31条2項、32条2項、5項）を回避することにもなる[113]。調査組織の委員
も人である以上、事実を誤認することは十分にありうる。その際に、速や
かに軌道修正できるようにするためにも、被害児童生徒等に対して調査に
おいて得られた内容を随時伝えていく必要がある。

(4)　調査結果の取りまとめ前の中間報告の必要性

　上記の観点から、必要不可欠であるのは、調査結果の取りまとめを行う
前に、被害児童生徒等に対して、中間報告を行うことである[114]。

---

110)　規定の詳細な解説として、永田(u)33頁以下。
111)　以上について、永田(u)286-287頁。
112)　高島119-120頁。審議内容を伝えると客観性を保つことが難しくなるとする
　　　主張（島﨑ほか51頁［小野田正利発言］）も同趣旨であると思われる。
113)　永田(u)286-287頁。

基本方針は、その第2の4（1）ⅰ）⑤第1段落において[115]、「『事実関係を明確にする』とは、重大事態に至る要因となったいじめ行為が、いつ（いつ頃から）、誰から行われ、どのような態様であったか、いじめを生んだ背景事情や児童生徒の人間関係にどのような問題があったか、学校及び教職員がどのように対応したか等の事実関係を可能な限り網羅的に明確にすることである」とする。それゆえ、調査組織は、被害児童生徒等から求められた全ての事項について調査する必要がある[116]。

　調査すべき事項の全てが調査されているかを確認するためにも、調査組織は、被害児童生徒等に対して中間報告を行って、調査すべき事項がすべて調査されているか被害児童生徒等に確認してもらい、漏れがないことが確認された上で調査結果を取りまとめることが必要である[117]。また、中間報告においては、被害児童生徒への支援の方策及び同種の事態の再発の防止のための方策についても、被害児童生徒等から意見を示してもらい、必要に応じて修正すべきである[118]。

4　実務上の問題

　前述の通り、ガイドラインは、その第6第8項において、「調査中である

---

114)　永田（u）287-288頁。

115)　「『事実関係を明確にする』とは、重大事態に至る要因となったいじめ行為が、いつ（いつ頃から）、誰から行われ、どのような態様であったか、いじめを生んだ背景事情や児童生徒の人間関係にどのような問題があったか、学校・教職員がどのように対応したかなどの事実関係を、可能な限り網羅的に明確にすることである。この際、因果関係の特定を急ぐべきではなく、客観的な事実関係を速やかに調査すべきである。」

116)　藤川80頁。

117)　藤川80-81頁。大阪市基本方針2（4）⑨第2段落は、「第三者委員会は、被害児童生徒及びその保護者に対し、報告書の案を提供し、説明を行った後、報告書を完成するものとする。報告書案の内容に関し、被害児童生徒又はその保護者から意見の表明があった場合、第三者委員会は、当該意見が妥当と判断するときは、これを報告書に反映するものとする。」として、被害児童生徒等に対する報告書案の提供と表明された意見の反映を定めている。

118)　藤川81頁。

ことを理由に、……説明を拒むようなことがあってはなら」ないと注意を
喚起している。

　しかしながら、学校、学校の設置者又は調査組織が、調査中であること
を理由に、経過報告を実施しなかったり、被害児童生徒等が経過報告を求
めてもこれを拒否したりすることが非常に多い。しかも、前述の通り、
「第三者」として多数の第三者委員会の委員を務めている者が第三者委員
会による経過報告に反対している。

　また、学校、学校の設置者又は調査組織が経過報告を実施しても、その
内容が空疎であることも少なくない。調査結果の取りまとめを行う前に、
被害児童生徒等に対する中間報告を行うことすら行われないことも多い。
しかも、前述の通り、いくつもの第三者委員会において委員を務めてきた
者が調査において得られた内容を被害児童生徒等に対して伝えることに反
対している。

　これらの不適切な対応により、被害児童生徒等が調査すべき事項の全て
の調査が尽くされているか確認する機会が奪われてしまうことが頻発して
いる。その結果として、調査不尽となり、再調査を実施せざるを得なくな
ってしまう事例が少なからず発生している。

5　解決策の必要性

　以上のように、学校、学校の設置者又は調査組織から、被害児童生徒等
に対して、その「知りたいという切実な思い」（ガイドラインの第1第1項）
に応える情報提供が適切になされないことは、それ自体が大きな問題である。

　また、それにより、被害児童生徒等が調査すべき事項の全ての調査が尽
くされているか確認する機会が奪われることは、調査不尽につながりやす
い。そうなれば、再調査を実施せざるを得なくなってしまい、さらに時間
も労力も要することとなってしまう。

　それゆえ、学校、学校の設置者又は調査組織により被害児童生徒等に対
する経過報告を適切に行わせる制度を用意する必要がある。

　また、加害児童生徒等が調査において得られた内容が不十分であったり、

事実と反していたりすることを明らかにする証拠を提出したり、反論を行ったりすることも、事実関係の明確化に資することとなり、調査義務の十全な履行のために有益なはずである。

そこで、学校、学校の設置者又は調査組織が加害児童生徒等に対する経過報告を適切に行う制度も用意する必要があろう。

6 解決策

以下、本法の改正による解決策を提案したい。

第一に、学校、学校の設置者又は調査組織が被害児童生徒等及び加害児童生徒等に対して経過報告を適切に行わなければならないことを本法の改正により明文化すべきである。

第二に、経過報告の頻度、方法及び内容について、本法の改正により明文化すべきである。

経過報告の頻度については、原則として会議又は聴き取り等の都度とすべきである。

経過報告の方法については、口頭又は文書とし、被害児童生徒若しくはその保護者又は加害児童生徒若しくはその保護者から申出があった場合には、調査組織と被害児童生徒若しくはその保護者又は加害児童生徒若しくはその保護者が直接やり取りし、調査組織が申出を行った者から要望又は意見を聴取する機会を設けることとすべきである。

経過報告の内容については、会議又は聴き取り等の①実施日時、②参加者及び対象者、③具体的内容、④その他報告すべき内容とし、これらを例示列挙すべきである。加害児童生徒が複数いて複数のいじめが調査対象となっている場合、加害児童生徒等に対しては、プライヴァシー権及び個人情報の保護の観点から、当該児童が関係したいじめについてのみ、経過報告をすることとすべきである。

第8節 情報提供義務

1 関連規定及び裁判例

(1) 本法並びに基本方針及びガイドライン等の規定

本法は、同法28条2項が被害児童生徒等に対する学校及び学校の設置者の情報提供義務を定めているものの、提供しなければならない情報の範囲については、「当該調査に係る重大事態の事実関係等その他の必要な情報を適切に提供するものとする」と規定するのみであって、具体的に規定しているわけではない。

ガイドラインは、以下のように、その第1第1項[119]、第2項[120]、第5第6項⑥[121]、第6第8項[122]及び第7第3項[123]、第4項[124]、第5項[125]において、調査結果の提供について規定し、被害児童生徒等に対して調査結果の説明を適切に行うことを求めている。

そして、ガイドラインは、第7第3項において、「被害児童生徒・保護者に対して調査に係る情報提供及び調査結果の説明を適切に行うことは、学校の設置者又は学校の法律上の義務である。」と規定している。

ガイドライン第1 学校の設置者及び学校の基本的姿勢
（基本的姿勢）
○ 学校の設置者及び学校は、いじめを受けた児童生徒やその保護者（以下「被害児童生徒・保護者」という。）のいじめの事実関係を明らかにしたい、何があったのかを知りたいという切実な思いを理解し、対応に当たること。
○ 学校の設置者及び学校として、自らの対応にたとえ不都合なことがあったとしても、全てを明らかにして自らの対応を真摯に見つめ直し、被害児童生徒・保護者に対して調査の結果について適切に説明を行うこと。

---

119) 規定の詳細な解説として、永田(u)33頁以下。
120) 規定の詳細な解説として、永田(u)47頁以下。
121) 規定の詳細な解説として、永田(u)214頁以下。
122) 規定の詳細な解説として、永田(u)282頁以下。
123) 規定の詳細な解説として、永田(u)339頁以下。
124) 規定の詳細な解説として、永田(u)342頁以下。
125) 規定の詳細な解説として、永田(u)384頁以下。

第3章 課題及び解決策

ガイドライン第5 被害児童生徒・保護者等に対する調査方針の説明等

（説明事項）

○ 調査実施前に、被害児童生徒・保護者に対して以下の①～⑥の事項について説明すること。説明を行う主体は、学校の設置者及び学校が行う場合と、第三者調査委員会等の調査組織が行う場合が考えられるが、状況に応じて適切に主体を判断すること。

……

⑥調査結果の提供（被害者側、加害者側に対する提供等）

・ 調査結果（調査の過程において把握した情報を含む。以下同じ。）の提供について、被害児童生徒・保護者に対して、どのような内容を提供するのか、予め説明を行うこと。

・ 被害児童生徒・保護者に対し、予め、個別の情報の提供については、各地方公共団体の個人情報保護条例等に従って行うことを説明しておくこと。

・ 被害児童生徒・保護者に対して、アンケート調査等の結果、調査票の原本の扱いについて、予め、情報提供の方法を説明すること。アンケートで得られた情報の提供は、個人名や筆跡等の個人が識別できる情報を保護する（例えば、個人名は伏せ、筆跡はタイピングし直すなど）等の配慮の上で行う方法を採ること、又は一定の条件の下で調査票の原本を情報提供する方法を採ることを、予め説明すること。

・ 調査票を含む調査に係る文書の保存について、学校の設置者等の文書管理規則に基づき行うことを触れながら、文書の保存期間を説明すること。

・ 加害者に対する調査結果の説明の方法について、可能な限り、予め、被害児童生徒・保護者の同意を得ておくこと。

ガイドライン第6 調査の実施

（調査実施中の経過報告）

○ 学校の設置者及び学校は、調査中であることを理由に、被害児童生徒・保護者に対して説明を拒むようなことがあってはならず、調査の進捗等の経過報告を行う。

ガイドライン第7 調査結果の説明・公表

（被害児童生徒・保護者に対する情報提供及び説明）

○ 法第28条第2項は「学校の設置者又はその設置する学校は、前項の規定による調査を行ったときは、当該調査に係るいじめを受けた児童等及びその保護者に対し、当該調査に係る重大事態の事実関係等その他の必要な情報を適切に提供するものとする。」と規定しており、被害児童生徒・保護者に対して調査に係る情報提供及び調査結果の説明を適切に行うことは、学校の設置者又は学校の法律上

103

の義務である。被害児童生徒・保護者に対する情報提供及び説明の際は、このこととを認識して行うこと。
○　学校の設置者及び学校は、各地方公共団体の個人情報保護条例等に従って、被害児童生徒・保護者に情報提供及び説明を適切に行うこと。その際、「各地方公共団体の個人情報保護条例等に照らして不開示とする部分」を除いた部分を適切に整理して行うこと。学校の設置者及び学校は、いたずらに個人情報保護を盾に情報提供及び説明を怠るようなことがあってはならない。また、法28条第2項に基づく被害児童生徒・保護者に対する調査に係る情報提供を適切に行うために、各地方公共団体の個人情報保護・情報公開担当部局や専門家の意見を踏まえて検討を行うなど、可能な限りの対応を行うこと。
○　事前に説明した方針に沿って、被害児童生徒・保護者に調査結果を説明すること。また、加害者側への情報提供に係る方針について、被害児童生徒・保護者に改めて確認した後、加害者側に対する情報提供を実施すること。

　もっとも、ガイドラインは、被害児童生徒等に対して加害児童生徒のものをはじめとする個人情報を提供するかについて、「学校の設置者及び学校は、各地方公共団体の個人情報保護条例等に従って、被害児童生徒・保護者に情報提供及び説明を適切に行うこと。」とするのみであって（同第7第4項）、提供しなければならない情報の範囲について具体的に規定していない。

　このことは、自殺事案について、基本方針第2の4（1）ⅰ）⑤イ）（自殺の背景調査における留意事項）第2段落第1項[126]も同様であって、できる限りの説明を求めるのみである。

　一方、基本方針第2の4（1）ⅱ）①第1段落は、以下のように、学校の設置者等が、いじめ行為について、いつ、誰から、どのような態様で行われたのか、学校がどのように対応したかを被害児童生徒等に対して、説明することを求めている。すなわち、提供しなければならない情報の範囲として、いじめ行為の時期・日時及び態様並びに学校の対応のみならず、加害児童生徒の氏名が含まれることを明示している。

126）「○　背景調査に当たり、遺族が、当該児童生徒を最も身近に知り、また、背景調査について切実な心情を持つことを認識し、その要望・意見を十分に聴取するとともに、できる限りの配慮と説明を行う。」

第3章　課題及び解決策

> **基本方針第2の4(1)ⅱ)①第1段落**
>
> 　学校の設置者又は学校は、いじめを受けた児童生徒やその保護者に対して、事実関係等その他の必要な情報を提供する責任を有することを踏まえ、調査により明らかになった事実関係（いじめ行為がいつ、誰から行われ、どのような態様であったか、学校がどのように対応したか）について、いじめを受けた児童生徒やその保護者に対して説明する。この情報の提供に当たっては、適時・適切な方法で、経過報告があることが望ましい。

(2)　個人情報保護法の規定[127]

ア　個人情報保護法の改正及び適用対象の拡大

　個人情報保護法は、デジタル社会形成関係法律整備法[128]50条による改正（いわゆる第1弾改正。令和4年［2022年］4月1日施行）により、従来、行政機関個人情報保護法が規律してきた行政機関が保有する個人情報を、また、従来、独法個人情報保護法が規律してきた独立行政法人等が保有する個人情報をもその対象に含めることとなった[129]。

　さらに、デジタル社会形成関係法律整備法51条による改正（いわゆる第2弾改正。令和5年［2023年］4月1日施行）により、行政機関等（個人情報保護法2条11項)[130]に教育委員会を含む「地方公共団体の機関」が含まれることとなって、従来、各地方公共団体の個人情報保護条例が規律してきた地方公共団体が保有する個人情報についても、その対象に含められることになった[131]。

　これにより、公立学校についても、私立学校等と同様に、個人情報保護法に従って、情報提供を行わなければならなくなった（個人情報保護法の改正により学校の設置主体の種別ごとの個人情報に関して適用される法令がどの

---

127)　詳しくは、永田(u)345-346頁。

128)　概略については、宇賀(b)36-37頁、岡村19-21、37-38頁。

129)　概略については、宇賀(b)37-41頁。

130)　「行政機関」については、同法2条8項参照。

131)　概略については、宇賀(b)37-41頁。

105

ように変遷したかについては、表3－8－1）。

　以下では、重大事態の発生件数が学校の設置者別に見た際に最も多いことから、公立学校に適用される規定を紹介する。

表3－8－1　個人情報に関して適用される法令の変遷

設置主体による種別	個人情報保護法第1弾改正前	個人情報保護法第1弾改正後	個人情報保護法第2弾改正後
公立学校	地方公共団体の個人情報保護条例	地方公共団体の個人情報保護条例	個人情報保護法
国立大学附属学校	独立行政法人等個人情報保護法	個人情報保護法	個人情報保護法
公立大学附属学校	地方公共団体の個人情報保護条例	地方公共団体の個人情報保護条例	個人情報保護法
私立学校等	個人情報保護法	個人情報保護法	個人情報保護法

イ　個人情報保護法の規定

　個人情報保護法2条1項は、「個人情報」について、以下のように定義する。

個人情報保護法2条1項

　この法律において「個人情報」とは、生存する個人に関する情報であって、次の各号のいずれかに該当するものをいう。
　一　当該情報に含まれる氏名、生年月日その他の記述等（文書、図画若しくは電磁的記録（電磁的方式（電子的方式、磁気的方式その他人の知覚によっては認識することができない方式をいう。次項第二号において同じ。）で作られる記録をいう。以下同じ。）に記載され、若しくは記録され、又は音声、動作その他の方法を用いて表された一切の事項（個人識別符号を除く。）をいう。以下同じ。）により特定の個人を識別することができるもの（他の情報と容易に照合することができ、それにより特定の個人を識別することができることとなるものを含む。）
　二　個人識別符号が含まれるもの

　それゆえ、「個人情報」には、それ自体として特定の個人を識別することができる情報に留まらず、他の情報と容易に照合することができ、それにより特定の個人を識別することができることとなるものも含まれる（いわゆるモザイク・アプローチ又はジグソー・アプローチ[132]）。

第3章　課題及び解決策

　公立学校の場合、個人情報保護法60条以下の規定が適用される。

　「個人情報」のうち、行政機関等の職員が職務上作成し、又は取得した個人情報であって、当該行政機関等の職員が組織的に利用するものとして、当該行政機関等が保有しているものであり、行政文書[133]、法人文書[134]又は地方公共団体等行政文書[135] に記録されているものを「保有個人情報」と言う（同法60条1項）。

　個人情報保護法69条1項は、以下のように、「法令に基づく場合」であれば、保有個人情報を第三者に提供することを例外的に認めている。

個人情報保護法69条1項

　行政機関の長は、法令に基づく場合を除き、利用目的以外の目的のために保有個人情報を自ら利用し、又は提供してはならない。

　また、何人も、個人情報保護法の定めるところにより、行政機関の長等に対し、当該行政機関の長等の属する行政機関等の保有する自己を本人とする保有個人情報の開示を請求することができる（個人情報保護法76条1項）。

　そして、行政機関の長は、開示請求があったときは、開示請求に係る保有個人情報に不開示情報のいずれかが含まれている場合を除き、開示請求者に対し、当該保有個人情報を開示しなければならない（同法78条1項柱書）。

　同法78条1項は、不開示情報を列挙するところ、同項2号は開示請求者以外の個人に関する情報のうち、不開示情報に当たらない例外として、

---

132)　宇賀(a)38頁、宇賀(b)61頁。
133)　情報公開法2条2項に規定する「行政文書」を言う。
134)　独法情報公開法2条2項に規定する「法人文書」（同項第4号に掲げるものを含む）を言う。
135)　地方公共団体の機関又は地方独立行政法人の職員が職務上作成し、又は取得した文書、図画及び電磁的記録であって、当該地方公共団体の機関又は地方独立行政法人の職員が組織的に用いるものとして、当該地方公共団体の機関又は地方独立行政法人が保有しているもの（独法情報公開法第2条第2項各号に掲げるものに相当するものとして政令で定めるものを除く）を言う。

107

以下のように、イ、ロ及びハの３つの類型を挙げ、開示の対象としている。

個人情報保護法78条１項２号イ、ロ、ハ
イ 法令の規定により又は慣行として開示請求者が知ることができ、又は知ることが予定されている情報 ロ 人の生命、健康、生活又は財産を保護するため、開示することが必要であると認められる情報 ハ 当該個人が公務員等（国家公務員法（昭和22年法律第120号）第２条第１項に規定する国家公務員（独立行政法人通則法第２条第４項に規定する行政執行法人の職員を除く。）、独立行政法人等の職員、地方公務員法（昭和25年法律第261号）第２条に規定する地方公務員及び地方独立行政法人の職員をいう。）である場合において、当該情報がその職務の遂行に係る情報であるときは、当該情報のうち、当該公務員等の職及び当該職務遂行の内容に係る部分

(3) 裁判例

　いじめに関する情報の開示を求めた入手可能な裁判例は、①本法制定前にいじめや重大事態に相当する被害が発生したもの、②本法制定後に重大事態が発生した事案であるものの、加害生徒性が否定されて加害生徒の氏名の開示について判断されなかったもの、③本法制定後に重大事態が発生した事案であるものの、同法28条２項の情報提供義務に関連した主張が行われていないもの、④情報公開条例に基づく開示請求を行った事案であるものであり、いずれも、個人情報保護法又は個人情報保護条例との関係で本法28条２項の情報提供義務に基づく情報提供の要否及び範囲について判断したものではない[136]。

---

136) 永田(u)346-348頁。なお、広島地判平成29年８月９日公刊物未登載（LEX/DB 文献番号25546993）及びその控訴審の広島高判平成31年１月17日公刊物未登載（同文献番号25562673）は、本法制定前の平成24年（2012年）10月の自殺事案であり、原審及び控訴審において原告及び控訴人から本「法やガイドラインの考え方に沿って開示の可否が検討されるべきである」との主張がなされているが、いじめではなく、いわゆる指導死の事案であり、同法28条２項が直接適用される事案ではなかった。

第3章　課題及び解決策

①本法制定前にいじめや重大事態に相当する被害が発生したもの

東京地判平9年5月9日判時1613号97頁（原審）
東京高判平11年8月23日判時1692号47頁（控訴審）

　　本法制定前の平成3年9月の自殺事案であり、原審及び控訴審のいずれも本法制定前の判決であるため、同法28条2項に基づく主張はなされていない（自殺した被害生徒が在籍していた中学校が同生徒の死について他の生徒に書かせた作文を対象とした情報公開条例に基づく開示請求に対する不開示決定を支持）。

大津地判平26年1月14日判時2213号75頁

　　本法制定前の平成23年（2011年）10月の自殺事案であり、同法28条2項に基づく主張はされていない（本件判決は、「情報公開請求」という用語をたびたび用いているが、個人情報保護条例に基づく開示請求がなされた事案であり、いずれも誤記であると思われる）。

　　なお、本件判決は、アンケート調査の結果を表の形式にまとめた「背景調査一覧表」と題する文書及び被害生徒が在籍していた中学校の生徒2名の作成に係る前記アンケート調査に対する回答文書2通の記載内容のうち、被害生徒に対して行為をした者の個人名及び同生徒以外の者の個人名を除く部分のみ不開示としなければならなかったのに「背景調査一覧表」と題する文書のみ開示し、しかもそのほとんどの記載内容について不開示としたことは違法であるとした。また、①前記回答文書2通、②「1年生全校集会を終えての感想」と題する書面、③「2年生全校集会を終えての感想」と題する書面、及び④「3年生全校集会を終えての感想」と題する書面について、教育長がそれらの文書の開示の必要性を認識せず、またその存在を把握することなく、被害生徒の保護者に対し、これらの資料を開示しなかっただけでなく、その存在を明らかにすることもしなかったことについても違法であるとした。

②本法制定後に重大事態が発生した事案であるものの、加害生徒性が否定されて加害生徒の氏名の開示について判断されなかったもの

新潟地裁令4年5月30日公刊物未登載（LEX/DB 文献番号25592750）

　　本法制定後に被害生徒が自殺した事案であるが、「本件報告書において名前の挙がった生徒による各行為の全てが亡〈被害生徒〉に対して精神的苦痛をもたらしていたのかどうか、もたらしていたとしても、どの行為がどの程度亡〈被害生徒〉の自死という結果に影響を与えていたのかについては、不明であるといわざるを得ない」ことから、「特定の加害生徒がいじめを行ったような場合の加害者氏名の開示とは事案を異にするもの」であり、加害生徒の氏名の開示について判断したものとは言えない。

109

③本法制定後に重大事態が発生した事案であるものの、同法28条2項の情報提供義務に関連した主張が行われていないもの

さいたま地判令2年10月14日判自487号45頁

　　本法制定後の不登校重大事態の事案であり、川口市個人情報保護条例に基づく「開示請求を受けた川口市教育委員会は、不開示情報該当性の判断や本件開示請求に対する措置をする前提として、本件開示請求に係る保有個人情報の記録を識別し、個別具体的に特定する職務上の義務があったにもかかわらず、これを怠り、その結果、本件一部開示決定における開示しない部分も特定されず、不開示情報該当性の判断が適切にされなかったことが認められ」たとして、国家賠償法上違法であるとされたが、その判断において、本法28条2項は考慮されていない。

④情報公開条例に基づく開示請求を行った事案であるもの

鹿児島地判平27年12月15日判時2298号28頁

　　本法制定前の平成23年9月以前の自殺事案であるが（自殺の時期は判時では伏せられているが、平成23年9月以前であることが読みとれる）、同法28条2項に言及している。しかし、本件は、情報公開条例に基づく開示請求に対する不開示決定に関するものであり、同法28条2項との関係が問題になる個人情報保護条例に関するものではなかった。

　　なお、この判決は、被害生徒が在籍していた中学校の全校生徒を対象としたアンケート結果をまとめたものの写しについて、①固有名詞、性別、学年、学級、委員会名、部活動名、学級・委員会・部活動における役職（例えば、委員長、部長）・担当（例えば、係、ポジション、パート）、委員会・部活動で用いる器具・道具が記載されている部分及び②「○あなた自身について何か伝えたいことや相談したいことがありますか。」という質問に対する回答が記載されている部分を不開示とする一方、それ以外の部分については開示を認めた。

福島地判令2年12月1日判タ1488号150頁

　　情報公開条例に基づく開示請求に対する不開示決定に関するものであり、本法28条2項との関係が問題になる個人情報保護条例に関するものではなかった。

　　なお、この判決は、いじめに関するアンケートの回答結果をまとめた文書のうち、固有名詞、日付（年月日）、性別、学年、学級、委員会名、部活動名、学級・委員会・部活動における役職（例えば、委員長、部長）・担当（例えば、係、ポジション、パート）、委員会・部活動で用いる器具・道具が記載されている部分を不開示とする一方、それ以外の部分については開示を認めた。

第 3 章　課題及び解決策

そのため、本法が施行され、前述の通り、同法28条2項により情報提供が法的義務（ガイドライン第7第3項）として定められた今日においては、いずれもその先例的価値は乏しい[137]。

2　実務上の問題

(1)　情報提供の際に問題となる情報

調査結果の取りまとめの後、本法28条2項の情報提供義務に基づいて、学校、学校の設置者又は調査組織が被害児童生徒等に対して情報提供を行う際、加害児童生徒をはじめとする関係者に係る情報を被害児童生徒等に対して提供できる又は提供しなければならないのか、また、提供できる又は提供しなければならないとしてどこまで提供できる又は提供しなければならないのかといった情報提供の範囲がしばしば問題となっている[138]。また、加害児童生徒等に対して情報提供を行う際に、被害児童生徒をはじめとする関係者の情報についても、同様に問題となる[139]。

具体的に提供が問題となる情報[140]としては、以下のものがある。

第一に、①関係者の氏名が挙げられる。すなわち、被害児童生徒等、加

---

137)　永田(u)348頁。第二東京弁護士会編109-110頁は、被害児童生徒等による個人情報保護法又は個人情報保護条例に基づく開示請求は認められないことが多いとし、現状の裁判例を前提とするといじめの態様等の詳細な描写を含む被害児童生徒等にとって重要な情報の多くは開示請求によっては得られないという結論に至ってしまうとする。しかし、その根拠として挙げている広島地判平成29年8月9日・前掲注（136）及びその控訴審の広島高判平成31年1月17日・前掲注（136）は、前掲注（136）の通り、本法制定前の事案であって、しかも、いじめではなく指導死の事案であり、鹿児島地判平27年12月15日及び福島地判令2年12月1日に至っては、本文で紹介した通り、情報公開条例に基づく開示請求であり、個人情報保護条例に基づく開示請求ですらない。

　　このように、第二東京弁護士会編の分析は、（1）本法制定前の事案との区別も、（2）いじめの事案と指導死の事案との区別も、（3）情報公開条例に基づく開示請求との区別もできておらず、裁判例の射程を踏まえながら分析するという基本的な部分すらできていないものであり、失当そのものである。

138)　永田(u)349頁。

139)　永田(u)349頁。

140)　以下の①乃至⑥について、永田(u)349-350頁。

111

害児童生徒等、目撃情報をアンケートに記載したり聴き取りで話したりして協力した児童生徒、さらに関係した教職員のそれぞれの氏名である。

第二に、②関係者の連絡先、具体的には住所、電話番号及びメールアドレス等である。

第三に、③関係者の所属、具体的には、児童生徒の場合、在籍校、学年、クラス及び所属する部活動等、関係する教職員の場合、勤務先、所属先、職位及び資格等である。

第四に、④被撮影者に関係者が含まれている防犯カメラ等の映像データである。

第五に、⑤関係者の音声が含まれている音声データである。

第六に、⑥関係者に関する様々な事情や関係者が抱える問題である。これらの中には、「生きづらさ」やその背景又は原因となっている情報が含まれることがある。例えば、(a)被害児童生徒等が受けたいじめ被害のみならず、(b)関係者によるいじめ、犯罪・非行等の他者への加害行為、(c)関係者がいじめや犯罪被害、保護者等からの虐待やマルトリートメント（不適切な養育）を受けたこと、(d)関係者が発達や心理等の面に課題を抱えており、社会不適応を起こしていること、(e)関係者が保護者をはじめとする家族の離婚、失業、経済的な苦境等により、家族関係や家庭環境等において、厳しい状況に置かれていること等を含む。

(2)　情報提供の有無及び範囲

被害児童生徒等に対する情報提供の有無及び範囲は、公立学校において発生した重大事態の場合、地方公共団体ごとに相当の格差がある[141]。

ここでは、特に大きな問題をもたらす、①関係者の氏名、②関係者の連絡先、⑥関係者に関する様々な事情や関係者が抱える問題の情報が提供されないことによる弊害について詳述する。

---

141)　石田(b)105頁。

第3章　課題及び解決策

ア　①関係者の氏名

①関係者の氏名、特に加害児童生徒の氏名すら被害児童生徒等に対して提供されず、A、B、C等の仮名処理がなされることも稀ではない。

関係者の氏名、特に加害児童生徒の氏名は、「誰が」という情報提供の基礎に当たる部分であって、被害児童生徒等が事案を把握するために必要不可欠な情報である[142]。

いじめにおいては、被害児童生徒が加害児童生徒を特定できない事例も少なくない。また、自殺事案においては、被害児童生徒が加害児童生徒を特定できていても、被害児童生徒の保護者がいじめ被害又は加害児童生徒の氏名を知らず、被害児童生徒の死亡によって保護者が加害児童生徒の氏名を知ることができなくなった事例も多い[143]。

せっかく調査によって加害児童生徒が誰であるのか判明したとしても、その氏名が提供されなければ、被害児童生徒等の「知りたいという切実な思い」（ガイドラインの第1第1項）に応えられないことになってしまう[144]。

また、このような状況の下、加害児童生徒の氏名が提供されなければ、後述の②関係者の連絡先が提供されない場合で詳述するように、被害児童生徒は、加害児童生徒（及びその保護者）に対する民事訴訟の提起等の法的措置を講じることもできなくなってしまい、被害回復がなされないどころか、それを求めて裁判を受ける権利（憲法32条）すら奪われることとなってしまう[145]。

自殺事案以外の場合、被害児童生徒が学校に復帰し、安全安心な学校生活を送ることができるようにする必要がある。しかし、被害児童生徒が誰が加害行為を行ったのか分からなければ、加害児童生徒をそれと知って回避することができなくなるし、加害児童生徒等と再発防止の取り決めを行うこともできなくなって、さらなる被害を防ぐことを著しく困難にする[146]。

---

142)　永田(u)367-368頁。
143)　永田(u)368頁。
144)　永田(u)368頁。
145)　永田(u)368頁。

こうした状況の下では、調査を踏まえて重大事態への対処をすることは夢のまた夢である。

　自らを誰が傷付けてきたのか、今後も誰が傷付けうるのかというごく基本的な情報すら被害児童生徒が知りえない状態を是認するということは、被害児童生徒に対して、例えば、「学校にいる誰もが加害児童生徒の可能性があり、誰か分からない加害児童生徒に怯えて学校生活を送れ」と言うに等しく、調査結果を踏まえて重大事態への対処を目指す本法の考え方に真っ向から対立する考え方である。こうした考え方は、学校及び教育委員会が組織ぐるみで加害児童生徒を守っていると被害児童生徒等にとらえさせるものであり[147]、被害児童生徒が安全安心な学校生活を送ることをなおさら遠ざけてしまう[148]。

---

146)　以上について、永田(u)369頁。

147)　こうした事例において、学校及び教育委員会が被害児童生徒及びその保護者に対して加害児童生徒の氏名の情報を提供しないのは、①学校及び教育委員会が情報の内容を問わず、およそあらゆる情報を秘匿する傾向にあること、②加害児童生徒の氏名が判明すれば、被害児童生徒及びその保護者が学校及び教育委員会に対して加害児童生徒等を交えて被害児童生徒が安全安心な学校生活を送ることができるように再発防止等の取り決めをすることを求めるのが通例であるところ、そのような調整及び取り決めを煩わしく回避したいものと考える傾向があること、③加害児童生徒の氏名及び住所が判明すれば、被害児童生徒が民事訴訟を提起する際、学校の設置者である地方公共団体だけでなく、加害児童生徒（及びその保護者）を被告とするのが通例であるところ、そうなれば、加害児童生徒（及びその保護者）が法的責任を回避又は軽減するために、学校及び教育委員会に不利益な事実を主張したり、証拠を提出したりする可能性が高く、訴訟上、学校及び教育委員会が不利な立場に追い込まれかねないこと等が理由であると考えられる。

　学校及び教育委員会が守ろうとしているのは、加害児童生徒（及びその保護者）ではなく、学校及び教育委員会自身であり、加害児童生徒（及びその保護者）はその恩恵を反射的に受けているに過ぎないことが多いと思われる（それが証拠に加害児童生徒は何のケアもなされず放置されていることが少なくない）。しかし、こうした状況は、被害児童生徒及びその保護者にとっては、「加害児童生徒が守られている」と感じさせるものであろう。

148)　以上について、永田(u)369頁。

第3章　課題及び解決策

イ　②関係者の連絡先

　一般に、②関係者の連絡先、特に加害児童生徒等の住所及び電話番号は、被害児童生徒等に対して提供されない。

　その結果、被害児童生徒若しくはその保護者又はその代理人が加害児童生徒等に対して、事案について説明を求めたり、現在の心境や今後の行動についての考えを聴いたり、謝罪を求めたり、今後の再発防止のために接触を避ける方策等の取り決めを行いたいとして申入れをしたりすることはできなくなってしまう[149]。代替策として、学校又は教育委員会に対して加害児童生徒等へ取り次いだり、調整したりするように求める方法があるものの、学校も教育委員会もそれらを拒絶することが少なくないし、加害児童生徒等が学校又は教育委員会による取り次ぎ又は調整を拒絶することも多い。

　そうなれば、本法28条1項が目指す重大事態への対処を図ることができず、被害児童生徒が登校して安全安心な学校生活を送ることができなくなったり、安全安心に登下校を行うことができなくなったりして、被害児童生徒の学習権が侵害されたままになってしまう。

　加害児童生徒等の住所が提供されないことによってもたらされる弊害はこれだけに留まらない。より深刻であるのは、被害児童生徒若しくはその保護者又はその代理人が損害賠償請求等の民事訴訟の提起、民事調停の申立て、又は危害を加える行為を避けるためになされる一定の行為の差止め等の仮処分の申立て等の法的措置を講じたくとも、講じようがないということである[150]。

　これらの法的措置を講じるに当たっては、訴状等を送達するために、加害児童生徒の氏名及び住所の情報が必要である。たとえ、加害児童生徒の氏名が判明していたとしても、その住所が分からなければ、法的措置を講じることは事実上できない。

---

149)　永田(u)371頁参照。

150)　永田(u)372頁。

115

そのため、例えば、被害児童生徒が民事訴訟を提起したいと考えても、加害児童生徒の住所が分からなければ、民事訴訟の提起を断念せざるを得ない。

　かつては、学校が児童生徒の住所、電話番号及び保護者の氏名を掲載した名簿を作成して児童生徒全員に配布することはごく一般的であり、保護者の職業までもが掲載されている例も少なくなかった。児童生徒の住所及び電話番号は卒業アルバム等にも掲載されていた。

　しかし、個人情報保護法の施行以降、住所等の個人情報を含んだ名簿が配布されることがなくなったのは周知の通りである。しかも、児童生徒やその保護者との年賀状等の手紙のやり取りも激減している。

　その結果、小学生であっても、同級生がどの辺りに住んでいるかが分かる程度で正確な場所は分からないということも少なくないであろう。校区が広くなる中学生であればなおさらである。高校生ともなれば、同級生の乗降駅程度しか分からないということも珍しくないであろう。

　それゆえ、学校及び教育委員会から加害児童生徒の住所の情報が提供されない場合、かかる情報を入手するためには、知人等の伝手を辿る等の方法しかない。そのような方法で情報が入手できない場合、加害児童生徒（及びその保護者）に対する民事訴訟の提起等の法的措置を講じることができない。

　こうした場面で、被害児童生徒がやむを得ず学校の設置者のみを被告とすると[151]、インターネットにおいて、そして地域において、「なぜ加害者を訴えないのか」、「金目当てか」という的外れな批判を浴び、被害児童生徒等がさらなる被害を受けるのが通例となっている。

---

151)　前掲注（147）において述べたように、加害児童生徒（及びその保護者）が被告とされた場合、加害児童生徒（及びその保護者）が法的責任を回避又は軽減するために、学校及び教育委員会に不利益な事実を主張したり、証拠を提出したりする可能性が高く、訴訟上、学校及び教育委員会が不利な立場に追い込まれかねない。しかし、加害児童生徒（及びその保護者）が被告とされなければ、そのような事態が生じないから、学校及び教育委員会が加害児童生徒の住所の情報を提供しないことには学校及び教育委員会にとって利益が大きい。

このように、加害児童生徒の氏名が提供されなければ、前述の①関係者の氏名が提供されない場合で触れたように、被害児童牛徒は、加害児童生徒（及びその保護者）に対する民事訴訟の提起等の法的措置を講じることもできなくなってしまい、被害回復がなされないどころか、それを求めて裁判を受ける権利（憲法32条）すら奪われることとなってしまう。

ウ　⑥関係者に関する様々な事情や関係者が抱える問題

⑥関係者に関する様々な事情や関係者が抱える問題についても、被害児童生徒等に対して提供されないのが通例である。

これらの情報は、いじめ又は重大な被害が「なぜ」、「どのように」発生し、継続したのか、さらに、いじめ又は重大な被害への不適切な対応が「なぜ」、「どのように」発生し、継続したのかに深く関係していることがしばしばあり、表層的な事実経過のみでは分からない事案の見立てを左右する重要なものである。

そのような場合、被害児童生徒等がこれらの情報を知ることによって、事態の全容を把握し、被害児童生徒が自らがいじめ被害に遭ったことに帰責性がないことを理解することは、被害児童生徒の回復につながりうる[152]。

例えば、加害児童生徒がその保護者から虐待を受け続け、その過程において、暴力等による「支配―被支配」の構造を学習し、自らの「生きづらさ」を軽減しようと、被害児童生徒を支配するためにいじめを行っていた場合を想定しよう。そうした場合にその情報が被害児童生徒等に対して提供されることによって、被害児童生徒は、「なぜいじめられなければならなかったのか」、「自らに非があったためにいじめられていたのか」という思いを解き放つ一助とすることができる。また、これにより、被害児童生徒は、加害児童生徒によるいじめが加害児童生徒の都合による極めて不合理な理由に基づいてなされたものであって、自責の念を感じる必要がないものであったと認識することができる。これらを通じて、被害児童生徒が

---

152)　以上について、永田(u)375-376頁。

自尊感情や自己肯定感を一定程度回復することが期待される。

　また、別の例として、被害児童生徒からいじめの申告を受けた教員や学校の管理職がパワーハラスメントが常態化した職場で働き続けてきたことで、「ハラスメントやいじめの被害に遭う者には正当な理由や帰責性があり、助けられたり対応してもらえなかったりしても仕方がない」との認知の歪みを抱えるに至り、いじめの被害に適切に対応できなかった場合を想定しよう。その情報が被害児童生徒等に対して提供されることによって、被害児童生徒は、「なぜ適切に対応されなかったのか」、「自らに非があったために助けてもらえなかったのか」という疑問を解消することができる。また、これにより、被害児童生徒は、教員らの不適切な対応が教員らが抱える極めて不合理な理由に基づいてなされたものであって、自己が疚しさを感じる必要がないものであったと認識することができる。ここでもまた、これらを通じて、被害児童生徒が自尊感情や自己肯定感を一定程度回復することが期待される。

　これらの過程は、カウンセリング等を通じても多かれ少なかれもたらされようが、学校、学校の設置者又は調査組織による公的な又は公的な色彩を帯びた調査のほうが、「被害児童生徒がいじめ被害に遭う合理的な理由が存在しなかった」というメッセージをより強く打ち出すため、被害児童生徒の回復によりいっそう寄与することができることも多かろう[153]。

　逆に、これらの情報が被害児童生徒等に対して提供されなければ、事態の全容を把握できず、被害児童生徒が自らがいじめ被害に遭ったことに帰責性がないことを理解することもできないから、被害児童生徒の回復の機会が1つ失われてしまうこととなる。

　また、例えば、加害児童生徒に発達の課題があり、その内容が被害児童生徒等に対して伝えられた場合、その状況を踏まえてさらなる被害を防ぐための方策を適切に講じることができる可能性が開かれる。逆に、⑥関係者に関する様々な事情や関係者が抱える問題が被害児童生徒等に対して提

---

153)　永田(u)376頁。

第3章　課題及び解決策

供されなければ、重大事態に適切に対処することもできなくなってしまう
し、同種の事態の発生の防止も図ることができなくなってしまう。

3　個人情報保護法の解釈

　このように、被害児童生徒等に対して、①関係者の氏名、特に加害児童
生徒の氏名すら提供されないことも稀ではなく、②関係者の連絡先乃至⑥
関係者に関する様々な事情や関係者が抱える問題に至っては、提供されな
いのが通例である。

　このような情報提供のあり方は、個人情報保護法の解釈として妥当だろ
うか。

　以下、先に紹介した個人情報保護法に沿って検討することとしたい。

(1)　個人情報・保有個人情報

　まず、①関係者の氏名乃至⑥関係者に関する様々な事情や関係者が抱え
る問題の各情報は、「特定の個人を識別することができるもの」であるか、
氏名と組み合わせれば、「他の情報と容易に照合することができ、それに
より特定の個人を識別することができることとなる」から、「個人情報」
（個人情報保護法2条1項）に当たるか、当たりうるものである[154]。

　これらの「個人情報」は、行政機関等の職員が職務上作成し、又は取得
した個人情報であって、当該行政機関等の職員が組織的に利用するものと
して、当該行政機関等が保有しているものであり、地方公共団体等行政文
書に記録されているものであるから、「保有個人情報」（同法60条1項）で
ある[155]。

(2)　第三者提供の可否

　「保有個人情報」について、第三者に提供することは原則として許され

---

154)　永田(u)350-351頁。
155)　永田(u)357-359頁。

119

ないが、「法令に基づく場合」には、第三者に提供することが例外的に認められる（個人情報保護法69条1項）。

　ここで、「法令」に当たるのが、本法28条2項である。同法28条2項は、「学校の設置者又はその設置する学校は、前項の規定による調査を行ったときは、当該調査に係るいじめを受けた児童等及びその保護者に対し、当該調査に係る重大事態の事実関係等その他の必要な情報を適切に提供するものとする。」として情報提供義務を規定しているから、被害児童生徒等に対する情報提供は、まさに、「法令に基づく場合」に当たる[156]。

　従って、個人情報保護法の下では、公立学校において発生した重大事態の被害児童生徒等に対して、加害児童生徒等の被害児童生徒等以外の者に関する個人情報について、それらの者の同意がなくとも、情報提供を行うことができる[157]。

(3)　情報提供を行わなければならない範囲
ア　開示請求に基づく開示との関係

　もっとも、情報提供を行うことができるとしても、「法令に基づく場合」の提供の適否については、当該法令の趣旨によって定まるとされ、一律に決まるものではないから[158]、情報提供を行わなければならない範囲を画定する必要がある。この点について参考となるのは、学校の設置者が被害児童生徒又はその保護者からその保有個人情報の開示請求をなされた場合に、開示しなければならない範囲である。なぜなら、保有個人情報のうち、開示請求の際に開示情報と取扱われる情報については、被害児童生徒又はその保護者からの開示請求を待たずして、学校の設置者が被害児童生徒又はその保護者に対して情報提供を行わなければならないためである[159]。

---

156)　永田(u)360頁。
157)　永田(u)360頁。
158)　個人情報保護法69条1項と同じ規定であった行政機関個人情報保護法8条1項について同旨のものとして、総務省行政管理局監修38頁、高橋ほか539頁［山口亨］。
159)　永田(u)360-361頁。

第3章　課題及び解決策

　そこで、保有個人情報の開示についての規定を見ると、被害児童生徒又はその保護者は、調査によって得られた自己を本人とする保有個人情報の開示を請求することができる（個人情報保護法76条１項）。行政機関の長は、開示請求に係る保有個人情報に不開示情報のいずれかが含まれている場合を除き、開示請求者に対し、当該保有個人情報を開示しなければならない（同法78条１項柱書）。

　同法78条１項２号は開示請求者以外の個人に関する情報のうち、不開示情報に当たらない例外として、イ、ロ及びハの３つの類型を挙げるところ、①乃至⑥の各情報はこれらに当たるか。

イ　個人情報保護法78条１項２号イ、ロ及びハ

　第一に、「法令の規定により又は慣行として開示請求者が知ることができ、又は知ることが予定されている情報」（同法78条１項２号イ）に当たるか。

　まず、情報提供義務を定める本法28条２項は、「法令の規定」に当たる[160]。また、先に紹介した基本方針第２の４（1）ⅱ①第１段落並びにガイドライン第５第６項⑥、第６第８項及び第７第３項～第５項は、「法令」とまでは言えないが、文部科学省が策定したものであって、法令に準じる法規範であるから、「慣行」に当たる[161]。

　それゆえ、「法令の規定により又は慣行として」の要件を満たす。

　もっとも、「開示請求者が知ることができ、又は知ることが予定されている情報」の範囲については、本法28条２項、基本方針及びガイドラインにより明示されているわけではない。

　第二に、「人の生命、健康、生活又は財産を保護するため、開示することが必要であると認められる情報」（個人情報保護法78条１項２号ロ）に当たるか。

　生命心身財産重大事態（本法28条１項１号）においては、いじめにより、被害児童生徒の生命、健康又は財産に重大な被害が生じており、さらに、

---

160)　永田(u)363頁。

161)　永田(u)363-364頁。

121

それによって、被害児童生徒等の安全安心な生活が侵害されている。また、不登校重大事態（本法28条1項2号）においては、いじめにより、被害児童生徒が登校できない状態となっていることから、被害児童生徒等の安全安心な生活が侵害されている。それゆえ、生命心身財産重大事態においても、不登校重大事態においても、現実に被害児童生徒の生命、健康、生活又は財産が侵害されており、さらに、今後も侵害が継続したり、新たな侵害が発生したりするおそれが高いと言える。従って、「人の生命、健康、生活又は財産を保護するため」の要件を満たす[162]。

もっとも、「開示することが必要であると認められる情報」の範囲については、ここでもまた、本法28条2項、基本方針及びガイドラインにより明示されているわけではない。

第三に、「当該個人が公務員等……である場合において、当該情報がその職務の遂行に係る情報であるときは、当該情報のうち、当該公務員等の職及び当該職務遂行の内容に係る部分」（個人情報保護法78条1項2号ハ）に当たるか。

公立学校の教職員は、通例、「公務員等」に当たる。

また、いじめへの対応の内容は、それらの者にとって、本法23条、28条等に規定された職務の遂行に係るものであるから、「当該公務員等の職及び当該職務遂行の内容に係る部分」に当たり、全て不開示情報から除かれる[163]。

一方、当該公務員等の氏名については、公務員等以外の者と区別することなく、「法令の規定により又は慣行として開示請求者が知ることができ、又は知ることが予定されている情報」（個人情報保護法78条1項2号イ）又は「人の生命、健康、生活又は財産を保護するため、開示することが必要

162）　永田(u)365頁。

163）　永田(u)366頁。

164）　永田(u)366頁。宇賀(b)552頁、さらには個人情報保護法78条1項2号ハと同じ規定であった行政機関個人情報保護法14条1号ハについて、総務省行政管理局監修85頁、右崎ほか309頁［磯部哲］、宇賀(a)492頁は、「法令の規定により又は慣行として開示請求者が知ることができ、又は知ることが予定されてい↗

であると認められる情報」（同法78条 1 項 2 号ロ）と認められる場合に限って、不開示情報から除かれることとなる[164]。

　このように、「法令の規定により又は慣行として」（同法78条 1 項 2 号イ）、「人の生命、健康、生活又は財産を保護するため」（同法78条 1 項 2 号ロ）及び「当該公務員等の職及び当該職務遂行の内容に係る部分」（同法78条 1 項 2 号ハ）はいずれも満たされる。一方、「開示請求者が知ることができ、又は知ることが予定されている情報」（同法78条 1 項 2 号イ）又は「開示することが必要であると認められる情報」（同法78条 1 項 2 号ロ）の範囲については、本法28条 2 項、基本方針及びガイドラインにより明示されているわけではない。

ウ　「開示請求者が知ることができ、又は知ることが予定されている情報」・「開示することが必要であると認められる情報」

　これらの範囲の解釈の手掛かりとなるのは、本法28条 2 項の「当該調査に係る重大事態の事実関係等その他の必要な情報を適切に提供するものとする」との規定である。

　本法28条 2 項は、個人情報保護法の特則として、被害児童生徒等の知る権利を被害児童生徒等以外の個人情報保護の要請に優越させるものであるから、「適切に」が意味する範囲は、「開示請求者が知ることができ、又は知ることが予定されている情報」（同法78条 1 項 2 号イ）又は「開示することが必要であると認められる情報」（同法78条 1 項 2 号ロ）の範囲と一致する。

　そもそも、本法28条 1 項が定めるように、重大事態の調査は、重大事態に対処し、及び当該重大事態と同種の事態の発生の防止に資するために行われるものである。重大事態に的確に対処するためには、学校及び学校の設置者と被害児童生徒等が被害児童生徒を取り巻く状況の理解をともに深

＼る情報」に該当するか否かを検討するとしているが、「人の生命、健康、生活又は財産を保護するため、開示することが必要であると認められる情報」に該当するか否かも検討する必要がある。

め、その状況の理解を踏まえて、協議しながら様々な手立てを講じていくことが必要である[165]。

そのためには、学校、学校の設置者及び調査組織が被害児童生徒等に対してできる限り多くの情報を提供して、それらを両者が共有するようにしなければならない。従って、ここで、「適切に」とは、「できる限り多く」の意味であると解すべきである[166]。立法に関与した国会議員による逐条解説も、「適切に」提供するとは、当該事案についての説明責任が最大限全うされなければならない程度に学校の設置者等が情報を提供することであるとしており[167]、同旨であると言えよう。

以上から、「開示請求者が知ることができ、又は知ることが予定されている情報」又は「開示することが必要であると認められる情報」は、いじめの重大事態に関する情報については、いずれも、学校、学校の設置者及び調査組織が保有するできる限り多くの情報と解すべきである[168]。学校、学校の設置者及び調査組織は保有するできる限り多くの情報を被害児童生徒等に開示し、提供しなければならない。

従って、①関係者の氏名の情報及び⑥関係者に関する様々な事情や関係者が抱える問題の情報は、前述の通り、提供されない場合の弊害が極めて大きいことから、「開示請求者が知ることができ、又は知ることが予定されている情報」(同法78条1項2号イ)及び「開示することが必要であると認められる情報」(同法78条1項2号ロ)に当たるから、あらゆる場面において被害児童生徒等に提供されなければならない[169]。

一方、②関係者の連絡先の情報は、「開示請求者が知ることができ、又は知ることが予定されている情報」(同法78条1項2号イ)とまでは言えない。しかし、これらの情報は、前述の申入れを行ったり、法的措置を講じ

---

165) 永田(u)367頁。
166) 永田(u)367頁。
167) 小西204頁。
168) 永田(u)367頁。
169) 永田(u)368頁。

たりする際には「開示することが必要であると認められる情報」（同法78条１項２号ロ）に当たるから、これらの理由が示されれば、被害児童生徒等に提供されなければならない[170]。

　以上のように、被害児童生徒等に対して提供されなければ大きな弊害をもたらす情報については、個人情報保護法の解釈として、提供しなければならない。

4　解決策の必要性

　前述の通り、被害児童生徒等に対して提供されなければ、大きな弊害をもたらす①関係者の氏名乃至⑥関係者に関する様々な事情や関係者が抱える問題の情報については、被害児童生徒等に対して提供しなければならないところ、実務上、①関係者の氏名、特に加害児童生徒の氏名すら被害児童生徒等に対して満足に提供されておらず、その他の情報に至っては、ほとんど提供されていない現状がある。

　本法施行後10年の間に、調査の実施自体が目的化・口実化することがしばしば見受けられるようになった。本法28条１項柱書は、重大事態への対処及び同種の事態の発生の防止に資するために調査を実施するとしているにもかかわらず、調査の実施が自己目的化し、調査が学校及び学校の設置者によって「調査を実施しました」として「やった感」・「やっている感」を醸し出すための口実に利用されるようになってきている。このような調査の在り方の帰結として、被害児童生徒等に対して提供されなければならない情報すら提供されず、重大事態への対処にも、同種の事態の発生の防止にも役立たないという事態が招来されているのである。

　こうした中で、先に紹介したように、公立学校についても、規定に（若干の）差があった各地方公共団体の個人情報保護条例に代わって、個人情報保護法が適用されることとなり、重大事態の被害児童生徒等に対する情報提供の範囲についても、個人情報保護法により全国で等しく規律される

---

170)　永田(u)370-373頁。

こととなった。これにより、本法28条２項の情報提供義務に基づく情報提供の範囲について、本法が具体的に示すことができるようになった。

それゆえ、学校、学校の設置者又は調査組織による被害児童生徒等に対する情報提供の範囲について、本法が具体的に示す必要がある。

5　解決策

以下、本法の改正による解決策を提案したい。

第一に、本法の改正により、学校、学校の設置者及び調査組織により被害児童生徒等に対して提供しなければならない情報の範囲として、①関係者の氏名乃至⑥関係者に関する様々な事情や関係者が抱える問題の情報を例示列挙すべきである。

第二に、提供されるべき情報であるにもかかわらず、学校、学校の設置者等及び調査組織がこれらの情報を提供しない場合に、被害児童生徒又はその保護者の申立てによって、裁判所、具体的には家庭裁判所が被害児童生徒等に対する情報提供の判断を迅速に行う方途を本法の改正により用意すべきである[171]。

---

171)　永田(c)90頁。

第3章　課題及び解決策

第9節　調査結果を踏まえた対応

1　関連規定

(1)　本法の規定

　本法は、同法28条1項柱書が重大事態への対処に資するよう調査を行うことを規定するのみであって、調査結果を踏まえて行う重大事態への対処、具体的には被害児童生徒等及び加害児童生徒等へなすべき支援等について、何ら規定していない。

　もっとも、本法23条3項は、以下のように、①被害児童生徒等に対する支援、②加害児童生徒に対する指導、③加害児童生徒の保護者に対する助言をいずれも継続的に行うことを定めている。同条項は、いじめに対する措置として規定されているものの、重大事態と重大事態に当たらないいじめは大小関係に立つ。また、重大事態に当たらないいじめに対して前記①乃至③の措置が講じられるのみであって、対処が予定されている重大事態においてこれらの措置が講じられないとするのは均衡を失する。それゆえ、重大事態においても、前記①乃至③の措置が講じられる必要があると解すべきである。

> **本法23条3項**
>
> 　学校は、前項の規定による事実の確認によりいじめがあったことが確認された場合には、いじめをやめさせ、及びその再発を防止するため、当該学校の複数の教職員によって、心理、福祉等に関する専門的な知識を有する者の協力を得つつ、いじめを受けた児童等又はその保護者に対する支援及びいじめを行った児童等に対する指導又はその保護者に対する助言を継続的に行うものとする。

　また、本法25条は、加害児童生徒に対する校長及び教員による懲戒（学校教育法11条）を規定している。

　さらに、本法26条は、加害児童生徒に対する出席停止制度（学校教育法35条1項、49条）の適切な運用を求めることを規定している。

127

(2) ガイドライン等における被害児童生徒及びその兄弟姉妹並びにその保護者に対する支援

　ガイドラインは、その第5第12項[172]、第13項[173]において、以下のように、被害児童生徒等、さらには被害児童生徒の兄弟姉妹に対して調査開始前の段階から支援を行うことを、その第9第1項において、調査結果とりまとめ後に被害児童生徒に対する支援を行うことをそれぞれ規定している。

ガイドライン第5　被害児童生徒・保護者等に対する調査方針の説明等

（被害児童生徒・保護者のケア）

○　被害児童生徒・保護者が精神的に不安定になっている場合、カウンセリングや医療機関によるケアを受けるように勧めること。この際、可能な限り、学校の教職員やスクールカウンセラー・スクールソーシャルワーカー等が寄り添いながら、専門機関による支援につなげることが望ましい。また、被害児童生徒に学齢期の兄弟姉妹がいる場合には、必要に応じ、当該兄弟姉妹の意思を尊重しながら、学校生活を送る上でのケアを行うこと。

○　学校の設置者として、学校への積極的な支援を行うこと。特に市町村教育委員会においては、いじめを受けた児童生徒その他の児童生徒が安心して教育を受けられるようにするため、いじめの加害児童生徒に対する出席停止措置の活用や、被害児童生徒・保護者が希望する場合には、就学校の指定の変更、区域外就学等の弾力的な対応を検討することも必要である。

ガイドライン第9　調査結果を踏まえた対応

（被害児童生徒への支援、加害児童生徒に対する指導等）

○　被害児童生徒に対して、事情や心情を聴取し、当該児童生徒の状況に応じた継続的なケアを行い、被害児童生徒が不登校となっている場合は学校生活への復帰に向けた支援や学習支援を行うこと。その際、必要に応じて、スクールカウンセラー・スクールソーシャルワーカー等の専門家を活用すること。

　基本方針第2の3（4）ⅲ）第3段落[174]及び第6段落[175]は、被害児童生徒を徹底して守り通すことを定め、同第6段落は、学校いじめ対策組織（本法22条）が「いじめが解消に至るまで被害児童生徒の支援を継続する

---

172)　規定の詳細な解説として、永田(u)228頁以下。

173)　規定の詳細な解説として、永田(u)233頁以下。本項は、第9第3項において再掲されている。

174)　「学校いじめ対策組織において情報共有を行った後は、事実関係の確認の上、組織的に対応方針を決定し、被害児童生徒を徹底して守り通す。」

ため、支援内容、情報共有、教職員の役割分担を含む対処プランを策定し、確実に実行する」ことを求めている。

また、基本方針の別添2（学校における「いじめの防止」「早期発見」「いじめに対する措置」のポイント）の（3）③[176]は、(a)被害児童生徒の自尊感情を高めること、(b)被害児童生徒の見守りを行うこと、(c)被害児童生徒に寄り添い支える体制を作ること、(d)落ち着いて教育を受けられる環境の確保を図ること、(e)いじめによる後遺症へのケアを行うこと等の被害児童生徒に対して様々な支援を行うことを求める。

これらは、いじめに対する措置として求められているところ、本法23条3項の各措置が重大事態においても講じられる必要があるのと同じ理由

175) 「学校は、いじめが解消に至っていない段階では、被害児童生徒を徹底的に守り通し、その安全・安心を確保する責任を有する。学校いじめ対策組織においては、いじめが解消に至るまで被害児童生徒の支援を継続するため、支援内容、情報共有、教職員の役割分担を含む対処プランを策定し、確実に実行する。」

176) 「いじめられた児童生徒から、事実関係の聴取を行う。その際、いじめられている児童生徒にも責任があるという考え方はあってはならず、『あなたが悪いのではない』ことをはっきりと伝えるなど、自尊感情を高めるよう留意する。また、児童生徒の個人情報の取扱い等、プライバシーには十分に留意して以後の対応を行っていく。

家庭訪問等により、その日のうちに迅速に保護者に事実関係を伝える。いじめられた児童生徒や保護者に対し、徹底して守り通すことや秘密を守ることを伝え、できる限り不安を除去するとともに、事態の状況に応じて複数の教職員の協力の下、当該児童生徒の見守りを行うなど、いじめられた児童生徒の安全を確保する。

あわせて、いじめられた児童生徒にとって信頼できる人（親しい友人や教職員、家族、地域の人等）と連携し、いじめられた児童生徒に寄り添い支える体制をつくる。いじめられた児童生徒が安心して学習その他の活動に取り組むことができるよう、必要に応じていじめた児童生徒を別室において指導することとしたり、状況に応じて出席停止制度を活用したりして、いじめられた児童生徒が落ち着いて教育を受けられる環境の確保を図る。状況に応じて、心理や福祉等の専門家、教員経験者・警察官経験者など外部専門家の協力を得る。さらに、必要に応じ、被害児童生徒の心的外傷後ストレス障害（PTSD）等のいじめによる後遺症へのケアを行う。

いじめが解消したと思われる場合（本文第2の3（4）iii［P30］参照）でも、継続して十分な注意を払い、折りに触れ必要な支援を行うことが大切である。また、事実確認のための聴き取りやアンケート等により判明した情報を適切に提供する。」

により、重大事態においても講じられる必要があると解すべきである。

　さらに、教育機会確保法7条に基づいて平成29年（2017年）3月31日に策定された教育機会確保基本指針は、不登校児童生徒に対して、学校が組織的計画的な支援を行い、登校時にも被害児童生徒の状況に応じた支援を推進することを求めている[177]。被害児童生徒が不登校となっている場合、同法及び同基本指針に基づく支援もなされなければならない[178]。

(3) ガイドライン等における加害児童生徒に対する指導

　ガイドラインは、その第5第13項において、以下のように、調査開始前の段階から加害児童生徒に対する出席停止措置の活用を検討することを、その第9第2項[179]において、調査結果のとりまとめ後の加害児童生徒に対する指導をそれぞれ規定している。

> ガイドライン第9　調査結果を踏まえた対応
>
> ○　調査結果において、いじめが認定されている場合、加害者に対して、個別に指
> 　導を行い、いじめの非に気付かせ、被害児童生徒への謝罪の気持ちを醸成させる。
> 　加害児童生徒に対する指導等を行う場合は、その保護者に協力を依頼しながら行

---

177)　教育機会確保法は、「不登校児童生徒が安心して教育を十分に受けられるよう、学校における環境の整備が図られるようにすること。」を基本理念の1つとして掲げる（同法3条3号）。

　教育機会確保基本方針は、その2（2）①イにおいて、「個々の不登校児童生徒の状況に応じた支援の推進」の1つとして、「組織的・計画的な支援」を挙げ、「不登校児童生徒に対しては、学校全体で支援を行うことが必要であり、校長のリーダーシップの下、学校や教員がスクールカウンセラーやスクールソーシャルワーカー等の専門スタッフ等と不登校児童生徒に対する支援等について連携・分担する『チーム学校』体制の整備を推進する。」と定める。

　また、同指針2（2）①ウは、「登校時における支援」を挙げ、「不登校児童生徒が自らの意思で登校してきた場合は、温かい雰囲気で迎え入れられるよう配慮するとともに、保健室、相談室や学校図書館等も活用しつつ、安心して学校生活を送ることができるよう児童生徒の個別の状況に応じた支援を推進する。」と規定する。

178)　永田(u)448-449頁。

179)　規定の詳細な解説として、永田(u)450頁以下。

うこと。また、いじめの行為について、加害者に対する懲戒の検討も適切に行うこと。

基本方針第2の3（4）iii）第4段落[180]は、加害児童生徒への指導について、「教職員全員の共通理解、保護者の協力、関係機関・専門機関との連携の下で取り組む」ことを規定している。

また、基本方針の別添2の（3）④第3段落及び第4段落[181]は、(a)加害児童生徒にいじめをやめさせ、その再発を防止する措置を執ること、(b)加害児童生徒にいじめ行為の責任を自覚させること、(c)加害児童生徒の出席停止及び警察との連携による措置も含めて毅然とした対応をすること等の加害児童生徒に対して様々な支援を行うことを求める。

（4）ガイドライン等における加害児童生徒の保護者に対する助言

ガイドラインは、加害児童生徒の保護者に対する助言について、規定していない。

---

180) 「加害児童生徒に対しては、当該児童生徒の人格の成長を旨として、教育的配慮の下、毅然とした態度で指導する。これらの対応について、教職員全員の共通理解、保護者の協力、関係機関・専門機関との連携の下で取り組む。」

181) 「いじめた児童生徒への指導に当たっては、いじめは人格を傷つけ、生命、身体又は財産を脅かす行為であることを理解させ、自らの行為の責任を自覚させる。なお、いじめた児童生徒が抱える問題など、いじめの背景にも目を向け、当該児童生徒の安心・安全、健全な人格の発達に配慮する。児童生徒の個人情報の取扱い等、プライバシーには十分に留意して以後の対応を行っていく。いじめの状況に応じて、心理的な孤立感・疎外感を与えないよう一定の教育的配慮の下、特別の指導計画による指導のほか、さらに出席停止や警察との連携による措置も含め、毅然とした対応をする。教育上必要があると認めるときは、学校教育法第11条の規定に基づき、適切に、児童生徒に対して懲戒を加えることも考えられる。〈脚注省略〉

　　　ただし、いじめには様々な要因があることに鑑み、懲戒を加える際には、主観的な感情に任せて一方的に行うのではなく、教育的配慮に十分に留意し、いじめた児童生徒が自ら行為の悪質性を理解し、健全な人間関係を育むことができるよう成長を促す目的で行う。」

基本方針の別添2の（3）④第2段落[182]は、加害児童生徒の保護者に対して継続的な助言を行うことを定めている。

2　実務上の問題
（1）　学校及び学校の設置者による重大事態への対処の不十分さ

学校及び学校の設置者が重大事態への対処を十分に行うことは少ない。

まず、前述の通り、学校及び学校の設置者には、被害児童生徒等に対する支援、加害児童生徒に対する指導及び加害児童生徒の保護者に対する助言が求められるところ、それらが十分に実施されることは決して多くはない。

次に、被害児童生徒も加害児童生徒も同じ学校に在籍するという大半の事例においては、第3章第1節で述べた通り、被害児童生徒の学校復帰又は教室復帰に当たって、①学校及び学校の設置者、②被害児童生徒等、③加害児童生徒等との間で学校及び学校の設置者による様々な調整が必要とされるところ、それらが実施されることは少なく、十分に実施されることは稀である。

そもそも、上記の支援、指導及び助言並びに調整は、重大事態でなくとも、およそいじめに対してなされるべきものである。しかし、重大事態以外のいじめにおいても、学校及び学校の設置者がこれらを必ずしも十分に実施してきたわけではない。

これらの実施を困難にしているのは、加害児童生徒等の実態とそれに対する学校及び学校の設置者の対応であろう。

重大事態以外のいじめにおいて、学校及び学校の設置者は、加害児童生徒等に問題があることから、加害児童生徒を「加害者」と位置付けて対応すれば、加害児童生徒等とトラブルになりやすいことを経験上理解していることもあってか、本法及び基本方針の規定にもかかわらず、在籍する児童生徒について、「被害者」及び「加害者」と位置付けることに極めて消極

---

182)　「また、事実関係を聴取したら、迅速に保護者に連絡し、事実に対する保護者の理解や納得を得た上、学校と保護者が連携して以後の対応を適切に行えるよう保護者の協力を求めるとともに、保護者に対する継続的な助言を行う。」

的である。

　そのためもあって、学校及び学校の設置者は、被害児童生徒及び加害児童生徒を「被害者」と「加害者」に二分せずに、対応しようとしがちである。

　しかし、学校及び学校の設置者によるこのような曖昧模糊とした対応は、加害児童生徒等に加害児童生徒の加害性を十分に、ともすれば全く認識させるものではない。そのような状況の下で、加害児童生徒等に一定の協力を求めても、「なぜ、自分（の子）が指導を受けなければならないのか」、「なぜ、自分（の子）がそのような不利益を甘受しなければならないのか」等の不満を抱かせやすく、指導及び助言並びに調整をかえって難しくすることにつながりかねない。加害児童生徒が複数である事案も多いところ、そのような場合には、指導及び助言並びに調整はより困難なものとなりがちである。

　こうした場面で、加害児童生徒等の協力を得られずに困った学校及び学校の設置者は、加害児童生徒への指導を放棄するとともに、上記の調整のために被害児童生徒等に対して、客観的に見て過度な譲歩又は妥協を求めがちである。しかし、このような弥縫策は、「なぜ、加害児童生徒に指導を行わないのか」、「被害に遭ったのに、基本方針の規定通りに扱ってもらえない」等の不満を被害児童生徒等に抱かせやすく、上記の調整をいっそう難しくしてしまう。

　重大事態以外のいじめ事案において、学校及び学校の設置者がこのような経験を積み重ねていることは少なくないものと思われる。

　重大事態においては、加害児童生徒等の問題性がより深刻であることが一般に見受けられる。また、重大事態発生前又は発生後に学校又は学校の設置者が不適切な対応を行った結果、学校及び学校の設置者と被害児童生徒等との関係が悪化している事例も多い。その結果、上記の調整が難航し、暗礁に乗り上げてしまいやすい。

　かくして、学校及び学校の設置者による重大事態への対処は、「うまくいかない、面倒ばかりが増す、やりたくない仕事」となりがちである。

　こうした中で、学校及び学校の設置者が重大事態への対処を十分に行わ

なかったとしても、それを是正する方策は本法には用意されていない。

（2） 重大事態への対処を命じる権限がないこと

しかも、支援の必要性がどれほど高くとも、被害児童生徒等の意思に反して行うことはできない。同様に、指導の必要性がどれほど高くとも、加害児童生徒等の意思に反して行うことはできない。加害児童生徒の保護者に対する助言を行っても、それを受け入れたり、その助言に従って行動したりするかは加害児童生徒の保護者に委ねられている。

また、上記の調整が不調に終わった場合に、一定の決定を行ってその内容を命じる権限も認められていない。

3　解決策の必要性

調査を行っても、調査結果を踏まえて重大事態への対処が適切に行われないようでは、調査の意義は失われてしまう。

すなわち、被害児童生徒、その兄弟姉妹及びそれらの保護者が受けるべき支援が適切になされなければ、被害児童生徒、その兄弟姉妹及びそれらの保護者の被害回復は遠のいてしまう。また、加害児童生徒が受けるべき指導及び加害児童生徒の保護者が受けるべき助言が適切になされなければ、加害児童生徒の問題性は軽減されず、加害児童生徒により新たないじめがなされかねない。

さらに、被害児童生徒の学校復帰又は教室復帰のための様々な調整がなされなければ、被害児童生徒の学校復帰又は教室復帰が叶わなかったり、被害児童生徒が学校又は教室に復帰しても安全安心な学校生活を送ることができないままとなってしまったりしてしまう。

被害児童生徒のためにも、加害児童生徒のためにも、さらに彼らと一緒に学校生活を送ることから様々な影響を受ける他の児童生徒のためにも、重大事態への対処を適切に行う必要がある。

それゆえ、調査結果を踏まえた重大事態への対処について、学校及び学校の設置者が適切に実施しない場合及び適切に実施できない場合に執りう

第3章　課題及び解決策

る方策を用意する必要がある。

4　解決策

　以下、本法の改正による解決策を提案したい。

　第一に、調査結果を踏まえた対応について、一定の行為を命じる権限を本法の改正により明文化すべきである。

　もっとも、ここでもまた、学校、学校の設置者及び第三者委員会を含む調査組織に以上の権限を認めることは困難であり、仮にその権限を認めても実効的に行使することも難しいように思われる。

　そこで、第二に、これらの権限を裁判所、具体的には家庭裁判所に認めることを提案したい。詳細については、第4章で示すこととしたい。

135

第10節　再調査

1　関連規定

　本法29条2項、30条2項、30条の2、31条2項、32条2項、5項は、同法28条1項が求める調査（以下、「原調査」と記述する）の報告を受けた地方公共団体の長等が「当該報告に係る重大事態への対処又は当該重大事態と同種の事態の発生の防止のため必要があると認めるときは……調査の結果について調査を行うことができる」として再調査ができることを定めている。

　もっとも、本法は、再調査について、「行うことができる」（同法29条2項、30条2項、30条の2、31条2項、32条2項、5項）とするのみであって、どのような場合に再調査を行う必要があるのかについて定めていない。言い換えれば、再調査を行わなければならない要件についても、再調査を行いうる要件についても、規定していないのである。

　また、基本方針も、再調査を行わなければならない要件についても、再調査を行いうる要件についても、規定していない。

　一方、ガイドラインは、その第10第1項[183]において、以下のように、「例えば、以下に掲げる場合は、学校の設置者又は学校による重大事態の調査が不十分である可能性があるため、地方公共団体の長等は、再調査の実施について検討すること。」と規定し、4つの場合を例示列挙する。

ガイドライン第10　地方公共団体の長等による再調査

（再調査を行う必要があると考えられる場合）

○　例えば、以下に掲げる場合は、学校の設置者又は学校による重大事態の調査が不十分である可能性があるため、地方公共団体の長等は、再調査の実施について検討すること。

①調査等により、調査時には知り得なかった新しい重要な事実が判明した場合又は新しい重要な事実が判明したものの十分な調査が尽くされていない場合

②事前に被害児童生徒・保護者と確認した調査事項について、十分な調査が尽くされていない場合

③学校の設置者及び学校の対応について十分な調査が尽くされていない場合

---

183)　規定の詳細な解説として、永田(u)473頁以下。

> ④調査委員の人選の公平性・中立性について疑義がある場合
> ※^{ママ} ただし、上記①～④の場合に、学校の設置者又は学校による重大事態の調査（当初の調査）の主体において、追加調査や構成員を変更した上での調査を行うことも考えられる。

　もっとも、ガイドラインは、「再調査を行う必要があると考えられる場合」を例示列挙しているにすぎず、「再調査を行う必要がある場合」を規定しているわけではない。

　このように、ガイドラインは、「再調査を行う必要がある場合」ではなく、「再調査を行う必要があると考えられる場合」と規定することにより、本法が再調査を「行うことができる」としていることと相まって、地方公共団体の長等が再調査の実施の判断に裁量を有することを示している[184]。

　地方公共団体の長等のかかる判断の重要な資料となるのが被害児童生徒等による所見書である。ガイドラインは、その第7第2項[185]において、以下のように規定している。

> ガイドライン第7　調査結果の説明・公表
> （地方公共団体の長等に対する所見の提出）
> ○　調査結果を地方公共団体の長等に報告する際、被害児童生徒・保護者は、調査結果に係る所見をまとめた文書を、当該報告に添えることができる。学校の設置者及び学校は、このことを、予め被害児童生徒・保護者に対して伝えること。

　基本方針第2の4（1）ⅱ）②第2段落[186]もほぼ同内容を定めている。

2　実務上の問題

　ガイドラインが「再調査を行う必要があると考えられる場合」として例示列挙した4つの類型のうち、①は、結果として調査不尽となった類型である。②及び③は、調査不尽であった類型である。④は、調査の正当性に

---

184)　永田(u)476頁。
185)　既定の詳細な解説として、永田(u)337頁以下。本項は、第10第2項において再掲されている。
186)　「上記①の説明の結果を踏まえて、いじめを受けた児童生徒又はその保護者が希望する場合には、いじめを受けた児童生徒又はその保護者の所見をまとめた文書の提供を受け、調査結果の報告に添えて地方公共団体の長等に送付する。」

問題が生じた類型である。

これらの類型に当たる場合、再調査を行う必要があることに争いはないであろう。

これら以外にも、再調査を行う必要がある場合としては、⑤原調査の手続に軽微とは言えない瑕疵がある場合（手続違反があった類型）、⑥重大事態への対処又は当該重大事態と同種の事案の発生の防止のための方策が十分に示されていない場合（重大事態への対処等のための提案が十分でない類型）等が考えられる[187]。

しかし、本法も、基本方針及びガイドライン等も、再調査を行う必要がある場合を規定していない。また、本法も、ガイドラインも、所見書を通じて被害児童生徒等が求めた場合に、再調査を必ず行わなければならないとしているわけではない。

一般に、被害児童生徒等が原調査の結果に納得しておらず、再調査を求める場合には、原調査に何らかの問題が存在している可能性が高いであろう[188]。

しかし、再調査の実施の判断は、地方公共団体の長等の裁量に委ねられていることから、上記の①乃至⑥のいずれか又は複数に該当し、再調査を行う必要があることが明らかであり、被害児童生徒等が再調査を求めた場合であっても、地方公共団体の長等が再調査を行わないと判断する例が少なくない。

しかも、地方公共団体の長等が再調査を行わないとした場合にその判断の是非を問う手続は用意されていない。

---

187)　永田(u)482-483頁。

188)　横山35頁は、何らかの問題が存在しているはずと断言する。加藤慶子66-72頁は、再調査の要否の判断を検討し、調査において、(a)事実関係の全貌が十分に明確にされたと判断できるか、(b)当該報告に係る重大事態への対処や同種事態の再発防止に資する内容となっているかどうかという2つの柱から、再調査の要否の判断を検討するためのチェックリストを提案しており（同73頁）、参考になる。

第3章　課題及び解決策

3　解決策の必要性

　原調査が上記の①乃至③のいずれかに当たる場合、調査不尽であるから、再調査が行われなければ、事実関係の明確化がなされず、被害児童生徒等の「知りたいという切実な思い」（ガイドラインの第1第1項）に応えることができなくなる。また、事実関係の明確化がなされない以上、重大事態への対処及び同種の事態の発生の防止を図ることができなくなってしまう。

　原調査が上記の④に当たる場合、調査の正当性に問題があるため、十全な調査がなされていないのが通例である。再調査が行われなければ、事実関係の明確化がなされず、原調査が上記の①乃至③のいずれかに当たる場合と同様の問題が生じることとなる。

　原調査が上記の⑤に当たる場合、調査手続に違反があるため、十全な調査がなされていないのが通例である。再調査が行われなければ、事実関係の明確化がなされず、原調査が上記の①乃至③のいずれかに当たる場合と同様の問題が生じることとなる。

　原調査が上記の⑥に当たる場合、重大事態への対処又は当該重大事態と同種の事案の発生の防止のための提案が十分でないから、再調査が行われなければ、重大事態への対処又は同種の事態の発生の防止を図ることができなくなってしまう。

　このように、原調査が上記の①乃至⑥のいずれかに当たる場合、本法28条1項の目的である重大事態への対処又は同種の事態の発生の防止を図ることができなくなってしまう。

　それゆえ、原調査が上記の①乃至⑥のいずれかに当たる場合に再調査が適切に実施される方策を用意する必要がある。

4　解決策

　以下、本法の改正による解決策を提案したい。

　第一に、本法の改正により、再調査を行う必要がある場合として、上記の①～⑥を例示列挙すべきである。

　第二に、再調査を行う必要があるにもかかわらず、地方公共団体の長等

139

が再調査を実施しない場合に、被害児童生徒又はその保護者の申立てによって、地方公共団体の長等以外の機関として、裁判所、具体的には家庭裁判所が迅速に再調査の実施の判断を行う方途を本法の改正により用意すべきである。

第4章 家庭裁判所における手続創設の提案

　前章においては、①重大事態発生の判断を行う学校及び学校の設置者以外の機関として（第1節）、②迅速な調査を行うための機関として（第5節）、③証人尋問、鑑定、通訳、翻訳、検証、押収及び捜索等の調査権限を有する機関として（第6節）、④被害児童生徒等に対する情報提供の判断を行う機関として（第8節）、⑤再調査実施の判断を行う地方公共団体の長等以外の機関として（第9節）、家庭裁判所を提案することを述べた。

　本章では、これらの機関として、なぜ家庭裁判所がふさわしいのか論じた上、家庭裁判所における手続創設の提案を行うこととしたい[1]。

第1節　本法が求める学校及び学校の設置者の役割の多重性
1　学校及び学校の設置者が果たすべき役割

　本法、基本方針及びガイドライン等は、重大事態において、学校及び学校の設置者に対して、複数の役割を求めている。

　第一に、①重大事態の発生を判断する役割である（本法28条1項柱書、ガイドライン第2）。

　第二に、②調査を行って事実関係を明確にする役割である（本法28条1項柱書、ガイドライン第4～第8）。

　第三に、③被害児童生徒等、さらには被害児童生徒の兄弟姉妹に対して支援を行う役割である（本法23条3項、教育機会確保法3条3号、教育機会確保基本方針2の（2）①イ、ウ、ガイドライン第5第12項、第9第1項等）。

　第四に、④加害児童生徒に対して指導を行う役割である（本法23条3項、25条、26条、ガイドライン第5第13項、第9第2項）。

---

1)　概略的な構想を示したものとして、Nagata (d), at 24-26.

第五に、⑤加害児童生徒の保護者に対して助言を行う役割である（本法23条3項）。

第六に、⑥再発防止策を検討して講じる役割である（ガイドライン第9第4項）。

ガイドラインは、以下のように、その第9第4項において、再発防止策の検討を求めているのみである。しかし、実効性のある再発防止策が講じられなければ、当該重大事態と同種の事態の発生の防止に資することがないのは明らかであるから、学校の設置者等が再発防止策を講じなければならないということを含意すると解すべきである[2]。

第9　調査結果を踏まえた対応

○　学校の設置者は、調査結果において認定された事実に基づき、いじめの未然防止、早期発見、対処、情報共有等の学校の設置者及び学校の対応について検証し、再発防止策の検討を行うこと。

これらをまとめると、①重大事態の発生を判断する役割及び②調査を行って事実関係を明確にする役割は(A)判断・調査の役割と言える。

また、③被害児童生徒等、さらには被害児童生徒の兄弟姉妹に対して支援を行う役割、④加害児童生徒に対して指導を行う役割、並びに⑤加害児童生徒の保護者に対して助言を行う役割は、(B)重大事態に対処する役割と言える。

さらに、⑥再発防止策を検討して講じる役割は、(C)同種の事態の発生の防止を図る役割と言える。

このように、学校及び学校の設置者は、重大事態において、複数の役割を果たすことが求められている。

2　負担の過重性

以上の役割のうち、(B)重大事態に対処する役割及び(C)同種の事態の発生の防止を図る役割は、生徒指導及び学習指導という学校教育の基本的

---

2)　藤川91頁も同旨。

142

本質的な部分に属するものである。

これに対して、(A)判断・調査の役割、特に調査の役割は、生徒指導等の基礎となるものであるものの、学校教育の基本的本質的部分とまでは言い難いところがある。

しかも、(A)判断・調査の役割のうち、調査の役割は、学校及び学校の設置者にとって、負担が大きく、その役割を十分に果たすことが困難なものである。

なぜなら、学校及び学校の設置者は、調査によって事実関係の明確化を図るための能力及び経験を十分に有しているわけではないためである。そもそも、学校及び学校の設置者の教職員は、事実関係の明確化を図るためのトレーニングを受けているわけではない。しかも、学校及び学校の設置者は、これまで発生してきた数多くのいじめに対応する中でその能力を高め、経験を共有する機会が数多あったにもかかわらず、担任や部活動の顧問等の個々の教職員にその対応を委ねるばかりで、学校及び学校の設置者として組織的対応を十分に又は全く行わず、その能力を高めたり、経験を共有したりすることを怠ってきた。

また、調査を第三者委員会が担う場合であっても、調査に当たる委員の選任のための職能団体等への推薦依頼から始まって、その設置及び運営が学校又は学校の設置者にとって大きな負担となることも少なくない。

3　他の機関との役割分担の必要性

このように、学校及び学校の設置者にとって、調査の役割の負担の大きさは、学校及び学校の設置者が本来果たすべきであって、得意とするはずの(B)重大事態に対処する役割及び(C)同種の事態の発生の防止を図る役割を担うエネルギーを奪ってしまいがちである。このことは、先に指摘した通り、調査自体が目的化・口実化する原因の1つともなっていよう。

一方で、(A)判断・調査の役割が十分に果たされないと、事実関係の明確化が図られないから、明確化された事実関係を基礎に行われるべき(B)重大事態に対処する役割及び(C)同種の事態の発生の防止を図る役割を適

切に果たすことができなくなってしまう。

そもそも、前述の通り、(B)重大事態に対処する役割及び(C)同種の事態の発生の防止を図る役割は、生徒指導及び学習指導という学校教育の基本的本質的な部分に属するものであるから、学校及び学校の設置者が果たす必要があるのに対して、(A)判断・調査の役割、特に調査の役割は、学校教育の基本的本質的部分とまでは言い難いところがあるから、必ずしも学校及び学校の設置者が担う必要はない。

そこで、学校及び学校の設置者が(A)判断・調査の役割を果たすことができない場合、その役割を別の機関が担うようにすべきである。そうすれば、学校及び学校の設置者は、本来果たすべきであって、得意とするはずの(B)重大事態に対処する役割及び(C)同種の事態の発生の防止を図る役割を果たすことに専念することができる。

第2節　判断・調査の役割を担うのにふさわしい機関
1　判断・調査の役割を果たすことができる機関の条件

それでは、(A) 判断・調査の役割を果たすことができる機関は何か。まず、判断・調査の役割を果たすことができる機関の条件から検討することとしたい。

(1) 法規範の遵守が確保されること

第一に、法規範の遵守が確保されることである。

第2章第2節で指摘したように、学校及び教育委員会の教職員並びに第三者調査委員会の委員等には、遵法意識が著しく欠如している者が少なからず存在する。「教育反社」と言うほかない者に至ってはなおさらである。また、第2章第3節で詳述したように、裁判所は、「反社会的な裁量論」を採って、「教育反社」による違法及び違反を助長促進してきた。さらに、第3章第4節で紹介したように、過失によるのみならず、故意に法規範の違反を行う学校若しくは学校の設置者又は調査組織も存在する。そして、第3章第7節及び第8節で紹介したように、経過報告を適切に行わなかった

り、調査結果について適切に情報提供しなかったりする学校若しくは学校の設置者又は調査組織が後を絶たない。それゆえ、判断・調査の役割を担う機関には、法規範の遵守が確保されることが必要不可欠である。

（2）公平性・中立性が確保されること

第二に、公平性・中立性が確保されることである。

第3章第2節で紹介したように、調査組織に公平性・中立性がなかったり、それらに疑念が生じたりすることが多発している。それゆえ、判断・調査の役割を担う機関には、公平性・中立性が確保されることも必要不可欠である。

（3）専門性が確保されること

第三に、専門性が確保されることである。

第3章第3節で紹介したように、調査組織に専門性がなかったり、それらに疑念が生じたりすることがしばしば発生している。それゆえ、判断・調査の役割を担う機関には、専門性が確保されることも必要不可欠である。

（4）事実認定及び具体的な行為を命じる判断を迅速に行う能力があること

第四に、事実認定及び具体的な行為を命じる判断を迅速に行う能力があることである。

第3章第5節で紹介したように、調査に要する期間は年単位に及ぶことが少なくなく、その結果、調査又は重大事態への対処を適切に実施することができなくなってしまう事例も少なからず発生している。それゆえ、判断・調査の役割を担う機関には、事実認定及び具体的な行為を命じる判断を迅速に行う能力があることも必要不可欠である。

（5）事実認定を行うための権限を有すること

第五に、事実認定を行うための権限を有することである。

第3章第6節で紹介したように、調査組織は、証人尋問、鑑定、検証、

145

押収及び捜索等の権限を有しないから、調査対象者に拒否されてしまえば、聴き取り等はできず、証拠も得られない。それゆえ、判断・調査の役割を担う機関には、事実認定を行うための権限が確保されることも必要不可欠である。

（6）具体的な行為を命じる権限を有すること

第六に、具体的な行為を命じる権限を有することである。

第3章第9節で指摘したように、学校及び学校の設置者が重大事態への対処を十分に行うことは少なく、重大事態への対処を十分に行わなかった場合にそれを是正する方策は本法には用意されていない。また、重大事態への対処に当たって、加害児童生徒等をはじめとする関係者の協力が得られないこともある。それゆえ、判断・調査の役割を担う機関には、具体的な行為を命じる権限が確保されることも必要不可欠である。

2　判断・調査の役割を担うのにふさわしい機関

上記の（A）判断・調査の役割を果たすことができる機関の条件を踏まえ、判断・調査の役割を担うのにふさわしい機関として、家庭裁判所を提案したい。

（1）法規範の遵守が確保されること

第一に、法規範の遵守が確保される機関として、裁判所はふさわしいと考えられる。

この点については、前述の通り、いじめに関する法規範の遵守についてすら第三者委員会の裁量であるとする反社会的な判断を行った裁判所もあることから、裁判所の遵法意識及びそれに基づく法規範の遵守には重大な懸念がある。

もっとも、上記の判断は、裁判所が自ら法規範に違反した事案ではなく、第三者委員会による法規範違反が争われた事案についてのものであるから、裁判所が手続の主宰者となった場合にまで反社会的に振る舞うかについて

は、別異に解する余地もあろう。

　裁判所であれば法規範が遵守されると断言できないことは残念極まりないが、これまでの少なからぬ第三者委員会に比べれば、裁判所のほうが法規範の遵守が図られる可能性が期待できよう。

（2）公平性・中立性が確保されること

　第二に、公平性・中立性が確保される機関として、裁判所はふさわしいと考えられる。除斥（刑訴法20条、民訴法23条等）及び忌避（刑訴法21条、民訴法24条等）等の規定並びに第3章第2節の提案を踏まえて、重大事態の判断・調査に関与する裁判官及び職員について法律で定めることにより、公平性・中立性を確保することができる。

（3）専門性が確保されること

　第三に、専門性が確保される機関として、家庭裁判所がふさわしいと考えられる。

　家庭裁判所には、家庭裁判所調査官（裁判所法61条の2）が置かれている（同法61条の2第1項）。家庭裁判所調査官は、裁判所職員総合職試験に合格した者の中から、家庭裁判所調査官補（同法61条の3）として採用された後、最高裁判所に置かれた裁判所職員総合研修所において、法律学、人間関係諸科学、調査理論及び技法等について2年間の専門的な養成研修を受け、家庭裁判所調査官としての資格が与えられる[3]。家庭裁判所調査官任官後も、裁判所職員総合研修所等においてその実務経験等に応じた専門的かつ実務的な研修及び研究が実施されている[4]。家庭裁判所調査官は、家庭裁判所におけるケースワーク機能及び福祉的機能の重要な担い手であり、その専門的実務能力は裁判所内外において高い評価を受けるとともに、諸外国の制度と対比しても、その実務的な能力、資格及び養成制度等も含

---

[3]　田宮ほか編135頁。
[4]　田宮ほか編135頁。

147

めて最も優れた水準にあると言っても過言ではない[5]。

　家庭裁判所調査官は、少年事件及び家事事件等において（少年法8条2項、少年事件補償法7条、家事手続法58条1項、2項、人事訴訟法34条1項、2項、ハーグ条約実施法79条1項、2項等）、調査を担っている。

　例えば、少年事件においては、少年、保護者又は関係人の行状、経歴、素質、環境等について、医学、心理学、教育学、社会学その他の専門的智識特に少年鑑別所の鑑別の結果を活用して、調査を行うように努めなければならないとされている（少年法9条）。また、この調査においては、社会調査の1つとして、非行少年及びその保護者等に対する調査のみならず（同法8条2項）、被害者等[6]に対する調査（被害者調査）も行っている[7]。

　少年事件における非行少年と被害者の関係及びそれぞれの心理は、いじめと共通していることも多い。また、少年非行及び非行少年には、いじめが関係していることも少なくない。

　このように、家庭裁判所には、専門的智識を有し、被害者及び加害者を調査する経験を有する家庭裁判所調査官が置かれているから、専門性が確保される。

（4）事実認定及び具体的な行為を命じる判断を迅速に行う能力があること

　第四に、事実認定及び一定の行為を命じる判断を迅速に行う能力がある機関として、家庭裁判所がふさわしいと考えられる。

　少年事件において、家庭裁判所が非行少年を少年鑑別所送致（同法17条1項2号）とした際、少年鑑別所に非行少年を収容できる期間は、同法17条4項但書の事情があっても、長くとも8週間を超えることが許されず（同法17条9項本文）、かかる事情がなければ、4週間を超えることが許さ

---

5)　田宮ほか編134頁。
6)　被害者等とは、被害者又はその法定代理人若しくは被害者が死亡した場合若しくはその心身に重大な故障がある場合におけるその配偶者、直系の親族若しくは兄弟姉妹を言う（少年法5条の2第1項）。
7)　田宮ほか編137-138頁。

148

れない（同法17条9項但書）。

　こうした理由もあって、家庭裁判所は、少年事件において、4週間又は8週間以内という厳しい時間的制約の中で事実認定及び処分決定を迅速に行っているから、重大事態においても、事実認定及び具体的な行為を命じる判断を迅速に行う能力があると言える。

（5）事実認定を行うための権限を有すること

　第五に、事実認定を行うための権限が確保される機関として、裁判所がふさわしいと考えられる。

　例えば、少年事件において、家庭裁判所は、証人を尋問し、又は鑑定、通訳若しくは翻訳を命ずることができる（少年法14条1項）。また、検証、押収又は捜索をすることができる（同法15条1項）。さらに、調査及び観察のため、警察官、保護観察官、保護司、児童福祉司[8]又は児童委員に対して、必要な援助をさせることができる（同法16条1項参照）。そして、その職務を行うについて、公務所、公私の団体、学校、病院その他に対して、必要な協力を求めることができる（同法16条2項）。

　このような権限の行使の経験を豊富に有する裁判所には、事実認定を行うための権限を確保しやすい。

（6）具体的な行為を命じる権限を有すること

　第六に、具体的な行為を命じる権限を有する機関として、司法機関である裁判所がふさわしいと考えられる。

　例えば、少年事件において、家庭裁判所は、①保護観察、②児童自立支援施設送致・児童養護施設送致、③少年院送致という保護処分をはじめとする決定を行う権限を有する（同法24条1項）。

　このような権限の行使の経験を豊富に有する裁判所には、具体的な行為を命じる権限を確保しやすい。

　8）　児福法12条の3第2項6号に規定する児童福祉司を言う。

以上より、上記の条件を全て満たすことから、（A）判断・調査の役割を担うのにふさわしい機関は家庭裁判所であると考える。

第3節　家庭裁判所における手続の提案

　これまでの本書の議論を踏まえて、家庭裁判所における重大事態発生の審判の手続及び重大事態の調査の手続をそれぞれ提案することとしたい。

1　家庭裁判所における重大事態発生の審判の手続

　家庭裁判所において重大事態が発生したと判断する審判（重大事態発生の審判）の手続について、以下のように提案する（図4－3－1）。

---

①重大事態発生の審判の請求

　被害児童生徒又はその保護者は、重大事態が発生したと判断すべき場面であっても学校及び学校の設置者が重大事態の発生を判断しない場合、家庭裁判所に対して、重大事態が発生したと判断する審判（重大事態発生の審判）を請求できる。

　被害児童生徒又はその保護者は、請求に当たって、家庭裁判所に対して申立書を提出しなければならない。

　申立書には、次に掲げる事項を記載しなければならない。

　　（ア）　被害児童生徒が受けたいじめの内容

　　（イ）　被害児童生徒の生命、心身若しくは財産に生じた重大な被害の内容又は被害児童生徒が相当の期間学校を欠席することを余儀なくされていること

　　（ウ）　前記（ア）により、前記（イ）が生じたこと

　申立書には、前記（イ）の事実を疎明する資料を添付しなければならない。

　　例）医師の診断書、欠席期間を記載した陳述書

↓↓↓

第4章　家庭裁判所における手続創設の提案

> **②重大事態発生の審判**
>
> 　家庭裁判所は、申立書に前記（ア）乃至（ウ）の全ての事項が記載されており、添付資料により前記（イ）が疎明されていれば、重大事態発生の審判をする。
>
> ↓ ↓ ↓
>
> **③重大事態の調査**
>
> 　被害児童生徒又はその保護者は、学校又は学校の設置者による調査のほか、家庭裁判所による調査（**図4－3－2**）を求めることができる。

図4－3－1　家庭裁判所における重大事態の判断手続（案）

　この提案は、重大事態発生の判断を全て家庭裁判所に係らしめようとするものではない。かかる手続は、重大事態が発生したと判断すべき場面であっても、学校及び学校の設置者が重大事態の発生を判断しない場合に用いられることを想定している。

(1)　①重大事態発生の審判の請求

　被害児童生徒又はその保護者は、重大事態が発生したと判断すべき場面であっても学校及び学校の設置者が重大事態の発生を判断しない場合、家庭裁判所に対して、重大事態発生の審判を請求できる。

　被害児童生徒又は保護者は、重大事態発生の審判の請求に当たって、家庭裁判所に対して申立書を提出しなければならない。

　申立書には、（ア）被害児童生徒が受けたいじめの内容、（イ）(a)生命心身財産重大事態の場合は、被害児童生徒が受けた生命、心身又は財産に生じた重大な被害の内容、(b)不登校重大事態の場合は、被害児童生徒が相当の期間学校を欠席することを余儀なくされていること、（ウ）前記（ア）により、前記（イ）が生じたことを記載しなければならない。

　これらのうち、前記（イ）の事実については、客観的に明らかであり、疎明することが比較的容易であるから、申立書に疎明資料を添付しなければならない。ここで疎明資料としては、生命心身財産重大事態の場合、医

151

師の診断書等が想定される。また、不登校重大事態の場合、例えば、欠席期間を記載した陳述書等が想定される。

請求の時間的限界は定めない。これは、いじめ被害が長期にわたって被害児童生徒の心身に悪影響を及ぼした結果、相当の時間が経過してから被害児童生徒の心身に重大な被害が生じ、その診断がなされることもありうるところ、そのような場合に重大事態の発生を認めず、調査を行わないことは被害児童生徒に看過できない不利益をもたらすためである。

(2) ②重大事態発生の審判

家庭裁判所は、申立書に前記（ア）乃至（ウ）の全ての事項が記載されており、添付資料により前記（イ）が疎明されていれば、重大事態発生の審判をする。

(3) ③重大事態の調査

重大事態発生の審判がなされれば、被害児童生徒又はその保護者は、学校又は学校の設置者による調査のほか、家庭裁判所による調査を求めることができる。重大事態が発生したと判断すべき場面であっても、学校及び学校の設置者が重大事態の発生を判断しない場合、学校及び学校の設置者が適切に調査組織を設置して調査を行うことは想定し難いことが多いであろうから、被害児童生徒又はその保護者は、学校又は学校の設置者による調査ではなく、後述の家庭裁判所による調査を求めることが多くなると思われる。

2 家庭裁判所における重大事態の調査の手続

家庭裁判所において重大事態の調査を行い、必要に応じて一定の行為を命じる審判（重大事態の審判）の手続について、以下のように提案する（図4−3−2）。

第4章　家庭裁判所における手続創設の提案

> **①重大事態の審判の申立て**
>
> 　被害児童生徒又はその保護者は、以下のいずれかの場合、家庭裁判所に対して、重大事態の調査を行う審判（重大事態の審判）の申立てをすることができる。
>
> 　　・学校又は学校の設置者が重大事態の発生を判断した
>
> 　　・家庭裁判所が重大事態発生の審判をした
>
> 　被害児童生徒又はその保護者は、申立てに当たって、家庭裁判所に対して申立書を提出しなければならない。
>
> 　申立書には、次に掲げる事項を記載しなければならない。
>
> 　　（ア）　被害児童生徒が受けたいじめの内容
>
> 　　（イ）　被害児童生徒の生命、心身若しくは財産に生じた重大な被害の内容又は被害児童生徒が相当の期間学校を欠席することを余儀なくされていること
>
> 　　（ウ）　前記（ア）により、前記（イ）が生じたこと
>
> 　　（エ）　学校若しくは学校の設置者が重大事態の発生を判断したこと又は家庭裁判所が重大事態発生の審判をしたこと
>
> 　　（オ）　調査を求める事項
>
> 　　（カ）　調査対象として求める者
>
> 　　（キ）　調査のために求める方法
>
> 　申立書には、前記（エ）の事実を疎明する資料を添付しなければならない。
>
> 　　例）重大事態の発生を判断した旨を連絡する文書、重大事態発生の審判の決定の謄本
>
> 　家庭裁判所は、被害児童生徒又はその保護者から、申立てに先立って、弁護士である代理人を付すよう家庭裁判所に求められた場合、国費で弁護士である代理人（国選代理人）を付さなければならない。
>
> 　　　　　　　　　　　　　　　↓↓↓

153

②重大事態の調査の開始決定並びに学校及び学校の設置者に対する捜索・押収

　家庭裁判所は、申立書に前記（ア）乃至（キ）の全ての事項が記載されており、添付資料により前記（エ）が疎明されていれば、重大事態の調査の開始を決定する。

　これにより、学校又は学校の設置者による調査は、なし得なくなる。

　家庭裁判所は、重大事態の調査の開始を決定すると同時に、学校及び学校の設置者の事務所等を捜索し、それらの管理する関連証拠一式を差し押さえなければならない。その際、家庭裁判所は、警察の協力を得ることができる。

↓↓↓

③調査事項等の確定

　家庭裁判所は、被害児童生徒等、加害児童生徒等並びに学校及び学校の設置者の意見を聴いた上で、調査事項、調査対象者及び調査方法を確定する。

　被害児童生徒等又は加害児童生徒等から意見を聴く際に、弁護士である代理人がいない場合、家庭裁判所は、国費で弁護士である代理人（国選代理人）を付さなければならない。

↓↓↓

④調査

　家庭裁判所は、③で確定した調査事項について、調査対象者から、アンケート調査及び聴き取り等の方法により、調査を行う。

　家庭裁判所は、証人を尋問し、又は鑑定、通訳若しくは翻訳を命ずることができる。また、検証、押収又は捜索をすることができる。さらに、調査のため、関係機関に対して、必要な援助をさせることができる。そして、関係者、関係団体及び関係機関に対して必要な協力を求めることができる。

調査の際、家庭裁判所は、特段の事情がない限り、被害児童生徒等、加害児童生徒等並びに学校及び学校の設置者から聴き取り又は証人尋問を行わなければならない。

また、家庭裁判所は、学校及び学校の設置者の事務所等を捜索し、その管理する関連証拠一式を差し押さえなければならない。その際、警察の協力を得ることができる。

被害児童生徒等、加害児童生徒等並びに学校及び学校の設置者は、家庭裁判所に対して、証拠を提出することができる。

家庭裁判所は、調査で得られた証拠等を踏まえて、調査事項、調査対象者及び調査方法を追加することができる。

家庭裁判所は、②の決定から原則として1か月以内に、事案が著しく複雑である等の合理的理由がある場合であっても3か月以内に調査を終えなければならない。

家庭裁判所は、調査中に被害児童生徒又はその保護者から調査の進捗状況について質問された場合、調査に支障が生じない範囲で可能な限り説明しなければならない。

家庭裁判所は、調査終了までに、被害児童生徒等に対して、暫定的な報告を行わなければならない。

↓↓↓

⑤事実認定

家庭裁判所は、調査により得られた証拠等をもとに事実認定を行う。

↓↓↓

⑥命令の内容の調整

家庭裁判所が被害児童生徒若しくはその保護者、加害児童生徒若しくはその保護者、学校若しくは学校の設置者又はその他関係する者等に対して、次に掲げる事項のために、具体的な行為を命じる必要があると判断した場合、被害児童生徒等、加害児童生徒等、学校及び学校の設置者並びに関係機関の意見を聴いた上で、それらの者及び機関と事前協議

（カンファレンス）を行い、命じる対象者及び命じる具体的な行為の内容について調整を行う。

　　（ア）　被害児童生徒、その兄弟姉妹及びその保護者に提供される支援
　　（イ）　加害児童生徒、その兄弟姉妹及びその保護者が受けなければならない指導又は専門的処遇
　　（ウ）　被害児童生徒と加害児童生徒が在籍する学校内で接触しないための取り決め
　　（エ）　当該重大事態により生じた被害の回復
　　（オ）　当該重大事態と同種の事態の発生の防止
　　（カ）　その他当該重大事態に関連してなされるべき事項

　家庭裁判所は、調査終了後2週間以内に上記調整を終えなければならない。

⑦重大事態の審判

　家庭裁判所は、審判をし、具体的な行為を命じる必要があると判断した場合、⑥の調整を踏まえて、決定により、必要な者に対して具体的な行為を命じる。

　家庭裁判所は、被害児童生徒又はその保護者から調査結果について質問された場合、説明しなければならない。

↓↓↓

⑧抗告

　被害児童生徒若しくはその保護者、加害児童生徒若しくはその保護者、学校又は学校の設置者は、⑦の決定について、以下の（ア）乃至（エ）のいずれかを理由とする場合、高等裁判所に抗告することができる。

　　（ア）手続に法令の違反があること
　　（イ）法令の適用に誤りがあること
　　（ウ）事実の誤認があること
　　（エ）命じられた行為が不当であること

第4章　家庭裁判所における手続創設の提案

↓↓↓

⑨抗告審及びその決定

　高等裁判所は、⑦の決定について、審理し、決定する。

↓↓↓

⑩再抗告

　被害児童生徒若しくはその保護者、加害児童生徒若しくはその保護者、学校又は学校の設置者は、⑨の決定について、以下の（ア）乃至（ウ）のいずれかを理由とする場合、最高裁判所に再抗告することができる。

　　（ア）憲法に違反すること

　　（イ）憲法の解釈に誤りがあること

　　（ウ）判例と相反する判断をしたこと

↓↓↓

⑪再抗告審及びその決定

　最高裁判所は、⑨の決定について、審理し、決定する。

図4-3-2　家庭裁判所における重大事態の調査手続（案）

(1)　①重大事態の審判の申立て

　被害児童生徒又はその保護者は、学校若しくは学校の設置者が重大事態の発生を判断した場合又は家庭裁判所が重大事態発生の審判をした場合、家庭裁判所に対して、重大事態の審判の申立てをすることができる。

　被害児童生徒又はその保護者は、重大事態の審判の申立てに当たって、家庭裁判所に対して申立書を提出しなければならない。

　申立書には、（ア）被害児童生徒が受けたいじめの内容、（イ）(a)生命心身財産重大事態の場合は、被害児童生徒が受けた生命、心身又は財産に生じた重大な被害の内容、(b)不登校重大事態の場合は、被害児童生徒が相当の期間学校を欠席することを余儀なくされていること、（ウ）前記（ア）により、前記（イ）が生じたこと、（エ）学校若しくは学校の設置者が重大事態の発生を判断したこと又は家庭裁判所が重大事態発生の審判を

157

したこと、（オ）調査を求める事項、（カ）調査対象として求める者、（キ）調査のために求める方法を記載しなければならない。ここで、（オ）調査を求める事項には、いじめの事実関係並びに学校及び学校の設置者の対応等の内容を具体的に記載することが求められる。（カ）調査対象として求める者には、アンケート調査又は聴き取りをする児童生徒又は教職員の範囲を具体的に記載することが求められる。（キ）調査のために求める方法には、アンケート調査及び聴き取り等の方法を記載することが求められる。

重大事態発生の審判の手続においては、前記（イ）の事実について申立書に疎明資料を添付しなければならないとしていたが、重大事態の審判の申立てにおいては、学校又は学校の設置者が重大事態の発生を判断しているか、家庭裁判所が重大事態発生の審判をしているから、かかる事実について疎明は不要である。代わって、前記（エ）の事実について申立書に疎明資料を添付しなければならない。ここで、疎明資料としては、学校又は学校の設置者が重大事態の発生を判断した場合、その旨を連絡する文書等が想定される。また、家庭裁判所が重大事態発生の審判をした場合、決定の謄本が想定される。

申立ての時間的限界は定めない。それゆえ、学校又は学校の設置者による調査が開始されていても、被害児童生徒又はその保護者は申立てをなしうる。

このように、学校又は学校の設置者による調査開始後であっても、重大事態の審判の申立てを認めるのは、調査の手続又は内容に看過できない問題が生じ、家庭裁判所による調査を行わなければならない場合が考えられるためである。例えば、学校又は学校の設置者による調査開始後、(a)調査組織の委員の公平性・中立性又は専門性に問題が存在するかその疑いが生じた場合、(b)調査組織が基本方針又はガイドライン等を無視して調査を進める等してその手続に問題が生じた場合、(c)調査組織の調査において、調査対象者に対するハラスメントが発生した場合等が考えられる。

家庭裁判所は、被害児童生徒又はその保護者から、申立てに先立って、弁護士である代理人を付すよう家庭裁判所に求められた場合、国費で弁護

第4章　家庭裁判所における手続創設の提案

士である代理人（国選代理人）を付さなければならない。これは、重大事態の審判の申立て及び調査が多分に法的側面を有し、弁護士である代理人の助力が調査の円滑な進行のために必要とされるためである。

(2)　②重大事態の調査の開始決定並びに学校及び学校の設置者に対する捜索・押収

　家庭裁判所は、申立書に前記（ア）乃至（キ）の全ての事項が記載されており、添付資料により前記（エ）が疎明されていれば、重大事態の調査の開始を決定する。

　家庭裁判所による調査と学校又は学校の設置者による調査が並行して行われれば、調査が重複することとなって無用の混乱が生じやすい。それゆえ、家庭裁判所が重大事態の調査の開始を決定すれば、学校又は学校の設置者による調査はなし得なくなるものとする。重大事態の調査開始決定の時点で、学校又は学校の設置者による調査が開始されている場合、学校又は学校の設置者は調査を終了しなければならない。

　家庭裁判所は、重大事態の調査の開始を決定すると同時に、学校及び学校の設置者の事務所等を捜索し、それらの管理する関連証拠一式を差し押さえなければならない。これは、これまでの少なからぬ事案において、学校及び学校の設置者により、自己に不都合な文書等の証拠の隠滅又は改竄がしばしば見受けられたため、早期にそれらの証拠を確保する必要があるためである。その際、家庭裁判所は、警察の協力を得ることができるから、捜索・押収の経験の豊富な警察から助力を得るべきである。

(3)　③調査事項等の確定

　家庭裁判所は、調査事項、調査対象者及び調査方法を確定するに当たって、被害児童生徒等、加害児童生徒等並びに学校及び学校の設置者の意見を聴かなければならない。

　被害児童生徒等以外に、加害児童生徒等並びに学校及び学校の設置者の意見を聴くことにより、事案の内容に適した調査事項、調査対象者及び調

159

査方法を選択できるようになるためである。

　被害児童生徒等又は加害児童生徒等から意見を聴く際に、弁護士である代理人がいない場合、家庭裁判所は、国費で弁護士である代理人（国選代理人）を付さなければならない。これは、重大事態の調査が多分に法的側面を有し、弁護士である代理人の助力が調査の円滑な進行のために必要とされるためである。

　家庭裁判所は、これらの関係者の意見を踏まえて、調査事項、調査対象者及び調査方法を確定する。

　後述のように、家庭裁判所は、その後に実施される調査で得られた証拠等を踏まえて、調査事項、調査対象者及び調査方法を追加することができる。

(4)　④調査

　家庭裁判所は、③で確定した調査事項について、調査対象者から、アンケート調査及び聴き取り等の方法により、調査を行う。後述のように、調査開始後に調査事項、調査対象者及び調査方法を追加した場合も同様である。

　家庭裁判所は、証人を尋問し、又は鑑定、通訳若しくは翻訳を命ずることができる。また、検証、押収又は捜索をすることができる。さらに、調査のため、関係機関に対して、必要な援助をさせることができる。そして、関係者、関係団体及び関係機関に対して必要な協力を求めることができる。重大事態の調査の開始を決定すると同時に、学校及び学校の設置者の事務所等については捜索・押収を行っているところ、さらなる必要性があれば、再度、学校又は学校の設置者の事務所等について捜索・押収を行うことができる。

　家庭裁判所は、調査の際、特段の事情がない限り、被害児童生徒等、加害児童生徒等並びに学校及び学校の設置者から聴き取り又は証人尋問を行わなければならない。調査対象者が正当な事由なく聴き取りに応じない場合、証人として出頭させ、尋問を行う。

　被害児童生徒等、加害児童生徒等並びに学校及び学校の設置者は、家庭裁判所に対して、証拠を提出することができる。

家庭裁判所は、調査で得られた証拠等を踏まえて、調査事項、調査対象者及び調査方法を追加することができる。この場合も、家庭裁判所は、③で確定した調査事項と同様に、調査対象者から、アンケート調査及び聴き取り等の方法により、調査を行う。

家庭裁判所は、②の重大事態の調査の開始決定から原則として１か月以内に調査を終えなければならない。事案が著しく複雑である等の合理的理由がある場合であっても、３か月以内に調査を終えなければならない。

これは、被害児童生徒の学習権の保障の観点から、学校復帰及び教室復帰をできる限り早期に進める必要があるためである。

家庭裁判所は、調査中に被害児童生徒又はその保護者から調査の進捗状況について質問された場合、調査に支障が生じない範囲で可能な限り説明しなければならない。

また、家庭裁判所は、調査終了までに、被害児童生徒等に対して、暫定的な報告を行わなければならない。

これらの情報提供は、被害児童生徒等の「知りたいという切実な思い」（ガイドライン第１第１項）に応えるのみならず、調査の漏れをなくし、調査を十分に尽くすために役立つ。

(5)　⑤事実認定

家庭裁判所は、調査により得られた証拠等をもとに事実認定を行う。

(6)　⑥命令の内容の調整

後述のように、家庭裁判所が被害児童生徒若しくはその保護者、加害児童生徒若しくはその保護者、学校若しくは学校の設置者又はその他関係する者等に対して具体的な行為を命じる必要があると判断した場合、必要な者に対して具体的な行為を命じなければならない。

かかる命令は、重大事態への対処又は同種の事態の発生の防止、具体的には、（ア）被害児童生徒、その兄弟姉妹及びその保護者に提供される支援、（イ）加害児童生徒、その兄弟姉妹及びその保護者が受けなければならな

い指導又は専門的処遇、（ウ）被害児童生徒と加害児童生徒が在籍する学校内で接触しないための取り決め、（エ）当該重大事態により生じた被害の回復、（オ）当該重大事態と同種の事態の発生の防止、（カ）その他当該重大事態に関連してなされるべき事項を内容とする。

　（ア）被害児童生徒、その兄弟姉妹及びその保護者に提供される支援としては、専門機関による継続的なカウンセリング、学校及び学校の設置者による継続的な学習支援等が考えられる。（イ）加害児童生徒、その兄弟姉妹及びその保護者が受けなければならない指導又は専門的処遇としては、専門機関による認知行動療法、学校及び学校の設置者による継続的な指導及び助言等が考えられる。（ウ）被害児童生徒と加害児童生徒が在籍する学校内で接触しないための取り決めとしては、第3章第1節で詳述した学校復帰に関する調整等が考えられる。（エ）当該重大事態により生じた被害の回復としては、加害児童生徒若しくはその保護者又は学校若しくは学校の設置者等によって虚偽の事実を流布された被害児童生徒又はその保護者の名誉の回復のために、学校及び学校の設置者が保護者会を開催して適切に説明を行うこと等が考えられる。（オ）当該重大事態と同種の事態の発生の防止としては、教職員の加配、定例のいじめアンケートの取扱い及び管理方法の変更等が考えられる。

　かかる命令が重大事態への対処又は同種の事態の発生の防止の実効性を有するために、その内容は、被害児童生徒、その兄弟姉妹及びその保護者並びに加害児童生徒、その兄弟姉妹及びその保護者にニーズを踏まえて、実現可能で具体的であることが求められる。また、第3章第1節で詳述した学校復帰及び教室復帰に関する調整等においては、被害児童生徒等、加害児童生徒等、学校及び学校の設置者との間で、事案並びに被害児童生徒、加害児童生徒及び学校の状況等に応じた綿密な調整が必要となる。

　そのため、家庭裁判所は、被害児童生徒等、加害児童生徒等、学校及び学校の設置者並びに関係機関の意見を聴かなければならない。

　また、それらの者及び機関と事前協議（カンファレンス）を行い、命じる対象者及び命じる具体的な行為の内容について調整を行わなければなら

第4章　家庭裁判所における手続創設の提案

ない。

　この事前協議は、心神喪失者医療観察法の審判（同法24条以下）の打合せ（心神喪失者医療観察法審判規則40条１項）を範としたものである。同規則40条１項は、審判の準備として、「裁判所は、適当と認めるときは、検察官、指定入院医療機関の管理者若しくはその指定する医師又は保護観察所の長若しくはその指定する社会復帰調整官及び付添人を出頭させた上、審判の進行に関し必要な事項について打合せを行うことができる。」と規定する。かかる打合せは、事前協議又はカンファレンスと呼ばれている。

　こうした事前協議による調整等を通じて、重大事態の審判により命じられる内容が重大事態への対処又は同種の事態の発生の防止の実効性を高めることができる。

　家庭裁判所は、調査終了後２週間以内に上記調整を終えなければならない。これは、前述の調査期間の時間的制約と同様に、被害児童生徒の学習権の保障の観点から、学校復帰及び教室復帰をできる限り早期に進める必要があるためである。

(7)　⑦重大事態の審判

　家庭裁判所は、審判をする。

　家庭裁判所は、具体的な行為を命じる必要があると判断した場合、⑥の調整を踏まえて、決定により、必要な者に対して具体的な行為を命じる。

　家庭裁判所は、被害児童生徒又はその保護者から調査結果について質問された場合、説明しなければならない。この情報提供は、被害児童生徒等の「知りたいという切実な思い」（ガイドライン第１第１項）に応えるのみならず、被害児童生徒等が調査が十分に行われたのかを確認し、抗告すべきか否かを判断する材料ともなる。

(8)　⑧抗告

　被害児童生徒若しくはその保護者、加害児童生徒若しくはその保護者、学校又は学校の設置者は、⑦の決定について、高等裁判所に抗告すること

163

ができる。

抗告理由は、（ア）手続に法令の違反があること、（イ）法令の適用に誤りがあること、（ウ）事実の誤認があること、（エ）命じられた行為が不当であることである。

(9)　⑨抗告審及びその決定

高等裁判所は、⑦の決定について、審査し、決定する。

ここでもまた、被害児童生徒の学習権の保障の観点から、学校復帰及び教室復帰をできる限り早期に進める必要があるため、高等裁判所は速やかに審理し、決定しなければならない。

(10)　⑩再抗告

被害児童生徒若しくはその保護者、加害児童生徒若しくはその保護者、学校又は学校の設置者は、⑨の決定について、最高裁判所に再抗告することができる。

再抗告理由は、（ア）憲法に違反すること、（イ）憲法の解釈に誤りがあること、（ウ）判例と相反する判断をしたことである。

(11)　⑪再抗告審及びその決定

最高裁判所は、⑨の決定について、審査し、決定する。

ここでもまた、被害児童生徒の学習権の保障の観点から、学校復帰及び教室復帰をできる限り早期に進める必要があるため、最高裁判所は速やかに審理し、決定しなければならない。

3　さらなる手続創設の可能性

学校が重大事態以外のいじめについて、適切に認知を行わなかったり、いじめに対する措置を適切に講じなかったりすることが多発している。

これらについても、家庭裁判所における手続を創設することが求められる。

参考資料

いじめ防止対策推進法

平成25年法律第71号

目次

　第1章　総則（第1条—第10条）

　第2章　いじめ防止基本方針等（第11条—第14条）

　第3章　基本的施策（第15条—第21条）

　第4章　いじめの防止等に関する措置（第22条—第27条）

　第5章　重大事態への対処（第28条—第33条）

　第6章　雑則（第34条・第35条）

　附則

第1章　総則

（目的）

第1条　この法律は、いじめが、いじめを受けた児童等の教育を受ける権利を著しく侵害し、その心身の健全な成長及び人格の形成に重大な影響を与えるのみならず、その生命又は身体に重大な危険を生じさせるおそれがあるものであることに鑑み、児童等の尊厳を保持するため、いじめの防止等（いじめの防止、いじめの早期発見及びいじめへの対処をいう。以下同じ。）のための対策に関し、基本理念を定め、国及び地方公共団体等の責務を明らかにし、並びにいじめの防止等のための対策に関する基本的な方針の策定について定めるとともに、いじめの防止等のための対策の基本となる事項を定めることにより、いじめの防止等のための対策を総合的かつ効果的に推進することを目的とする。

（定義）

第2条　この法律において「いじめ」とは、児童等に対して、当該児童等が在籍する学校に在籍している等当該児童等と一定の人的関係にある他の児童等が行う心理的又は物理的な影響を与える行為（インターネットを通じて行われるものを含む。）であって、当該行為の対象となった児童等が心身の苦痛を感じているものをいう。

2　この法律において「学校」とは、学校教育法（昭和22年法律第26号）第1条に規定する小学校、中学校、義務教育学校、高等学校、中等教育学校及び特別支援学校（幼稚部を除く。）をいう。

3　この法律において「児童等」とは、学校に在籍する児童又は生徒をいう。

4　この法律において「保護者」とは、親権を行う者（親権を行う者のないときは、

167

未成年後見人）をいう。

（基本理念）

第3条　いじめの防止等のための対策は、いじめが全ての児童等に関係する問題であることに鑑み、児童等が安心して学習その他の活動に取り組むことができるよう、学校の内外を問わずいじめが行われなくなるようにすることを旨として行われなければならない。

2　いじめの防止等のための対策は、全ての児童等がいじめを行わず、及び他の児童等に対して行われるいじめを認識しながらこれを放置することがないようにするため、いじめが児童等の心身に及ぼす影響その他のいじめの問題に関する児童等の理解を深めることを旨として行われなければならない。

3　いじめの防止等のための対策は、いじめを受けた児童等の生命及び心身を保護することが特に重要であることを認識しつつ、国、地方公共団体、学校、地域住民、家庭その他の関係者の連携の下、いじめの問題を克服することを目指して行われなければならない。

（いじめの禁止）

第4条　児童等は、いじめを行ってはならない。

（国の責務）

第5条　国は、第三条の基本理念（以下「基本理念」という。）にのっとり、いじめの防止等のための対策を総合的に策定し、及び実施する責務を有する。

（地方公共団体の責務）

第6条　地方公共団体は、基本理念にのっとり、いじめの防止等のための対策について、国と協力しつつ、当該地域の状況に応じた施策を策定し、及び実施する責務を有する。

（学校の設置者の責務）

第7条　学校の設置者は、基本理念にのっとり、その設置する学校におけるいじめの防止等のために必要な措置を講ずる責務を有する。

（学校及び学校の教職員の責務）

第8条　学校及び学校の教職員は、基本理念にのっとり、当該学校に在籍する児童等の保護者、地域住民、児童相談所その他の関係者との連携を図りつつ、学校全体で

いじめ防止対策推進法

いじめの防止及び早期発見に取り組むとともに、当該学校に在籍する児童等がいじめを受けていると思われるときは、適切かつ迅速にこれに対処する責務を有する。

（保護者の責務等）

第9条　保護者は、子の教育について第一義的責任を有するものであって、その保護する児童等がいじめを行うことのないよう、当該児童等に対し、規範意識を養うための指導その他の必要な指導を行うよう努めるものとする。

2　保護者は、その保護する児童等がいじめを受けた場合には、適切に当該児童等をいじめから保護するものとする。

3　保護者は、国、地方公共団体、学校の設置者及びその設置する学校が講ずるいじめの防止等のための措置に協力するよう努めるものとする。

4　第1項の規定は、家庭教育の自主性が尊重されるべきことに変更を加えるものと解してはならず、また、前三項の規定は、いじめの防止等に関する学校の設置者及びその設置する学校の責任を軽減するものと解してはならない。

（財政上の措置等）

第10条　国及び地方公共団体は、いじめの防止等のための対策を推進するために必要な財政上の措置その他の必要な措置を講ずるよう努めるものとする。

第2章　いじめ防止基本方針等

（いじめ防止基本方針）

第11条　文部科学大臣は、関係行政機関の長と連携協力して、いじめの防止等のための対策を総合的かつ効果的に推進するための基本的な方針（以下「いじめ防止基本方針」という。）を定めるものとする。

2　いじめ防止基本方針においては、次に掲げる事項を定めるものとする。

一　いじめの防止等のための対策の基本的な方向に関する事項

二　いじめの防止等のための対策の内容に関する事項

三　その他いじめの防止等のための対策に関する重要事項

（地方いじめ防止基本方針）

第12条　地方公共団体は、いじめ防止基本方針を参酌し、その地域の実情に応じ、当該地方公共団体におけるいじめの防止等のための対策を総合的かつ効果的に推進するための基本的な方針（以下「地方いじめ防止基本方針」という。）を定めるよう努めるものとする。

169

（学校いじめ防止基本方針）

第13条　学校は、いじめ防止基本方針又は地方いじめ防止基本方針を参酌し、その学校の実情に応じ、当該学校におけるいじめの防止等のための対策に関する基本的な方針を定めるものとする。

（いじめ問題対策連絡協議会）

第14条　地方公共団体は、いじめの防止等に関係する機関及び団体の連携を図るため、条例の定めるところにより、学校、教育委員会、児童相談所、法務局又は地方法務局、都道府県警察その他の関係者により構成されるいじめ問題対策連絡協議会を置くことができる。

2　都道府県は、前項のいじめ問題対策連絡協議会を置いた場合には、当該いじめ問題対策連絡協議会におけるいじめの防止等に関係する機関及び団体の連携が当該都道府県の区域内の市町村が設置する学校におけるいじめの防止等に活用されるよう、当該いじめ問題対策連絡協議会と当該市町村の教育委員会との連携を図るために必要な措置を講ずるものとする。

3　前2項の規定を踏まえ、教育委員会といじめ問題対策連絡協議会との円滑な連携の下に、地方いじめ防止基本方針に基づく地域におけるいじめの防止等のための対策を実効的に行うようにするため必要があるときは、教育委員会に附属機関として必要な組織を置くことができるものとする。

第3章　基本的施策

（学校におけるいじめの防止）

第15条　学校の設置者及びその設置する学校は、児童等の豊かな情操と道徳心を培い、心の通う対人交流の能力の素地を養うことがいじめの防止に資することを踏まえ、全ての教育活動を通じた道徳教育及び体験活動等の充実を図らなければならない。

2　学校の設置者及びその設置する学校は、当該学校におけるいじめを防止するため、当該学校に在籍する児童等の保護者、地域住民その他の関係者との連携を図りつつ、いじめの防止に資する活動であって当該学校に在籍する児童等が自主的に行うものに対する支援、当該学校に在籍する児童等及びその保護者並びに当該学校の教職員に対するいじめを防止することの重要性に関する理解を深めるための啓発その他必要な措置を講ずるものとする。

（いじめの早期発見のための措置）

第16条　学校の設置者及びその設置する学校は、当該学校におけるいじめを早期に発見するため、当該学校に在籍する児童等に対する定期的な調査その他の必要な措置

いじめ防止対策推進法

を講ずるものとする。

2　国及び地方公共団体は、いじめに関する通報及び相談を受け付けるための体制の整備に必要な施策を講ずるものとする。

3　学校の設置者及びその設置する学校は、当該学校に在籍する児童等及びその保護者並びに当該学校の教職員がいじめに係る相談を行うことができる体制（次項において「相談体制」という。）を整備するものとする。

4　学校の設置者及びその設置する学校は、相談体制を整備するに当たっては、家庭、地域社会等との連携の下、いじめを受けた児童等の教育を受ける権利その他の権利利益が擁護されるよう配慮するものとする。

（関係機関等との連携等）

第17条　国及び地方公共団体は、いじめを受けた児童等又はその保護者に対する支援、いじめを行った児童等に対する指導又はその保護者に対する助言その他のいじめの防止等のための対策が関係者の連携の下に適切に行われるよう、関係省庁相互間その他関係機関、学校、家庭、地域社会及び民間団体の間の連携の強化、民間団体の支援その他必要な体制の整備に努めるものとする。

（いじめの防止等のための対策に従事する人材の確保及び資質の向上）

第18条　国及び地方公共団体は、いじめを受けた児童等又はその保護者に対する支援、いじめを行った児童等に対する指導又はその保護者に対する助言その他のいじめの防止等のための対策が専門的知識に基づき適切に行われるよう、教員の養成及び研修の充実を通じた教員の資質の向上、生徒指導に係る体制等の充実のための教諭、養護教諭その他の教員の配置、心理、福祉等に関する専門的知識を有する者であっていじめの防止を含む教育相談に応じるものの確保、いじめへの対処に関し助言を行うために学校の求めに応じて派遣される者の確保等必要な措置を講ずるものとする。

2　学校の設置者及びその設置する学校は、当該学校の教職員に対し、いじめの防止等のための対策に関する研修の実施その他のいじめの防止等のための対策に関する資質の向上に必要な措置を計画的に行わなければならない。

（インターネットを通じて行われるいじめに対する対策の推進）

第19条　学校の設置者及びその設置する学校は、当該学校に在籍する児童等及びその保護者が、発信された情報の高度の流通性、発信者の匿名性その他のインターネットを通じて送信される情報の特性を踏まえて、インターネットを通じて行われるいじめを防止し、及び効果的に対処することができるよう、これらの者に対し、必要

171

な啓発活動を行うものとする。

2　国及び地方公共団体は、児童等がインターネットを通じて行われるいじめに巻き込まれていないかどうかを監視する関係機関又は関係団体の取組を支援するとともに、インターネットを通じて行われるいじめに関する事案に対処する体制の整備に努めるものとする。

3　インターネットを通じていじめが行われた場合において、当該いじめを受けた児童等又はその保護者は、当該いじめに係る情報の削除を求め、又は発信者情報（特定電気通信役務提供者の損害賠償責任の制限及び発信者情報の開示に関する法律（平成13年法律第137号）第4条第1項に規定する発信者情報をいう。）の開示を請求しようとするときは、必要に応じ、法務局又は地方法務局の協力を求めることができる。

（いじめの防止等のための対策の調査研究の推進等）

第20条　国及び地方公共団体は、いじめの防止及び早期発見のための方策等、いじめを受けた児童等又はその保護者に対する支援及びいじめを行った児童等に対する指導又はその保護者に対する助言の在り方、インターネットを通じて行われるいじめへの対応の在り方その他のいじめの防止等のために必要な事項やいじめの防止等のための対策の実施の状況についての調査研究及び検証を行うとともに、その成果を普及するものとする。

（啓発活動）

第21条　国及び地方公共団体は、いじめが児童等の心身に及ぼす影響、いじめを防止することの重要性、いじめに係る相談制度又は救済制度等について必要な広報その他の啓発活動を行うものとする。

第4章　いじめの防止等に関する措置

（学校におけるいじめの防止等の対策のための組織）

第22条　学校は、当該学校におけるいじめの防止等に関する措置を実効的に行うため、当該学校の複数の教職員、心理、福祉等に関する専門的な知識を有する者その他の関係者により構成されるいじめの防止等の対策のための組織を置くものとする。

（いじめに対する措置）

第23条　学校の教職員、地方公共団体の職員その他の児童等からの相談に応じる者及び児童等の保護者は、児童等からいじめに係る相談を受けた場合において、いじめの事実があると思われるときは、いじめを受けたと思われる児童等が在籍する学校

いじめ防止対策推進法

への通報その他の適切な措置をとるものとする。

2　学校は、前項の規定による通報を受けたときその他当該学校に在籍する児童等がいじめを受けていると思われるときは、速やかに、当該児童等に係るいじめの事実の有無の確認を行うための措置を講ずるとともに、その結果を当該学校の設置者に報告するものとする。

3　学校は、前項の規定による事実の確認によりいじめがあったことが確認された場合には、いじめをやめさせ、及びその再発を防止するため、当該学校の複数の教職員によって、心理、福祉等に関する専門的な知識を有する者の協力を得つつ、いじめを受けた児童等又はその保護者に対する支援及びいじめを行った児童等に対する指導又はその保護者に対する助言を継続的に行うものとする。

4　学校は、前項の場合において必要があると認めるときは、いじめを行った児童等についていじめを受けた児童等が使用する教室以外の場所において学習を行わせる等いじめを受けた児童等その他の児童等が安心して教育を受けられるようにするために必要な措置を講ずるものとする。

5　学校は、当該学校の教職員が第三項の規定による支援又は指導若しくは助言を行うに当たっては、いじめを受けた児童等の保護者といじめを行った児童等の保護者との間で争いが起きることのないよう、いじめの事案に係る情報をこれらの保護者と共有するための措置その他の必要な措置を講ずるものとする。

6　学校は、いじめが犯罪行為として取り扱われるべきものであると認めるときは所轄警察署と連携してこれに対処するものとし、当該学校に在籍する児童等の生命、身体又は財産に重大な被害が生じるおそれがあるときは直ちに所轄警察署に通報し、適切に、援助を求めなければならない。

（学校の設置者による措置）

第24条　学校の設置者は、前条第2項の規定による報告を受けたときは、必要に応じ、その設置する学校に対し必要な支援を行い、若しくは必要な措置を講ずることを指示し、又は当該報告に係る事案について自ら必要な調査を行うものとする。

（校長及び教員による懲戒）

第25条　校長及び教員は、当該学校に在籍する児童等がいじめを行っている場合であって教育上必要があると認めるときは、学校教育法第十一条の規定に基づき、適切に、当該児童等に対して懲戒を加えるものとする。

（出席停止制度の適切な運用等）

第26条　市町村の教育委員会は、いじめを行った児童等の保護者に対して学校教育法

173

第35条第1項（同法第49条において準用する場合を含む。）の規定に基づき当該児童等の出席停止を命ずる等、いじめを受けた児童等その他の児童等が安心して教育を受けられるようにするために必要な措置を速やかに講ずるものとする。

（学校相互間の連携協力体制の整備）
第27条　地方公共団体は、いじめを受けた児童等といじめを行った児童等が同じ学校に在籍していない場合であっても、学校がいじめを受けた児童等又はその保護者に対する支援及びいじめを行った児童等に対する指導又はその保護者に対する助言を適切に行うことができるようにするため、学校相互間の連携協力体制を整備するものとする。

第5章　重大事態への対処
（学校の設置者又はその設置する学校による対処）
第28条　学校の設置者又はその設置する学校は、次に掲げる場合には、その事態（以下「重大事態」という。）に対処し、及び当該重大事態と同種の事態の発生の防止に資するため、速やかに、当該学校の設置者又はその設置する学校の下に組織を設け、質問票の使用その他の適切な方法により当該重大事態に係る事実関係を明確にするための調査を行うものとする。
　　一　いじめにより当該学校に在籍する児童等の生命、心身又は財産に重大な被害が生じた疑いがあると認めるとき。
　　二　いじめにより当該学校に在籍する児童等が相当の期間学校を欠席することを余儀なくされている疑いがあると認めるとき。
2　学校の設置者又はその設置する学校は、前項の規定による調査を行ったときは、当該調査に係るいじめを受けた児童等及びその保護者に対し、当該調査に係る重大事態の事実関係等その他の必要な情報を適切に提供するものとする。
3　第1項の規定により学校が調査を行う場合においては、当該学校の設置者は、同項の規定による調査及び前項の規定による情報の提供について必要な指導及び支援を行うものとする。

（国立大学に附属して設置される学校に係る対処）
第29条　国立大学法人（国立大学法人法（平成15年法律第112号）第2条第1項に規定する国立大学法人をいう。以下この条において同じ。）が設置する国立大学に附属して設置される学校は、前条第1項各号に掲げる場合には、当該国立大学法人の学長又は理事長を通じて、重大事態が発生した旨を、文部科学大臣に報告しなければならない。

いじめ防止対策推進法

2　前項の規定による報告を受けた文部科学大臣は、当該報告に係る重大事態への対処又は当該重大事態と同種の事態の発生の防止のため必要があると認めるときは、前条第1項の規定による調査の結果について調査を行うことができる。

3　文部科学大臣は、前項の規定による調査の結果を踏まえ、当該調査に係る国立大学法人又はその設置する国立大学に附属して設置される学校が当該調査に係る重大事態への対処又は当該重大事態と同種の事態の発生の防止のために必要な措置を講ずることができるよう、国立大学法人法第35条において準用する独立行政法人通則法（平成11年法律第103号）第64条第1項に規定する権限の適切な行使その他の必要な措置を講ずるものとする。

（公立の学校に係る対処）

第30条　地方公共団体が設置する学校は、第28条第1項各号に掲げる場合には、当該地方公共団体の教育委員会を通じて、重大事態が発生した旨を、当該地方公共団体の長に報告しなければならない。

2　前項の規定による報告を受けた地方公共団体の長は、当該報告に係る重大事態への対処又は当該重大事態と同種の事態の発生の防止のため必要があると認めるときは、附属機関を設けて調査を行う等の方法により、第28条第1項の規定による調査の結果について調査を行うことができる。

3　地方公共団体の長は、前項の規定による調査を行ったときは、その結果を議会に報告しなければならない。

4　第2項の規定は、地方公共団体の長に対し、地方教育行政の組織及び運営に関する法律（昭和31年法律第162号）第21条に規定する事務を管理し、又は執行する権限を与えるものと解釈してはならない。

5　地方公共団体の長及び教育委員会は、第2項の規定による調査の結果を踏まえ、自らの権限及び責任において、当該調査に係る重大事態への対処又は当該重大事態と同種の事態の発生の防止のために必要な措置を講ずるものとする。

第30条の2　第29条の規定は、公立大学法人（地方独立行政法人法（平成15年法律第118号）第68条第1項に規定する公立大学法人をいう。）が設置する公立大学に附属して設置される学校について準用する。この場合において、第29条第1項中「文部科学大臣」とあるのは「当該公立大学法人を設立する地方公共団体の長（以下この条において単に「地方公共団体の長」という。）」と、同条第2項及び第3項中「文部科学大臣」とあるのは「地方公共団体の長」と、同項中「国立大学法人法第35条において準用する独立行政法人通則法（平成11年法律第103号）第64条第1項」とあるのは「地方独立行政法人法第121条第1項」と読み替えるものとする。

175

（私立の学校に係る対処）

第31条　学校法人（私立学校法（昭和24年法律第270号）第3条に規定する学校法人をいう。以下この条において同じ。）が設置する学校は、第28条第1項各号に掲げる場合には、重大事態が発生した旨を、当該学校を所轄する都道府県知事（以下この条において単に「都道府県知事」という。）に報告しなければならない。

2　前項の規定による報告を受けた都道府県知事は、当該報告に係る重大事態への対処又は当該重大事態と同種の事態の発生の防止のため必要があると認めるときは、附属機関を設けて調査を行う等の方法により、第28条第1項の規定による調査の結果について調査を行うことができる。

3　都道府県知事は、前項の規定による調査の結果を踏まえ、当該調査に係る学校法人又はその設置する学校が当該調査に係る重大事態への対処又は当該重大事態と同種の事態の発生の防止のために必要な措置を講ずることができるよう、私立学校法第6条に規定する権限の適切な行使その他の必要な措置を講ずるものとする。

4　前2項の規定は、都道府県知事に対し、学校法人が設置する学校に対して行使することができる権限を新たに与えるものと解釈してはならない。

第32条　学校設置会社（構造改革特別区域法（平成14年法律第189号）第12条第2項に規定する学校設置会社をいう。以下この条において同じ。）が設置する学校は、第28条第1項各号に掲げる場合には、当該学校設置会社の代表取締役又は代表執行役を通じて、重大事態が発生した旨を、同法第12条第1項の規定による認定を受けた地方公共団体の長（以下「認定地方公共団体の長」という。）に報告しなければならない。

2　前項の規定による報告を受けた認定地方公共団体の長は、当該報告に係る重大事態への対処又は当該重大事態と同種の事態の発生の防止のため必要があると認めるときは、附属機関を設けて調査を行う等の方法により、第28条第1項の規定による調査の結果について調査を行うことができる。

3　認定地方公共団体の長は、前項の規定による調査の結果を踏まえ、当該調査に係る学校設置会社又はその設置する学校が当該調査に係る重大事態への対処又は当該重大事態と同種の事態の発生の防止のために必要な措置を講ずることができるよう、構造改革特別区域法第12条第10項に規定する権限の適切な行使その他の必要な措置を講ずるものとする。

4　前2項の規定は、認定地方公共団体の長に対し、学校設置会社が設置する学校に対して行使することができる権限を新たに与えるものと解釈してはならない。

5　第1項から前項までの規定は、学校設置非営利法人（構造改革特別区域法第13条第2項に規定する学校設置非営利法人をいう。）が設置する学校について準用する。この場合において、第1項中「学校設置会社の代表取締役又は代表執行役」とある

のは「学校設置非営利法人の代表権を有する理事」と、「第12条第1項」とあるのは
「第13条第1項」と、第2項中「前項」とあるのは「第5項において準用する前項」
と、第3項中「前項」とあるのは「第5項において準用する前項」と、「学校設置会
社」とあるのは「学校設置非営利法人」と、「第12条第10項」とあるのは「第13条
第3項において準用する同法第12条第10項」と、前項中「前2項」とあるのは「次
項において準用する前2項」と読み替えるものとする。

（文部科学大臣又は都道府県の教育委員会の指導、助言及び援助）
第33条　地方自治法（昭和22年法律第67号）第245条の4第1項の規定によるほか、
　　文部科学大臣は都道府県又は市町村に対し、都道府県の教育委員会は市町村に対し、
　　重大事態への対処に関する都道府県又は市町村の事務の適正な処理を図るため、必
　　要な指導、助言又は援助を行うことができる。

第6章　雑則

（学校評価における留意事項）
第34条　学校の評価を行う場合においていじめの防止等のための対策を取り扱うに当
　　たっては、いじめの事実が隠蔽されず、並びにいじめの実態の把握及びいじめに対
　　する措置が適切に行われるよう、いじめの早期発見、いじめの再発を防止するため
　　の取組等について適正に評価が行われるようにしなければならない。

（高等専門学校における措置）
第35条　高等専門学校（学校教育法第1条に規定する高等専門学校をいう。以下この
　　条において同じ。）の設置者及びその設置する高等専門学校は、当該高等専門学校の
　　実情に応じ、当該高等専門学校に在籍する学生に係るいじめに相当する行為の防止、
　　当該行為の早期発見及び当該行為への対処のための対策に関し必要な措置を講ずる
　　よう努めるものとする。

附　則

（施行期日）
第1条　この法律は、公布の日から起算して3月を経過した日から施行する。

（検討）
第2条　いじめの防止等のための対策については、この法律の施行後3年を目途として、
　　この法律の施行状況等を勘案し、検討が加えられ、必要があると認められるときは、
　　その結果に基づいて必要な措置が講ぜられるものとする。

2　政府は、いじめにより学校における集団の生活に不安又は緊張を覚えることと
　なったために相当の期間学校を欠席することを余儀なくされている児童等が適切な
　支援を受けつつ学習することができるよう、当該児童等の学習に対する支援の在り
　方についての検討を行うものとする。

　　　附　　則　（平成26年6月20日法律第76号）（省略）

　　　附　　則　（平成27年6月24日法律第46号）（省略）

　　　附　　則　（平成28年5月20日法律第47号）（省略）

　　　附　　則　（令和元年5月24日法律第11号）（省略）

　　　附　　則　（令和3年4月28日法律第27号）（省略）

　　　附　　則　（令和5年12月20日法律第88号）（省略）

いじめの防止等のための基本的な方針

平成25年10月11日文部科学大臣決定

（最終改定　平成29年3月14日）

（抄）

はじめに

（省略）

第1　いじめの防止等のための対策の基本的な方向に関する事項

（省略）

第2　いじめの防止等のための対策の内容に関する事項

1　いじめの防止等のために国が実施する施策

（省略）

2　いじめの防止等のために地方公共団体等が実施すべき施策

（省略）

3　いじめの防止等のために学校が実施すべき施策

（省略）

4　重大事態への対処

（1）学校の設置者又は学校による調査

　　　いじめの重大事態については，本基本方針及び「いじめの重大事態の調査に関するガイドライン（平成29年3月文部科学省）」により適切に対応する。

　i）重大事態の発生と調査

　　（学校の設置者又はその設置する学校による対処）

　　第28条　学校の設置者又はその設置する学校は，次に掲げる場合には，その事態（以下「重大事態」という。）に対処し，及び当該重大事態と同種の事態の発生の防止に資するため，速やかに，当該学校の設置者又はその設置する学校の下に組織を設け，質問票の使用その他の適切な方法により当該重大事態に係る事実関係を明確にするための調査を行うものとする。

一　いじめにより当該学校に在籍する児童等の生命，心身又は財産に重
　　　　大な被害が生じた疑いがあると認めるとき。
　　二　いじめにより当該学校に在籍する児童等が相当の期間学校を欠席す
　　　　ることを余儀なくされている疑いがあると認めるとき。
　2　学校の設置者又はその設置する学校は，前項の規定による調査を行っ
　　　たときは，当該調査に係るいじめを受けた児童等及びその保護者に対し，
　　　当該調査に係る重大事態の事実関係等その他の必要な情報を適切に提供
　　　するものとする。
　3　第1項の規定により学校が調査を行う場合においては，当該学校の設
　　　置者は，同項の規定による調査及び前項の規定による情報の提供につい
　　　て必要な指導及び支援を行うものとする。

①重大事態の意味について

　「いじめにより」とは，各号に規定する児童生徒の状況に至る要因が当該児童生
徒に対して行われるいじめにあることを意味する。

　また，法第1号の「生命，心身又は財産に重大な被害」については，いじめを
受ける児童生徒の状況に着目して判断する。例えば，

　○　児童生徒が自殺を企図した場合
　○　身体に重大な傷害を負った場合
　○　金品等に重大な被害を被った場合
　○　精神性の疾患を発症した場合

などのケースが想定される。

　法第2号の「相当の期間」については，不登校の定義[18]を踏まえ，年間30日を
目安とする。ただし，児童生徒が一定期間，連続して欠席しているような場合に
は，上記目安にかかわらず，学校の設置者又は学校の判断により，迅速に調査に
着手することが必要である。

　また，児童生徒や保護者から，いじめにより重大な被害が生じたという申立て
があったときは，その時点で学校が「いじめの結果ではない」あるいは「重大事
態とはいえない」と考えたとしても，重大事態が発生したものとして報告・調査
等に当たる。[19]児童生徒又は保護者からの申立ては，学校が把握していない極め

---

18)　文部科学省「児童生徒の問題行動等生徒指導上の諸問題に関する調査」におけ
　　る定義
19)　[いじめ防止対策推進法案に対する附帯決議（平成25年6月19日衆議院文部
　　科学委員会）]　　　　　　　　　　　　　　　　　　　　　　　　↗

て重要な情報である可能性があることから，調査をしないまま，いじめの重大事態ではないと断言できないことに留意する。

②重大事態の報告

　学校は，重大事態が発生した場合，国立学校は国立大学法人の学長を通じて文部科学大臣へ，公立学校は当該学校を設置する地方公共団体の教育委員会を通じて同地方公共団体の長へ，私立学校は当該学校を所轄する都道府県知事へ，学校設置会社が設置する学校は当該学校設置会社の代表取締役又は代表執行役を通じて認定地方公共団体の長へ，事態発生について報告する。

③調査の趣旨及び調査主体について

　法第28条の調査は，重大事態に対処するとともに，同種の事態の発生の防止に資するために行うものである。

　学校は，重大事態が発生した場合には，直ちに学校の設置者に報告し，学校の設置者は，その事案の調査を行う主体や，どのような調査組織とするかについて判断する。

　調査の主体は，学校が主体となって行う場合と，学校の設置者が主体となって行う場合が考えられるが，従前の経緯や事案の特性，いじめられた児童生徒又は保護者の訴えなどを踏まえ，学校主体の調査では，重大事態への対処及び同種の事態の発生の防止に必ずしも十分な結果を得られないと学校の設置者が判断する場合や，学校の教育活動に支障が生じるおそれがあるような場合には，学校の設置者において調査を実施する。

　学校が調査主体となる場合であっても，法第28条第3項に基づき，学校の設置者は調査を実施する学校に対して必要な指導，また，人的措置も含めた適切な支援を行わなければならない。

　なお，法第28条で，組織を設けて調査を行う主体としては「学校の設置者又は学校は」と規定されているが，このうち公立学校の場合の「学校の設置者」とは，学校を設置・管理する教育委員会である。[20]

↘　五　重大事態への対処に当たっては，いじめを受けた児童等やその保護者からの申立てがあったときは，適切かつ真摯に対応すること。

[20]　公立学校における「学校の設置者」は，学校を設置する地方公共団体である。また，公立学校について，法第28条の調査を行う「学校の設置者」とは，地方公共団体のいずれの部局がその事務を担当するかについては，地方教育行政の組織及び運営に関する法律（昭和31年法律第162号）により，学校の設置・管理を行う教育委員会である。

また，国立学校の設置者は国立大学法人であり，私立学校の設置者は学校法人である。

　なお，従前の経緯や事案の特性から必要な場合や，いじめられた児童生徒又は保護者が望む場合には，法第28条第1項の調査に並行して，地方公共団体の長等による調査を実施することも想定しうる。この場合，調査対象となる児童生徒等への心理的な負担を考慮し，重複した調査とならないよう，法第28条第1項の調査主体と，並行して行われる調査主体とが密接に連携し，適切に役割分担を図ることが求められる（例えば，アンケートの収集などの初期的な調査を学校の設置者又は学校が中心となって行い，収集した資料に基づく分析及び追加調査を，並行して行われる調査で実施する等が考えられる）。

④調査を行うための組織について

　学校の設置者又は学校は，その事案が重大事態であると判断したときは，当該重大事態に係る調査を行うため，速やかに，その下に組織を設けることとされている。

　この組織の構成については，弁護士や精神科医，学識経験者，心理や福祉の専門家であるスクールカウンセラー・スクールソーシャルワーカー等の専門的知識及び経験を有する者であって，当該いじめ事案の関係者と直接の人間関係又は特別の利害関係を有しない者（第三者）について，職能団体や大学，学会からの推薦等により参加を図ることにより，当該調査の公平性・中立性を確保するよう努めることが求められる。[21]

　重大事態が起きてから急遽調査を行うための組織を立ち上げることは困難である点から，地域の実情に応じて，平時から調査を行うための組織を設置しておくことが望ましい。公立学校における調査において，学校の設置者が調査主体とな

21）［いじめ防止対策推進法案に対する附帯決議（平成25年6月19日衆議院文部科学委員会）］
　　三　本法に基づき設けられるいじめの防止等のための対策を担う附属機関その他の組織においては，適切にいじめの問題に対処する観点から，専門的な知識及び経験を有する第三者等の参加を図り，公平性・中立性が確保されるよう努めること。
　　［いじめ防止対策推進法案に対する附帯決議（平成23年6月20日参議院文教科学委員会）］
　　六，本法に基づき設けられるいじめの防止等のための対策を担う附属機関その他の組織においては，適切にいじめの問題に対処する観点から，専門的な知識及び経験を有する第三者等の参加を図り，公平性・中立性が確保されるよう努めること。

182

いじめの防止等のための基本的な方針

る場合，法第14条第3項の教育委員会に設置される附属機関を，調査を行うための組織とすることも考えられる。なお，小規模の自治体など，設置が困難な地域も想定されることを踏まえ，都道府県教育委員会においては，これらの地域を支援するため，職能団体や大学，学会等の協力を得られる体制を平素から整えておくことなどが望まれる。

　なお，この場合，調査を行うための組織の構成員に，調査対象となるいじめ事案の関係者と直接の人間関係又は特別の利害関係を有する者がいる場合には，その者を除いた構成員で調査に当たる等，当該調査の公平性・中立性確保の観点からの配慮に努めることが求められる。

　また，学校が調査の主体となる場合，調査を行うための組織を重大事態の発生の都度設けることも考えられるが，それでは迅速性に欠けるおそれがあるため，法第22条に基づき学校に必ず置かれることとされている学校いじめ対策組織を母体として，当該重大事態の性質に応じて適切な専門家を加えるなどの方法によることも考えられる。

⑤事実関係を明確にするための調査の実施

　「事実関係を明確にする」とは，重大事態に至る要因となったいじめ行為が，いつ（いつ頃から），誰から行われ，どのような態様であったか，いじめを生んだ背景事情や児童生徒の人間関係にどのような問題があったか，学校・教職員がどのように対応したかなどの事実関係を，可能な限り網羅的に明確にすることである。この際，因果関係の特定を急ぐべきではなく，客観的な事実関係を速やかに調査すべきである。

　この調査は，民事・刑事上の責任追及やその他の争訟等への対応を直接の目的とするものでないことは言うまでもなく，学校とその設置者が事実に向き合うことで，当該事態への対処や同種の事態の発生防止を図るものである。

　法第28条の調査を実りあるものにするためには，学校の設置者・学校自身が，たとえ不都合なことがあったとしても，事実にしっかりと向き合おうとする姿勢が重要である。学校の設置者又は学校は，附属機関等に対して積極的に資料を提供するとともに，調査結果を重んじ，主体的に再発防止に取り組まなければならない。

ア）いじめられた児童生徒からの聴き取りが可能な場合

　　いじめられた児童生徒からの聴き取りが可能な場合，いじめられた児童生徒から十分に聴き取るとともに，在籍児童生徒や教職員に対する質問紙調査や聴き取り調査を行うことなどが考えられる。この際，いじめられた児童生徒や情

183

報を提供してくれた児童生徒を守ることを最優先とした調査実施が必要である（例えば，質問票の使用に当たり個別の事案が広く明らかになり，被害児童生徒の学校復帰が阻害されることのないよう配慮する等）。

調査による事実関係の確認とともに，いじめた児童生徒への指導を行い，いじめ行為を止める。

いじめられた児童生徒に対しては，事情や心情を聴取し，いじめられた児童生徒の状況にあわせた継続的なケアを行い，落ち着いた学校生活復帰の支援や学習支援等をすることが必要である。

これらの調査を行うに当たっては，別添2の「学校における『いじめの防止』『早期発見』『いじめに対する措置』のポイント」を参考にしつつ，事案の重大性を踏まえて，学校の設置者がより積極的に指導・支援したり，関係機関ともより適切に連携したりして，対応に当たることが必要である。

イ）いじめられた児童生徒からの聴き取りが不可能な場合

児童生徒の入院や死亡など，いじめられた児童生徒からの聴き取りが不可能な場合は，当該児童生徒の保護者の要望・意見を十分に聴取し，迅速に当該保護者に今後の調査について協議し，調査に着手する必要がある。調査方法としては，在籍児童生徒や教職員に対する質問紙調査や聴き取り調査などが考えられる。

（自殺の背景調査における留意事項）

児童生徒の自殺という事態が起こった場合の調査の在り方については，その後の自殺防止に資する観点から，自殺の背景調査を実施することが必要である。この調査においては，亡くなった児童生徒の尊厳を保持しつつ，その死に至った経過を検証し再発防止策を構ずることを目指し，遺族の気持ちに十分配慮しながら行うことが必要である。いじめがその要因として疑われる場合の背景調査については，法第28条第1項に定める調査に相当することとなり，その在り方については，以下の事項に留意のうえ，「子供の自殺が起きたときの背景調査の指針（改訂版）」（平成26年7月文部科学省・児童生徒の自殺予防に関する調査研究協力者会議）を参考とするものとする。[22]

○ 背景調査に当たり，遺族が，当該児童生徒を最も身近に知り，また，背

---

22) なお，国は，児童生徒の自殺が起きたときの調査の指針策定後の，各自治体における運用状況や，いじめ防止対策推進法における重大事態への対処の規定等を踏まえ，背景調査の在り方について，必要な見直しを検討し，可能な限り速やかに，一定の結論を得る

景調査について切実な心情を持つことを認識し，その要望・意見を十分に聴取するとともに，できる限りの配慮と説明を行う。

○　在校生及びその保護者に対しても，できる限りの配慮と説明を行う。

○　死亡した児童生徒が置かれていた状況として，いじめの疑いがあることを踏まえ，学校の設置者又は学校は，遺族に対して主体的に，在校生へのアンケート調査や一斉聴き取り調査を含む詳しい調査の実施を提案する。

○　詳しい調査を行うに当たり，学校の設置者又は学校は，遺族に対して，調査の目的・目標，調査を行う組織の構成等，調査の概ねの期間や方法，入手した資料の取り扱い，遺族に対する説明の在り方や調査結果の公表に関する方針などについて，できる限り，遺族と合意しておくことが必要である。

○　調査を行う組織については，弁護士や精神科医，学識経験者，心理や福祉の専門家であるスクールカウンセラー・スクールソーシャルワーカー等の専門的知識及び経験を有する者であって，当該いじめ事案の関係者と直接の人間関係又は特別の利害関係を有する者ではない者（第三者）について，職能団体や大学，学会からの推薦等により参加を図ることにより，当該調査の公平性・中立性を確保するよう努める。

○　背景調査においては，自殺が起きた後の時間の経過等に伴う制約の下で，できる限り，偏りのない資料や情報を多く収集し，それらの信頼性の吟味を含めて，客観的に，特定の資料や情報にのみ依拠することなく総合的に分析評価を行うよう努める。

○　客観的な事実関係の調査を迅速に進めることが必要であり，それらの事実の影響についての分析評価については，専門的知識及び経験を有する者の援助を求めることが必要であることに留意する。

○　学校が調査を行う場合においては，当該学校の設置者は，情報の提供について必要な指導及び支援を行うこととされており，学校の設置者の適切な対応が求められる。

○　情報発信・報道対応については，プライバシーへの配慮のうえ，正確で一貫した情報提供が必要であり，初期の段階で情報がないからといって，トラブルや不適切な対応がなかったと決めつけたり，断片的な情報で誤解を与えたりすることのないよう留意する。なお，亡くなった児童生徒の尊厳の保持や，子供の自殺は連鎖（後追い）の可能性があることなどを踏まえ，報道の在り方に特別の注意が必要であり，WHO（世界保健機関）による自殺報道への提言を参考にする必要がある。

⑥その他留意事項

　法第23条第2項[23]においても，いじめの事実の有無の確認を行うための措置を講ずるとされ，学校において，いじめの事実の有無の確認のための措置を講じた結果，重大事態であると判断した場合も想定されるが，それのみでは重大事態の全貌の事実関係が明確にされたとは限らず，未だその一部が解明されたにすぎない場合もあり得ることから，法第28条第1項の「重大事態に係る事実関係を明確にするための調査」として，法第23条第2項で行った調査資料の再分析や，必要に応じて新たな調査を行うこととする。ただし，法第23条第2項による措置にて事実関係の全貌が十分に明確にされたと判断できる場合は，この限りでない。

　また，事案の重大性を踏まえ，学校の設置者の積極的な支援が必要となる場合がある。例えば，特に市町村教育委員会においては，義務教育段階の児童生徒に関して，出席停止措置の活用や，いじめられた児童生徒又はその保護者が希望する場合には，就学校の指定の変更や区域外就学等の弾力的な対応を検討することも必要である。

　また重大事態が発生した場合に，関係のあった児童生徒が深く傷つき，学校全体の児童生徒や保護者や地域にも不安や動揺が広がったり，時には事実に基づかない風評等が流れたりする場合もある。学校の設置者及び学校は，児童生徒や保護者への心のケアと落ち着いた学校生活を取り戻すための支援に努めるとともに，予断のない一貫した情報発信，個人のプライバシーへの配慮に留意する必要がある。

ⅱ）調査結果の提供及び報告

　①　いじめを受けた児童生徒及びその保護者に対する情報を適切に提供する責任

---

23)　○　いじめ防止対策推進法（平成25年法律第71号）
　　　（いじめに対する措置）
　　第23条　学校の教職員，地方公共団体の職員その他の児童等からの相談に応じる者及び児童等の保護者は，児童等からいじめに係る相談を受けた場合において，いじめの事実があると思われるときは，いじめを受けたと思われる児童等が在籍する学校への通報その他の適切な措置をとるものとする。
　　2　学校は，前項の規定による通報を受けたときその他当該学校に在籍する児童等がいじめを受けていると思われるときは，速やかに，当該児童等に係るいじめの事実の有無の確認を行うための措置を講ずるとともに，その結果を当該学校の設置者に報告するものとする。
　　3～6　（略）

いじめの防止等のための基本的な方針

> （学校の設置者又はその設置する学校による対処）
> 第28条第2項　学校の設置者又はその設置する学校は、前項の規定による調査を行ったときは、当該調査に係るいじめを受けた児童等及びその保護者に対し、当該調査に係る重大事態の事実関係等その他の必要な情報を適切に提供するものとする。

　学校の設置者又は学校は、いじめを受けた児童生徒やその保護者に対して、事実関係等その他の必要な情報を提供する責任を有することを踏まえ、調査により明らかになった事実関係（いじめ行為がいつ、誰から行われ、どのような態様であったか、学校がどのように対応したか）について、いじめを受けた児童生徒やその保護者に対して説明する。この情報の提供に当たっては、適時・適切な方法で、経過報告があることが望ましい。[24]

　これらの情報の提供に当たっては、学校の設置者又は学校は、他の児童生徒のプライバシー保護に配慮するなど、関係者の個人情報に十分配慮し、適切に提供する。

　ただし、いたずらに個人情報保護を盾に説明を怠るようなことがあってはならない。

　質問紙調査の実施により得られたアンケートについては、いじめられた児童生徒又はその保護者に提供する場合があることをあらかじめ念頭におき、調査に先立ち、その旨を調査対象となる在校生やその保護者に説明する等の措置が必要であることに留意する。[25]

　また、学校が調査を行う場合においては、当該学校の設置者は、情報の提供の内容・方法・時期などについて必要な指導及び支援を行うこととされており、学校の設置者の適切な対応が求められる。

24）［いじめ防止対策推進法案に対する附帯決議（平成25年6月19日衆議院文部科学委員会）］
　　四　いじめを受けた児童等の保護者に対する支援を行うに当たっては、必要に応じていじめ事案に関する適切な情報提供が行われるよう努めること。
25）［いじめ防止対策推進法案に対する附帯決議（平成25年6月20日参議院文教科学委員会）］
　　七、いじめが起きた際の質問票を用いる等による調査の結果等について、いじめを受けた児童等の保護者と適切に共有されるよう、必要に応じて専門的な知識及び経験を有する者の意見を踏まえながら対応すること。

② 調査結果の報告

　調査結果については，国立学校に係る調査結果は文部科学大臣に，公立学校に係る調査結果は当該地方公共団体の長に，私立学校に係る調査結果は，当該学校を所轄する都道府県知事に，学校設置会社が設置する学校に係る調査結果は当該学校設置会社の代表取締役等を通じて認定地方公共団体の長に，それぞれ報告する。

　上記①の説明の結果を踏まえて，いじめを受けた児童生徒又はその保護者が希望する場合には，いじめを受けた児童生徒又はその保護者の所見をまとめた文書の提供を受け，調査結果の報告に添えて地方公共団体の長等に送付する。

（2）調査結果の報告を受けた文部科学大臣，地方公共団体の長又は都道府県知事による再調査及び措置

　ⅰ）再調査

（国立大学に附属して設置される学校に係る対処）

第29条第2項　前項の規定による報告を受けた文部科学大臣は、当該報告に係る重大事態への対処又は当該重大事態と同種の事態の発生の防止のため必要があると認めるときは、前条第1項の規定による調査の結果について調査を行うことができる。

（公立の学校に係る対処）

第30条第2項　前項の規定による報告を受けた地方公共団体の長は、当該報告に係る重大事態への対処又は当該重大事態と同種の事態の発生の防止のため必要があると認めるときは、附属機関を設けて調査を行う等の方法により、第28条第1項の規定による調査の結果について調査を行うことができる。

（私立の学校に係る対処）

第31条第2項　前項の規定による報告を受けた都道府県知事は、当該報告に係る重大事態への対処又は当該重大事態と同種の事態の発生の防止のため必要があると認めるときは、附属機関を設けて調査を行う等の方法により、第28条第1項の規定による調査の結果について調査を行うことができる。

　上記②の報告を受けた文部科学大臣，地方公共団体の長，都道府県知事は，当該報告に係る重大事態への対処又は当該重大事態と同種の事態の発生の防止のため必要があると認めるときは，法第28条第1項の規定による調査の結果について調査（以下「再調査」という。）を行うことができる。

いじめの防止等のための基本的な方針

　法第30条第2項及び第31条第2項で規定する「附属機関を設けて調査を行う等の方法」とは，当該再調査を行うに当たって，専門的な知識又は経験を有する第三者等による附属機関を設けて行うことを主な方法として念頭に置いたものであるが，「等」としては，地方公共団体が既に設置している附属機関や監査組織等を活用しながら調査を進めることなども考えられる。

　これらの附属機関については，弁護士や精神科医，学識経験者，心理や福祉の専門家であるスクールカウンセラー・スクールソーシャルワーカー等の専門的な知識及び経験を有する者であって，当該いじめ事案の関係者と直接の人間関係又は特別の利害関係を有する者ではない者（第三者）について，職能団体や大学，学会からの推薦等により参加を図り，当該調査の公平性・中立性を図るよう努めることが求められる。[26]

　また，附属機関を置く場合，重大事態の発生の都度，条例により機関を設置することは，迅速性という観点から必ずしも十分な対応ができないおそれがあるため，あらかじめ法にいう重大事態に対応するための附属機関を設けておくことも考えられる。

　国立学校・私立学校について，法により，文部科学大臣・都道府県知事に新たな権限が付与されるものではないが，文部科学大臣・都道府県知事は，当該事案に係る資料の提供等を求め，資料の精査や分析を改めて行うこと等が考えられる。

　なお，従前の経緯や事案の特性から必要な場合や，いじめられた児童生徒又は保護者が望む場合には，法第28条第1項の調査に並行して，地方公共団体の長等による調査を実施することも想定しうる。この場合，調査対象となる児童生徒等への心理的な負担を考慮し，重複した調査とならないよう，法第28条第1項の調査主体と，並行して行われる調査主体とが密接に連携し，適切に役割分担を図ることが求められる（例えば，アンケートの収集などの初期的な調査を学校の設置

---

26)　[いじめ防止対策推進法案に対する附帯決議（平成25年6月19日衆議院文部科学委員会）]
　　三　本法に基づき設けられるいじめの防止等のための対策を担う附属機関その他の組織においては，適切にいじめの問題に対処する観点から，専門的な知識及び経験を有する第三者等の参加を図り，公平性・中立性が確保されるよう努めること。
　[いじめ防止対策推進法案に対する附帯決議（平成25年6月20日参議院文教科学委員会）]
　　六，本法に基づき設けられるいじめの防止等のための対策を担う附属機関その他の組織においては，適切にいじめの問題に対処する観点から，専門的な知識及び経験を有する第三者等の参加を図り，公平性・中立性が確保されるよう努めること。

者又は学校が中心となって行い，収集した資料に基づく分析及び追加調査を，並行して行われる調査で実施する等が考えられる）。【再掲】

　再調査についても，学校の設置者又は学校等による調査同様，再調査の主体は，いじめを受けた児童生徒及びその保護者に対して，情報を適切に提供する責任があるものと認識し，適時・適切な方法で，調査の進捗状況等及び調査結果を説明する。

ii）再調査の結果を踏まえた措置等

　公立学校の場合，地方公共団体の長及び教育委員会は，再調査の結果を踏まえ，自らの権限及び責任において，当該調査に係る重大事態への対処又は当該重大事態と同種の事態の発生の防止のために必要な措置を講ずるものとすることとされている。国立学校・私立学校等についても，本法により特別に新たな権限が与えられるものではないが，国立大学法人法において準用する独立行政法人通則法の規定や私立学校法の規定等に定める権限に基づき，必要な措置を講ずることとされている。

　「必要な措置」としては，教育委員会においては，例えば，指導主事や教育センターの専門家の派遣による重点的な支援，生徒指導に専任的に取り組む教職員の配置など人的体制の強化，心理や福祉の専門家であるスクールカウンセラー・スクールソーシャルワーカー，教員・警察官経験者など外部専門家の追加配置等，多様な方策が考えられる。首長部局においても，必要な教育予算の確保や児童福祉や青少年健全育成の観点からの措置が考えられる。

　また，公立学校について再調査を行ったとき，地方公共団体の長はその結果を議会に報告しなければならないこととされている。議会へ報告する内容については，個々の事案の内容に応じ，各地方公共団体において適切に設定されることとなるが，個人のプライバシーに対しては必要な配慮を確保することが当然求められる。

第3　その他いじめの防止等のための対策に関する重要事項

　（省略）

いじめの重大事態の調査に関するガイドライン

平成29年3月

文部科学省

はじめに

○　平成25年9月28日、いじめ防止対策推進法（平成25年法律第71号。以下「法」という。）が施行され、法第28条第1項においていじめの「重大事態」に係る調査について規定された。これにより、学校の設置者又は学校は、重大事態に対処し、及び当該重大事態と同種の事態の発生の防止に資するため、速やかに、当該学校の設置者又は学校の下に組織を設け、質問票の使用その他の適切な方法により当該重大事態に係る事実関係を明確にするための調査を行うものとされた。同規定の施行を受け、文部科学大臣が法第11条第1項に基づき「いじめの防止等のための基本的な方針」（平成25年10月11日文部科学大臣決定。以下「基本方針」という。）を定め、「重大事態への対処」に関し、学校の設置者又は学校による調査の方法や留意事項等を示した。更に、基本方針の策定を受け、いじめが背景にあると疑われる自殺が起きた場合の重大事態の調査について、「子供の自殺が起きたときの背景調査の指針」が改訂されるとともに（平成26年7月）、法第28条第1項第2号の不登校重大事態の場合の調査についても、「不登校重大事態に係る調査の指針」（平成28年3月）が策定された。

○　しかしながら、基本方針やこれらの調査の指針が策定された後も、学校の設置者又は学校において、いじめの重大事態が発生しているにもかかわらず、法、基本方針及び調査の指針に基づく対応を行わないなどの不適切な対応があり、児童生徒に深刻な被害を与えたり、保護者等に対して大きな不信を与えたりした事案が発生している。

○　法附則第2条第1項は、「いじめの防止等のための対策については、この法律の施行後三年を目途として、この法律の施行状況等を勘案し、検討が加えられ、必要があると認められるときは、その結果に基づいて必要な措置が講ぜられるものとする。」としている。同項の規定を踏まえ、文部科学省が設置した「いじめ防止対策協議会」において法の施行状況について検証を行った結果、平成28年11月2日、同協議会より「いじめ防止対策推進法の施行状況に関する議論のとりまとめ」（以下「議論のとりまとめ」という。）が提言された。議論のとりまとめの「重大事態への対応」に係る項目において、「重大事態の被害者及びその保護者の意向が全く反映されないまま調査が進められたり、調査結果が適切に被害者及びその保護者に提供されないケースがある。」などといった現状・課題が指摘され、併せて、このような現

状・課題に対して、「重大事態の調査の進め方についてガイドラインを作成する。」という対応の方向性が提言されたところである。

○ 以上を踏まえ、文部科学省として、法第28条第1項のいじめの重大事態への対応について、学校の設置者及び学校における法、基本方針等に則った適切な調査の実施に資するため、「いじめの重大事態の調査に関するガイドライン」を以下のとおり策定する。

第1 学校の設置者及び学校の基本的姿勢

（基本的姿勢）

○ 学校の設置者及び学校は、いじめを受けた児童生徒やその保護者（以下「被害児童生徒・保護者」という。）のいじめの事実関係を明らかにしたい、何があったのかを知りたいという切実な思いを理解し、対応に当たること。

○ 学校の設置者及び学校として、自らの対応にたとえ不都合なことがあったとしても、全てを明らかにして自らの対応を真摯に見つめ直し、被害児童生徒・保護者に対して調査の結果について適切に説明を行うこと。

○ 重大事態の調査は、民事・刑事上の責任追及やその他の争訟等への対応を直接の目的とするものではなく、いじめの事実の全容解明、当該いじめの事案への対処及び同種の事案の再発防止が目的であることを認識すること。学校の設置者及び学校として、調査により膿を出し切り、いじめの防止等の体制を見直す姿勢をもつことが、今後の再発防止に向けた第一歩となる。

○ 学校の設置者及び学校は、詳細な調査を行わなければ、事案の全容は分からないということを第一に認識し、軽々に「いじめはなかった」、「学校に責任はない」という判断をしないこと。状況を把握できていない中で断片的な情報を発信すると、それが一人歩きしてしまうことに注意すること。また、被害者である児童生徒やその家庭に問題があったと発言するなど、被害児童生徒・保護者の心情を害することは厳に慎むこと。

○ 特に、自殺事案の場合、学校外のことで児童生徒が悩みを抱えていたと考えられるとしても、自殺に至るまでに学校が気付き、救うことができた可能性がある。したがって、いじめが背景にあるか否かにかかわらず、学校の設置者及び学校として、適切に事実関係を調査し、再発防止策を講ずる責任を有しているということを認識すること。

○ 被害児童生徒・保護者が詳細な調査や事案の公表を望まない場合であっても、学校の設置者及び学校が、可能な限り自らの対応を振り返り、検証することは必要となる。それが再発防止につながり、又は新たな事実が明らかになる可能性もある。このため、決して、被害児童生徒・保護者が望まないことを理由として、自らの対

いじめの重大事態の調査に関するガイドライン

応を検証することを怠ってはならない。重大事態の調査は、被害児童生徒・保護者が希望する場合は、調査の実施自体や調査結果を外部に対して明らかにしないまま行うことも可能であり、学校の設置者及び学校は、被害児童生徒・保護者の意向を的確に把握し、調査方法を工夫しながら調査を進めること。決して、安易に、重大事態として取り扱わないことを選択するようなことがあってはならない。

○　以上のことを踏まえた上で、学校の設置者又は学校は、被害児童生徒・保護者に対して自発的・主体的に、詳細な調査の実施を提案すること。

（自殺事案における遺族に対する接し方）

○　自殺事案の場合、子供を亡くしたという心情から、学校の設置者又は学校が遺族に対する調査の説明を進める際に、時間を要する場合があるが、そのような状況は当然起こり得ることであり、御遺族の心情を理解して丁寧に対応すること。学校の設置者及び学校は、必要な時間をとりながら丁寧に説明を尽くし、根気よく信頼関係の構築に努め、被害児童生徒・保護者に寄り添いながら調査を進めること。

第2　重大事態を把握する端緒

（重大事態の定義）

○　法第28条第1項においては、いじめの重大事態の定義は「いじめにより当該学校に在籍する児童等の生命、心身又は財産に重大な被害が生じた疑いがあると認めるとき」（同項第1号。以下「生命心身財産重大事態」という。）、「いじめにより当該学校に在籍する児童等が相当の期間学校を欠席することを余儀なくされている疑いがあると認めるとき」（同項第2号。以下「不登校重大事態」という。）とされている。改めて、重大事態は、事実関係が確定した段階で重大事態としての対応を開始するのではなく、「疑い」が生じた段階で調査を開始しなければならないことを認識すること。

（重大事態として早期対応しなかったことにより生じる影響）

○　重大事態については、いじめが早期に解決しなかったことにより、被害が深刻化した結果であるケースが多い。したがって、「疑い」が生じてもなお、学校が速やかに対応しなければ、いじめの行為がより一層エスカレートし、被害が更に深刻化する可能性がある。最悪の場合、取り返しのつかない事態に発展することも想定されるため、学校の設置者及び学校は、重大事態への対応の重要性を改めて認識すること。

（重大事態の範囲）

○　重大事態の定義（事例）　　※重大事態として扱われた事例【別紙】

○　誤った重大事態の判断を行った事例等

①明らかにいじめにより心身に重大な被害（骨折、脳震盪という被害）が生じており、生命心身財産重大事態に該当するにもかかわらず、欠席日数が30日に満たないため不登校重大事態ではないと判断し、重大事態の調査を開始しなかった。結果、事態が深刻化し、被害者が長期にわたり不登校となってしまった。この場合、学校の設置者及び学校は、生命心身財産重大事態として速やかに対応しなければならなかった。

②不登校重大事態の定義は、欠席日数が年間30日であることを目安としている。しかしながら、基本方針においては「ただし、児童生徒が一定期間、連続して欠席しているような場合には、上記目安にもかかわらず、学校の設置者又は学校の判断により、迅速に調査に着手することが必要である。」としている。それにもかかわらず、欠席日数が厳密に30日に至らないとして重大事態として取り扱わず、対応を開始しない例があった。このような学校の消極的な対応の結果、早期に対処すれば当該児童生徒の回復が見込めたものが、被害が深刻化して児童生徒の学校への復帰が困難となってしまった。

③不登校重大事態は、いじめにより「相当の期間学校を欠席することを余儀なくされている疑いがあると認めるとき」と規定されている。高等学校や私立の小中学校等におけるいじめの事案で被害児童生徒が学校を退学した場合又はいじめの事案で被害児童生徒が転校した場合は、退学・転校に至るほど精神的に苦痛を受けていたということであるため、生命心身財産重大事態に該当することが十分に考えられ、適切に対応を行う必要がある。この点、児童生徒が欠席していないことから、不登校重大事態の定義には該当しないため詳細な調査を行わないなどといった対応がとられることのないよう、教育委員会をはじめとする学校の設置者及び都道府県私立学校担当部局は指導を行うこと。

（重大事態の発生に係る被害児童生徒・保護者からの申立てにより疑いが生じること）

○　被害児童生徒や保護者から、「いじめにより重大な被害が生じた」という申立てがあったとき（人間関係が原因で心身の異常や変化を訴える申立て等の「いじめ」という言葉を使わない場合を含む。）は、その時点で学校が「いじめの結果ではない」あるいは「重大事態とはいえない」と考えたとしても、重大事態が発生したものとして報告・調査等に当たること。児童生徒や保護者からの申立ては、学校が知り得ない極めて重要な情報である可能性があることから、調査をしないまま、いじめの

重大事態ではないとは断言できないことに留意する。

（不幸にして自殺が起きてしまったときの初動対応）
○　学校の設置者及び学校は、「子供の自殺が起きたときの緊急対応の手引き」（平成22年３月文部科学省）及び「教師が知っておきたい子どもの自殺予防」（平成21年３月文部科学省）第５章や、各地方公共団体において作成しているマニュアル等を参照し、組織体制を整備して対応すること。

第3　重大事態の発生報告

（発生報告の趣旨）
○　学校は、重大事態が発生した場合（いじめにより重大な被害が生じた疑いがあると認めるとき。以下同じ。）、速やかに学校の設置者を通じて、地方公共団体の長等まで重大事態が発生した旨を報告する義務が法律上定められている（法第29条から第32条まで）。この対応が行われない場合、法に違反するばかりでなく、地方公共団体等における学校の設置者及び学校に対する指導・助言、支援等の対応に遅れを生じさせることとなる。
○　学校が、学校の設置者や地方公共団体の長等に対して重大事態発生の報告を速やかに行うことにより、学校の設置者等により、指導主事、スクールカウンセラー、スクールソーシャルワーカーをはじめとする職員の派遣等の支援が可能となる。重大事態の発生報告が行われないことは、そうした学校の設置者等による支援が迅速に行われず、事態の更なる悪化につながる可能性があることを、学校の設置者及び学校は認識しなければならない。
○　重大事態の発生報告を受けた学校の設置者は、職員を学校に派遣するなどして、適切な報道対応等が行われるよう、校長と十分協議を行いながら学校を支援すること。

（支援体制の整備のための相談・連携）
○　必要に応じて、公立学校の場合、市町村教育委員会から都道府県教育委員会に対して、重大事態の対処について相談を行い、支援を依頼すること。また、私立学校が支援体制を十分に整備できない場合等においては、都道府県私立学校所管課は、適切な支援を行うこと。その際、都道府県私立学校所管課は、都道府県教育委員会に対して助言又は支援を適切に求め、都道府県教育委員会と連携しながら対応すること。国立大学附属学校が支援体制を十分に整備できない場合等においては、国立大学は、適切な支援を行うこと。その際、国立大学は、文部科学省及び都道府県教育委員会に対して助言又は支援を適切に求め、文部科学省及び都道府県教育委員会と連携しながら対応すること。

○ 高等専門学校の設置者及び高等専門学校は、法第35条により、その実情に応じ、当該高等専門学校に在籍する学生に係るいじめの防止等のための対策について、必要な措置を講ずることとされている。高等専門学校においていじめの重大事態が発生した場合であって、学校の設置者及び学校が支援体制を十分に整備できないなどの事情があるときは、設置者は、文部科学省及び都道府県教育委員会に対して助言又は支援を適切に求め、文部科学省及び都道府県教育委員会と連携しながら対応すること。

第4 調査組織の設置

（調査組織の構成）

○ 調査組織については、公平性・中立性が確保された組織が客観的な事実認定を行うことができるよう構成すること。このため、弁護士、精神科医、学識経験者、心理・福祉の専門家等の専門的知識及び経験を有するものであって、当該いじめの事案の関係者と直接の人間関係又は特別の利害関係を有しない者（第三者）について、職能団体や大学、学会からの推薦等により参加を図るよう努めるものとする。

（調査組織の種類）

○ 重大事態の調査主体は、学校が主体となるか、学校の設置者（教育委員会等）が主体となるかの判断を学校の設置者として行うこと。また、その際、第三者のみで構成する調査組織とするか、学校や設置者の職員を中心とした組織に第三者を加える体制とするかなど、調査組織の構成についても適切に判断すること。

①学校の設置者が主体

a公立学校の場合

・法第14条第3項の教育委員会に設置される附属機関（第三者により構成される組織）において実施する場合

・個々のいじめ事案について調査を行うための附属機関（第三者により構成される組織。いじめに限らず体罰や学校事故等、学校において発生した事案を調査対象とする附属機関も考えられる。）において実施する場合

b私立学校及び国立大学附属学校の場合

・学校の設置者が第三者調査委員会を立ち上げる場合

②学校が主体

a既存の学校のいじめの防止等の対策のための組織（法第22条。以下「学校いじめ対策組織」という。）に第三者を加える場合

b学校が第三者調査委員会を立ち上げる場合

いじめの重大事態の調査に関するガイドライン

（第三者調査委員会を設けた調査を実施しない場合）

○　いじめの重大事態であると判断する前の段階で、学校いじめ対策組織が法第23条第2項に基づき、いじめの事実関係について調査を実施している場合がある。この場合、同項に基づく調査に係る調査資料の再分析を第三者（弁護士等）に依頼したり、必要に応じて新たな調査を行うことで重大事態の調査とする場合もある。また、学校いじめ対策組織の法第23条第2項に基づく調査により、事実関係の全貌が十分に明らかにされており、関係者（被害児童生徒、加害児童生徒、それぞれの保護者）が納得しているときは、改めて事実関係の確認のための第三者調査委員会を立ち上げた調査を行わない場合がある。ただし、学校の設置者及び学校の対応の検証や、再発防止策の策定については、新たに第三者調査委員会等を立ち上げるかを適切に判断する必要がある。

第5　被害児童生徒・保護者等に対する調査方針の説明等

（説明時の注意点）

○　「いじめはなかった」などと断定的に説明してはならないこと。

※詳細な調査を実施していない段階で、過去の定期的なアンケート調査を基に「いじめはなかった」、「学校に責任はない」旨の発言をしてはならない。

○　事案発生後、詳細な調査を実施するまでもなく、学校の設置者・学校の不適切な対応により被害児童生徒や保護者を深く傷つける結果となったことが明らかである場合は、学校の設置者・学校は、詳細な調査の結果を待たずして、速やかに被害児童生徒・保護者に当該対応の不備について説明し、謝罪等を行うこと。

○　被害児童生徒・保護者の心情を害する言動は、厳に慎むこと。

※家庭にも問題がある等の発言（当該児童生徒をとりまく状況は、公正・中立な重大事態に係る調査の段階で確認されるものであり、学校が軽々に発言すべきものではない。）

※持ち物、遺品を返還する際の配慮のない対応（一方的に被害児童生徒・保護者の自宅に送付すること、返還せずに処分することはあってはならない。）。

○　独立行政法人日本スポーツ振興センターの災害共済給付の申請は、保護者に丁寧に説明を行った上で手続を進めること。

○　被害児童生徒・保護者に寄り添いながら対応することを第一とし、信頼関係を構築すること。

（説明事項）

○　調査実施前に、被害児童生徒・保護者に対して以下の①～⑥の事項について説明すること。説明を行う主体は、学校の設置者及び学校が行う場合と、第三者調査委

197

員会等の調査組織が行う場合が考えられるが、状況に応じて適切に主体を判断すること。

①調査の目的・目標

　重大事態の調査は、民事・刑事上の責任追及やその他の争訟等への対応を直接の目的とするものではなく、学校の設置者及び学校が事実に向き合うことで、事案の全容解明、当該事態への対処や、同種の事態の発生防止を図るものであることを説明すること。

②調査主体（組織の構成、人選）

　被害児童生徒・保護者に対して、調査組織の構成について説明すること。調査組織の人選については、職能団体からの推薦を受けて選出したものであることなど、公平性・中立性が担保されていることを説明すること。必要に応じて、職能団体からも、専門性と公平・中立性が担保された人物であることの推薦理由を提出してもらうこと。

　説明を行う中で、被害児童生徒・保護者から構成員の職種や職能団体について要望があり、構成員の中立性・公平性・専門性の確保の観点から、必要と認められる場合は、学校の設置者及び学校は調整を行う。

③調査時期・期間（スケジュール、定期報告）

　被害児童生徒・保護者に対して、調査を開始する時期や調査結果が出るまでにどのくらいの期間が必要となるのかについて、目途を示すこと。

　調査の進捗状況について、定期的に及び適時のタイミングで経過報告を行うことについて、予め被害児童生徒・保護者に対して説明すること。

④調査事項（いじめの事実関係、学校の設置者及び学校の対応等）・調査対象（聴き取り等をする児童生徒・教職員の範囲）

　予め、重大事態の調査において、どのような事項（いじめの事実関係、学校の設置者及び学校の対応等）を、どのような対象（聴き取り等をする児童生徒・教職員の範囲）に調査するのかについて、被害児童生徒・保護者に対して説明すること。その際、被害児童生徒・保護者が調査を求める事項等を詳しく聞き取ること。重大事態の調査において、調査事項等に漏れがあった場合、地方公共団体の長等による再調査を実施しなければならない場合があることに留意する必要がある。

　なお、第三者調査委員会が調査事項や調査対象を主体的に決定する場合は、その方向性が明らかとなった段階で、適切に説明を行うこと。

⑤調査方法（アンケート調査の様式、聴き取りの方法、手順）

　重大事態の調査において使用するアンケート調査の様式、聴き取りの方法、手順を、被害児童生徒・保護者に対して説明すること。説明した際、被害児童生

いじめの重大事態の調査に関するガイドライン

徒・保護者から調査方法について要望があった場合は、可能な限り、調査の方法
に反映すること。

⑥調査結果の提供（被害者側、加害者側に対する提供等）

・調査結果（調査の過程において把握した情報を含む。以下同じ。）の提供につい
て、被害児童生徒・保護者に対して、どのような内容を提供するのか、予め説
明を行うこと。

・被害児童生徒・保護者に対し、予め、個別の情報の提供については、各地方公
共団体の個人情報保護条例等に従って行うことを説明しておくこと。

・被害児童生徒・保護者に対して、アンケート調査等の結果、調査票の原本の扱
いについて、予め、情報提供の方法を説明すること。アンケートで得られた情
報の提供は、個人名や筆跡等の個人が識別できる情報を保護する（例えば、個
人名は伏せ、筆跡はタイピングし直すなど）等の配慮の上で行う方法を採るこ
と、又は一定の条件の下で調査票の原本を情報提供する方法を採ることを、予
め説明すること。

・調査票を含む調査に係る文書の保存について、学校の設置者等の文書管理規則
に基づき行うことを触れながら、文書の保存期間を説明すること。

・加害者に対する調査結果の説明の方法について、可能な限り、予め、被害児童
生徒・保護者の同意を得ておくこと。

○　調査を実施するに当たり、上記①～⑥までの事項について、加害児童生徒及びそ
の保護者に対しても説明を行うこと。その際、加害児童生徒及びその保護者からも、
調査に関する意見を適切に聞き取ること。

（外部に説明を行う際の対応）

○　記者会見、保護者会など外部に説明する際は、その都度、説明内容を事前に遺族
に伝えること（配布資料等、文書として外部に出す際には、事前に文案の了解を取
るよう努めること。）。事前に説明等が行われない場合、遺族は内容を報道等で先に
知ることとなり、それが遺族が学校等に対して不信を抱く原因となることを、学校
の設置者及び学校は理解する必要がある。

（自殺事案における他の児童生徒等に対する伝え方）

○　自殺の事実を他の児童生徒をはじめとする外部に伝えるにあたっては、遺族から
了解をとるよう努めること。遺族が自殺であると伝えることを了解されない場合、
学校が"嘘をつく"と児童生徒や保護者の信頼を失いかねないため、「急に亡くなら
れたと聞いています」という表現に留めるなどの工夫を行うこと。（「事故死であっ

199

た」、「転校した」などと伝えてはならない。）

○　いじめの重大事態の調査を行う場合は、他の児童生徒に対して自殺であることを伝える必要が一定程度生じる。この際、学校内で教職員の伝え方が異なると、不要な憶測を生む原因となるため、伝え方については学校内で統一すること。

（被害児童生徒・保護者が詳細な調査や事案の公表を望まない場合）【再掲】

○　被害児童生徒・保護者が詳細な調査や事案の公表を望まない場合であっても、学校の設置者及び学校が、可能な限り自らの対応を振り返り、検証することは必要となる。それが再発防止につながり、又は新たな事実が明らかになる可能性もある。このため、決して、被害児童生徒・保護者が望まないことを理由として、自らの対応を検証することを怠ってはならない。重大事態の調査は、被害児童生徒・保護者が希望する場合は、調査の実施自体や調査結果を外部に対して明らかにしないまま行うことも可能であり、学校の設置者及び学校は、被害児童生徒・保護者の意向を的確に把握し、調査方法を工夫しながら調査を進めること。

（被害児童生徒・保護者のケア）

○　被害児童生徒・保護者が精神的に不安定になっている場合、カウンセリングや医療機関によるケアを受けるように勧めること。この際、可能な限り、学校の教職員やスクールカウンセラー・スクールソーシャルワーカー等が寄り添いながら、専門機関による支援につなげることが望ましい。また、被害児童生徒に学齢期の兄弟姉妹がいる場合には、必要に応じ、当該兄弟姉妹の意思を尊重しながら、学校生活を送る上でのケアを行うこと。

○　学校の設置者として、学校への積極的な支援を行うこと。特に市町村教育委員会においては、いじめを受けた児童生徒その他の児童生徒が安心して教育を受けられるようにするため、いじめの加害児童生徒に対する出席停止措置の活用や、被害児童生徒・保護者が希望する場合には、就学校の指定の変更、区域外就学等の弾力的な対応を検討することも必要である。

第6　調査の実施

（1）調査実施に当たっての留意事項【共通】

（調査対象者、保護者等に対する説明等）

○　アンケートについては、学校の設置者又は学校によるいじめの重大事態の調査のために行うものであること（調査の目的）、及び結果を被害児童生徒・保護者に提供する場合があることを、予め、調査対象者である他の児童生徒及びその保護者に説明した上で実施すること。

いじめの重大事態の調査に関するガイドライン

○　時間が経過するにつれて、児童生徒はうわさや報道等に影響され、記憶が曖昧になり、事実関係の整理そのものに大きな困難が生じるおそれがあることから、可能な限り速やかに実施するよう努めること。第三者調査委員会の立ち上げ等に時間を要する場合があるが、当該調査主体の十分な調査が可能となるよう、学校の設置者及び学校は、状況に応じて早い段階での聴き取りや、関係資料の散逸防止に努めること。

○　アンケートは、状況に応じて、無記名式の様式により行うことも考えられる。

（児童生徒等に対する調査）

○　被害児童生徒、その保護者、他の在籍する児童生徒、教職員等に対して、アンケート調査や聴き取り調査等により、いじめの事実関係を把握すること。この際、被害児童生徒やいじめに係る情報を提供してくれた児童生徒を守ることを最優先とし、調査を実施することが必要である。

○　調査においては、加害児童生徒からも、調査対象となっているいじめの事実関係について意見を聴取し、公平性・中立性を確保すること。

（記録の保存）

○　調査により把握した情報の記録は、各地方公共団体等の文書管理規則等に基づき適切に保存すること。この記録については、重大事態の調査を行う主体（第三者調査委員会等）が実施した調査の記録のほか、いじめの重大事態として取り扱う以前に法第23条第2項の調査において学校の設置者及び学校が取得、作成した記録（※）を含む。なお、原則として各地方公共団体の文書管理規則等に基づき、これらの記録を適切に保存するものとするが、個別の重大事態の調査に係る記録については、指導要録の保存期間に合わせて、少なくとも5年間保存することが望ましい。

　　※学校が定期的に実施しているアンケート・個人面談の記録、いじめの通報・相談内容の記録、児童生徒に対する聴き取り調査を行った際の記録等。教職員による手書きのメモの形式をとるものであっても、各地方公共団体等の文書管理規則の公文書（行政文書）に該当する場合があることにも留意する。

○　これらの記録の廃棄については、被害児童生徒・保護者に説明の上、行うこと（無断で破棄して被害児童生徒・保護者に学校に対する不信を与えたケースがある。）。また、個々の記録の保存について、被害児童生徒・保護者からの意見を踏まえ、保存期限を改めて設定することも考えられる。

（調査実施中の経過報告）

○　学校の設置者及び学校は、調査中であることを理由に、被害児童生徒・保護者に

対して説明を拒むようなことがあってはならず、調査の進捗等の経過報告を行う。

（分析）
○ 調査においては、法第13条の学校いじめ防止基本方針に基づく対応は適切に行われていたか、学校いじめ対策組織の役割は果たされていたか、学校のいじめ防止プログラムや早期発見・事案対処のマニュアルはどのような内容で、適切に運用され機能していたかなどについて、分析を行うこと。

（2）いじめが背景にあると疑われる自殺・自殺未遂である場合
○ 「子供の自殺が起きたときの背景調査の指針（改訂版）」（平成26年7月文部科学省。以下「背景調査の指針」という。）に沿って行うこと。

（3）自殺又は自殺未遂以外の重大事態の場合
①文書情報の整理
②アンケート調査（背景調査の指針P17を参考とする。）
　　結果については、被害者又はその保護者に提供する場合があることを、調査に先立ち、調査対象者に対して説明する。
③聴き取り調査（背景調査の指針P18を参考とする。）
④情報の整理（背景調査の指針P19を参考とする。）
　　①～③の調査により得られた情報を時系列にまとめるなどして整理し、情報について分析・評価を行う（外部の第三者の立場から、専門的に分析・評価が行われることが望ましい。）。
⑤再発防止策の検討（背景調査の指針P20を参考とする。）
⑥報告書のとりまとめ（背景調査の指針P20を参考とする。）

（4）不登校重大事態である場合
○ 「不登校重大事態に係る調査の指針」（平成28年3月文部科学省）に沿って行うこと。

第7　調査結果の説明・公表

（調査結果の報告）
○ 重大事態の調査結果を示された学校の設置者及び学校は、調査結果及びその後の対応方針について、地方公共団体の長等に対して報告・説明すること（法第29条から第32条まで）。その際、公立学校の場合は、教育委員会会議において議題として取り扱い、総合教育会議において議題として取り扱うことも検討すること。また、私立学校の場合についても、総合教育会議において議題として取り扱うことを検討す

ること。

（地方公共団体の長等に対する所見の提出）
○　調査結果を地方公共団体の長等に報告する際、被害児童生徒・保護者は、調査結果に係る所見をまとめた文書を、当該報告に添えることができる。学校の設置者及び学校は、このことを、予め被害児童生徒・保護者に対して伝えること。

（被害児童生徒・保護者に対する情報提供及び説明）
○　法第28条第２項は「学校の設置者又はその設置する学校は、前項の規定による調査を行ったときは、当該調査に係るいじめを受けた児童等及びその保護者に対し、当該調査に係る重大事態の事実関係等その他の必要な情報を適切に提供するものとする。」と規定しており、被害児童生徒・保護者に対して調査に係る情報提供及び調査結果の説明を適切に行うことは、学校の設置者又は学校の法律上の義務である。被害児童生徒・保護者に対する情報提供及び説明の際は、このことを認識して行うこと。
○　学校の設置者及び学校は、各地方公共団体の個人情報保護条例等に従って、被害児童生徒・保護者に情報提供及び説明を適切に行うこと。その際、「各地方公共団体の個人情報保護条例等に照らして不開示とする部分」を除いた部分を適切に整理して行うこと。学校の設置者及び学校は、いたずらに個人情報保護を盾に情報提供及び説明を怠るようなことがあってはならない。また、法28条第２項に基づく被害児童生徒・保護者に対する調査に係る情報提供を適切に行うために、各地方公共団体の個人情報保護・情報公開担当部局や専門家の意見を踏まえて検討を行うなど、可能な限りの対応を行うこと。
○　事前に説明した方針に沿って、被害児童生徒・保護者に調査結果を説明すること。また、加害者側への情報提供に係る方針について、被害児童生徒・保護者に改めて確認した後、加害者側に対する情報提供を実施すること。

（調査結果の公表、公表の方法等の確認）
○　いじめの重大事態に関する調査結果を公表するか否かは、学校の設置者及び学校として、事案の内容や重大性、被害児童生徒・保護者の意向、公表した場合の児童生徒への影響等を総合的に勘案して、適切に判断することとし、特段の支障がなければ公表することが望ましい。学校の設置者及び学校は、被害児童生徒・保護者に対して、公表の方針について説明を行うこと。
○　調査結果を公表する場合、調査組織の構成員の氏名についても、特段の支障がない限り公表することが望ましい。

○　調査結果を公表する場合、公表の仕方及び公表内容を被害児童生徒・保護者と確認すること。

　　報道機関等の外部に公表する場合、他の児童生徒又は保護者等に対して、可能な限り、事前に調査結果を報告すること。学校の設置者及び学校として、自ら再発防止策（対応の方向性を含む）とともに調査結果を説明しなければ、事実関係が正確に伝わらず、他の児童生徒又は保護者の間において憶測を生み、学校に対する不信を生む可能性がある。

（加害児童生徒、他の児童生徒等に対する調査結果の情報提供）

○　学校の設置者及び学校は、被害児童生徒・保護者に説明した方針に沿って、加害児童生徒及びその保護者に対していじめの事実関係について説明を行うこと。学校は、調査方法等のプロセスを含め、認定された事実を丁寧に伝え、加害児童生徒が抱えている問題とその心に寄り添いながら、個別に指導していじめの非に気付かせ、被害児童生徒への謝罪の気持ちを醸成させる。

○　報道機関等の外部に公表しない場合であっても、学校の設置者及び学校は、再発防止に向けて、重大事態の調査結果について、他の児童生徒又は保護者に対して説明を行うことを検討する。

第8　個人情報の保護

（結果公表に際した個人情報保護）

○　調査結果の公表に当たり、個別の情報を開示するか否かについては、各地方公共団体の情報公開条例等に照らして適切に判断すること。

○　学校の設置者及び学校が、調査報告書における学校の対応や、学校に対する批判に係る記述を個人情報と併せて不開示とした場合、学校が事実関係を隠蔽しているなどと、外部からの不信を招く可能性がある。学校の設置者及び学校として、「各地方公共団体の情報公開条例等に照らして不開示とする部分」を除いた部分を適切に整理して開示すること。学校の設置者及び学校は、いたずらに個人情報保護を盾に説明を怠るようなことがあってはならない。

第9　調査結果を踏まえた対応

（被害児童生徒への支援、加害児童生徒に対する指導等）

○　被害児童生徒に対して、事情や心情を聴取し、当該児童生徒の状況に応じた継続的なケアを行い、被害児童生徒が不登校となっている場合は学校生活への復帰に向けた支援や学習支援を行うこと。その際、必要に応じて、スクールカウンセラー・スクールソーシャルワーカー等の専門家を活用すること。

いじめの重大事態の調査に関するガイドライン

○　調査結果において、いじめが認定されている場合、加害者に対して、個別に指導を行い、いじめの非に気付かせ、被害児童生徒への謝罪の気持ちを醸成させる。加害児童生徒に対する指導等を行う場合は、その保護者に協力を依頼しながら行うこと。また、いじめの行為について、加害者に対する懲戒の検討も適切に行うこと。

【再掲】

○　学校の設置者として、学校への積極的な支援を行うこと。特に市町村教育委員会においては、いじめの加害児童生徒に対する出席停止措置の活用や、被害児童生徒・保護者が希望する場合には、就学校の指定の変更、区域外就学等の弾力的な対応を検討することも必要である。

（再発防止、教職員の処分等）

○　学校の設置者は、調査結果において認定された事実に基づき、いじめの未然防止、早期発見、対処、情報共有等の学校の設置者及び学校の対応について検証し、再発防止策の検討を行うこと。

○　学校の設置者及び学校におけるいじめ事案への対応において、法律や基本方針等に照らして、重大な過失等が指摘されている場合、教職員に対する聴き取りを行った上で客観的に事実関係を把握し、教職員の懲戒処分等の要否を検討すること。また、学校法人においても、法人としての責任を果たすべく、これらを含めた適切な対応を検討すること。

第10　地方公共団体の長等による再調査

（再調査を行う必要があると考えられる場合）

○　例えば、以下に掲げる場合は、学校の設置者又は学校による重大事態の調査が不十分である可能性があるため、地方公共団体の長等は、再調査の実施について検討すること。

　①調査等により、調査時には知り得なかった新しい重要な事実が判明した場合又は新しい重要な事実が判明したものの十分な調査が尽くされていない場合

　②事前に被害児童生徒・保護者と確認した調査事項について、十分な調査が尽くされていない場合

　③学校の設置者及び学校の対応について十分な調査が尽くされていない場合

　④調査委員の人選の公平性・中立性について疑義がある場合

　※ただし、上記①～④の場合に、学校の設置者又は学校による重大事態の調査（当初の調査）の主体において、追加調査や構成員を変更した上での調査を行うことも考えられる。

（地方公共団体の長等に対する所見の提出）【再掲】

○　調査結果を地方公共団体の長等に報告する際、被害児童生徒・保護者は、調査結果に係る所見をまとめた文書を、当該報告に添えることができる。学校の設置者及び学校は、このことを、予め被害児童生徒・保護者に対して伝えること。

（再調査の実施）

○　地方公共団体の長等は、再調査を行うこととした場合、上記第１から第８までの事項に沿って、調査を進めること。

○　公立学校について再調査を実施した場合、地方公共団体の長は、その結果を議会に報告しなければならない（法第30条第３項）。議会へ報告する内容については、個々の事案の内容に応じ、各地方公共団体において適切に設定されることとなるが、個人のプライバシーに対しては必要な配慮を確保することが求められる。

いじめの重大事態の調査に関するガイドライン

別紙

いじめ（いじめの疑いを含む。）により、以下の状態になったとして、これまで各教育委員会等で重大事態と扱った事例

◎下記は例示であり、これらを下回る程度の被害であっても、総合的に判断し重大事態と捉える場合があることに留意する。

①児童生徒が自殺を企図した場合

　〇軽傷で済んだものの、自殺を企図した。

②心身に重大な被害を負った場合

　〇リストカットなどの自傷行為を行った。

　〇暴行を受け、骨折した。

　〇投げ飛ばされ脳震盪となった。

　〇殴られて歯が折れた。

　〇カッターで刺されそうになったが、咄嗟にバッグを盾にしたため刺されなかった。※

　〇心的外傷後ストレス障害と診断された。

　〇嘔吐や腹痛などの心因性の身体反応が続く。

　〇多くの生徒の前でズボンと下着を脱がされ裸にされた。※

　〇わいせつな画像や顔写真を加工した画像をインターネット上で拡散された。※

③金品等に重大な被害を被った場合

　〇複数の生徒から金銭を強要され、総額1万円を渡した。

　〇スマートフォンを水に浸けられ壊された。

④いじめにより転学等を余儀なくされた場合

　〇欠席が続き（重大事態の目安である30日には達していない）当該校へは復帰ができないと判断し、転学（退学等も含む）した。

※の事例については、通常このようないじめの行為があれば、児童生徒が心身又は財産に重大な被害が生じると考え、いじめの重大事態として捉えた。

【著者紹介】

永田　憲史（ながた　けんじ）

略歴

1976年	三重県生まれ
1999年	京都大学法学部卒業
2001年	京都大学大学院法学研究科民刑事法専攻修士課程修了
	日本学術振興会特別研究員（DC1）
2004年	日本学術振興会特別研究員（DC1）任期満了退職
2005年	京都大学大学院法学研究科民刑事法専攻博士課程研究指導認定退学
2005年	関西大学法学部専任講師
2008年	関西大学法学部准教授
2013年	日本メディカル福祉専門学校社会福祉士科一般通信課程卒業
2015年	関西大学法学部教授　（現在に至る）
1998年	司法試験合格

著書

『死刑選択基準の研究』（関西大学出版部、2010）

『わかりやすい刑罰のはなし──死刑・懲役・罰金──』（関西大学出版部、2012）

『GHQ 文書が語る日本の死刑執行──公文書から迫る絞首刑の実態──』（現代人文社、2013）

『財産的刑事制裁の研究──主に罰金刑と被害弁償命令に焦点を当てて──』（関西大学出版部、2013）

『逐条解説「いじめの重大事態の調査に関するガイドライン」』（関西大学出版部、2023）

いじめ防止対策推進法の
重大事態の研究

The Study on Serious Cases of the Act on the Promotion of Measures to Prevent Bullying

2024 年 9 月 12 日　発行

著　　者　　永田憲史

発　行　所　　関西大学出版部
　　　　　　　〒564-8680 大阪府吹田市山手町 3-3-35
　　　　　　　TEL 06-6368-1121 FAX 06-6389-5162

印　刷　所　　創栄図書印刷株式会社
　　　　　　　〒604-0812 京都府京都市中京区
　　　　　　　高倉通二条上る天守町 766

©Kenji NAGATA 2024 Printed in Japan
ISBN978-4-87354-784-8 C3032　落丁・乱丁はお取替えいたします

JCOPY ＜出版者著作権管理機構委託出版物＞

本書の無断複製は著作権法上での例外を除き禁じられています。複製される場合は、そのつど事前に、出版者著作権管理機構（電話 03-5244-5088、FAX 03-5244-5089、e-mail: info@jcopy.or.jp）の許諾を得てください。

永田憲史 既刊書　　　　　関西大学出版部刊行案内

逐条解説
「いじめの
重大事態の
調査に関する
ガイドライン」

子どもたちの安心安全な学校生活
　　　――それは大人の責務である

文部科学省により2017年に策定された「いじめの重大事態の調査に関するガイドライン」をいじめ防止対策推進法の研究者が規定ごとに詳説する。ガイドライン違反を回避するだけでなく、調査手続を適正かつ適式に行い、調査を重大事態への対処及び同種の事態発生の防止につなげるために、学校・教育委員会・いじめに関わる専門職にとって必携の書。

ISBN978-4-87354-771-8　C3032　A5判　684頁　定価4,730円（本体4,300円+税）